일본대학 학과도감

이시와타리 레이지 지음

일러스트
고키리 미키, 무라잇치

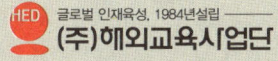

머리말

일본 문부과학성의 2016년도 학교기본조사 학과계통 분류표에는 2,976개의 학과가 게재되어 있습니다. 1877년 도쿄대학이 설립되었을 당시의 이학부는 총 8개 학과(수학과, 물리학과, 화학과, 생물학과, 성학과, 공학과, 지질학과, 채광치금학과)에 불과했습니다. 그 후로 140여년 지난 2016년 현재 이학부계통은 165개 학과, 공학부계통은 899개 학과로 증가하였습니다.

학과 증가로 인해, 고등학생은 물론 진로지도교사, 교육관계자들조차 어느 학과에서 어떠한 공부를 할 수 있는지 전부를 파악할 수는 없게 되었습니다. 더군다나 학과 수는 앞으로도 계속해서 증가할 전망입니다.

신구의 다양한 학과가 난무하고 있는 가운데, 일본 대학의 각 학과에서는 무엇을 가르치고 있는 것일까요? 학생들은 어떠한 대학 생활을 보내고 있는 것일까요? 또한 취업은 할 수 있는 것일까요? 이러한 최근의 대학 정보는 앞으로 유학을 준비해야 할 한국의 중・고생들과 함께 학부모님 및 이미 대학을 졸업한 사회인들에게까지도 흥미 있는 점일 것입니다.

"대표적인 학과를 일러스트로 의인화하여 유익한 정보를 집약한 책을 발간한다면 많은 사람들에게 좋은 길잡이가 되지 않을까요?"

그러한 발상을 시작으로 이 책을 출간하게 되었습니다.

이 책에서 전달하고자 하는 것은 대학 정보입니다.

예를 들면, 예전부터 어느 전통적인 학과의 경우 "○○학과는 취업이 잘 안돼, 어쩔 수가 없어"라는 낡은 정보가 수험생들에게 만연한 이유때문에 학생 모집에서 고전하는 대학이 있기도 합니다. 이러한 낡은 정보가 현재도 유포되는 일은 드문 일이 아닙니다.

한편, 대기업/우량 기업에 취업하기 유리한 학과임에도 불구하고, 그 기업 또는 업계의 지명도가 낮은 탓에 "○○학과는 취업이 잘 안돼요"라는 오해를 사기도 합니다. 일반적으로 대학교 팸플릿에는 공식 견해만 게재되기도 하기 때문에, 일반 독자는 그 정보가 얼마만큼 중요한지, 또는 중요하지 않은지는 판단하기에 어려움이 있습니다.

이 책에서는 ①대학, 기업, 학생 별로 취재한 최신 정보 정리 ②졸업생들의 취업기업 평균 연봉 데이터에는 공표수치를 사용 ③취업 기업의 지명도를 불문하고, 각 학과학생들에게 인기 있는 기업을 우선으로 한다는 3가지의 내용에 초점을 두었습니다.

이 책에는 70학과+α가 등장합니다. 70명의 캐릭터와 데이터를 보면서 즐거운 대학생활을 기대하는 마음을 갖게 되기를 바라면서 이 책을 저술하게 되었습니다. 더불어 독자들의 인기 캐릭터는 누가 될 것인지 함께 찾아보는 재미도 즐기시기를 바랍니다.

2017년 9월 이시와타리 레이지

Contents — 일본대학 학과도감

머리말　002

이 책의 구성　006

제1장　문학계통

국문학과 … 008-009	프랑스어/문학과 … 020-021
사학과 … 010-011	독일어/문학과 … 022-023
철학과 … 012-013	스페인어/문학과 … 024-025
심리학과 … 014-015	중국어/문학과 … 026-027
종교학과 … 016-017	교양학과 … 028-029
영어/영문학과 … 018-019	문학 계통 기타 학과 … 030-031

column 문학부 취업이 약한 이유가 수학을 싫어해서였다?

제2장　사회·국제학계통

사회학과 … 034-035	국제관계학과 … 042-043
사회복지학과 … 036-037	국제교양학과 … 044-045
미디어사회학과 … 038-039	사회·국제학 계통 기타 학과 … 046-047
관광학과 … 040-041	

column 국제·외국어계통 학과는 실질적으로는 '5년제'라고 생각하는 편이 낫다.

제3장　법률·정치학계통

법학과 … 050-051
정치학과 … 052-053
법률·정치학 계통 기타 학과 … 054-055

column 법과대학원과 예비시험, 사법시험에 통과하는 2가지 규칙

제4장　경제학계통

경제학과 … 058-059	회계학과 … 064-065
경영학과 … 060-061	경제학 계통 기타 학과 … 066-067
상학과 … 062-063	

column 신문 구독 추천, 경제·경영학부생이라면 닛케이 신문을!

제5장　교육학계통

학교교육교원양성과정 … 070-071	아동교육학과 … 074-075
교육학과 … 072-073	교육학 계통 기타 학과 … 076-077

column 교원양성학원·세미나 운영자는 실은 지역의 ○○였다!

제6장 이학계통

- 수학과 ········· 080-081
- 물리학과 ········· 082-083
- 화학과 ········· 084-085
- 생물학과 ········· 086-087
- 지학과 ········· 088-089
- 생명과학과 ········· 090-091
- 환경학과 ········· 092-093
- 이학 계통 기타 학과 ········· 094-095

column 이과에 관심이 있다면 '과학기술주간' & '사이언스카페'를 활용하자!

제7장 공학계통

- 기계공학과 ········· 098-099
- 전기전자공학과 ········· 100-101
- 토목공학과 ········· 102-103
- 건축학과 ········· 104-105
- 응용화학과 ········· 106-107
- 선진섬유·감성공학과 ········· 108-109
- 항해공학과 ········· 110-111
- 항공우주공학과 ········· 112-113
- 경영공학과 ········· 114-115
- 디자인공학과 ········· 116-117
- 정보공학과 ········· 118-119
- 공학 계통 기타 학과 ········· 120-121

column 공학 계통 지원자라면 학교 축제와 CEATEC 체크는 필수!

제8장 농학계통

- 농학과 ········· 124-125
- 농업경제학과 ········· 126-127
- 수의학과 ········· 128-129
- 축산학과 ········· 130-131
- 수산학과 ········· 132-133
- 원예학과 ········· 134-135
- 농림과학과 ········· 136-137
- 농학 계통 기타 학과 ········· 138-139

column 농업·환경에 관심이 있다면 '에코프로'에 가자

제9장 의치약·의료계통

- 의학과 ········· 142-143
- 치학과 ········· 144-145
- 약학과 ········· 146-147
- 간호학과 ········· 148-149
- 방사선학과 ········· 150-151
- 이학요법학과 ········· 152-153
- 작업요법학과 ········· 154-155
- 언어청각요법학과 ········· 156-157
- 임상검사학과 ········· 158-159
- 의치약·의료 계통 기타 학과 ········· 160-161

column 반드시 알아야 할 의료직 선택 방법

제10장 가정학계통

- 가정학과 ········· 164-165
- 관리영양학과 ········· 166-167
- 피복학과 ········· 168-169
- 가정학 계통 기타 학과 ········· 170-171

column 전문직 자격증 합격실적, 이러한 정보개방은 수상하다

제11장 예술·체육계통

- 회화학과 ········· 174-175
- 조각학과 ········· 176-177
- 디자인학과 ········· 178-179
- 만화학과 ········· 180-181
- 음악학과 ········· 182-183
- 연극학과 ········· 184-185
- 체육학과 ········· 186-187
- 예술·체육 계통 기타 학과 ········· 188-189

INDEX 190

책을 보는 방법

❶ 학과명칭

❷ 유사학과
이 책에서 소개하는 학과와 동일한 내용을 배울 수 있는 학과 명칭을 기재하였습니다.

❸ 학비
2017년 현재의 초년도 납부금입니다. 공립대학은 국립대학의 게재 금액과 동등하지만, 설립한 지자체 지역내에서의 입학인지 아닌지에 따라 학비가 다르므로, 상세한 내용은 각 대학 사이트를 확인해 주기를 바라며, 그 과정에 대해서는 기재하지 않았습니다. 사립대학은 표기 학과가 있는 대학의 초년도 납부금 중, 최고액과 최저액을 명시하였습니다. 또한 일부 학과에 대해서는 표기 학과 외에 관련된 학과도 포함하고 있습니다. 2년차에서는 입학금, 제반비용 등이 제외되므로 실제는 초년도 금액보다 20〜30만엔 줄어 듭니다.

❹ 남녀비율
그래프 하단은 대학교 학생의 남녀비율을 나타냅니다.

❺ 인기자격증&검정시험
해당하는 학과에서 취득 가능한 자격증·검정시험 및 학생들에게 인기 있는 자격증·검정시험을 기재하였습니다. 의사면허, 간호사, 사회복지사 등 일부 자격증은 수험자격을 포함합니다. 표기된 자격증은 동일 학과라고 하여도 대학에 따라서는 취득이 불가능한 경우도 있습니다.

❻ 졸업생의 진로
표기한 주요 대학 졸업생들의 취업 현황을 원그래프로 나타냈습니다. 취업·진학 외는 '기타'항목에 모두 포함됩니다.

❼ 입사지원이 많은 인기업종·취업처
소개하는 학과의 학생들이 취업처로 지원하는 업계, 그리고 실제로 취업자가 많은 업계에 대해서는 구체적인 기업명과 함께 소개하고 있습니다. 업계 및 기업명 픽업에 있어서는 해당 학과의 과거 취업실적 등을 참고하였습니다. 또한, 기업 선택은 업계 전체의 연봉 상황을 대략적으로라도 판단하여 선택할 수 있도록 하였습니다. 연수입 데이터는 각 기업의 유가증권보고서에 게재된 수치, 오사카부청 사이트, 아오모리현청 사이트, 후생노동청 사이트(제20회 의료경제실태조사, 임상병원 연수의의 처우), 인사원 사이트(직종별 민간급여실태조사/기재수치에 16을 곱하여 산출)를 근거로 하였습니다.

❽ 학과소개(본문)
해당 학과 팸플릿 및 저자의 취재·견해를 바탕으로 각 학과의 개요, 취업·진로현황 등을 소개하고 있습니다. 각 정보는 2017년 7월 현재에 확인된 것입니다(❹〜❻수치도 동일).

제 1 장 문학계통

▼ 국문학과
▼ 사학과
▼ 철학과
▼ 심리학과
▼ 종교학과
▼ 영어/영문학과
▼ 프랑스어/문학과
▼ 독일어/문학과
▼ 스페인어/문학과
▼ 중국어/문학과
▼ 교양학과
▼ 포르투갈어학과
▼ 이탈리아어학과
▼ 지리학과
▼ 불교학과
▼ 크리스트교학과
▼ 신도학과
▼ 서도학과
▼ 인문학과

"문학으로 밥 벌어먹을 수 있겠냐?" 라는 비판에도 아랑곳 않는 문학 외길 인생

「국문학과」

Japanese Literature

■ 유사학과
일본문학과, 일본어일본문학과, 일문학과, 문예학과 등

- **학비**(초년도 납부금)
  국립 : 81만 7,800엔
  사립 : 최저 103만 5,510엔
  　　　　　　　　(바이코학원대학)
  　　　최고 205만 3,760엔 (세이토쿠대학)

- **재학년수** : 4년

- **남녀비율**
  | 남자 36.2% | 여자 63.8% |
  고마자와대학 문학부 국문학과

- **인기자격증&검정시험**
  중학교교사 1종면허 (일본어)
  고등학교교사 1종면허 (일본어·서도)
  도서관사서·학교도서관 사서교사
  한자검정

● **고전과 현대문학은 물론, 라이트노벨과 만화도 연구 대상**

문학부 일가의 장남격. 『겐지 모노가타리』와 미야자키 겐지를 신중하게 연구한다. 이걸로 밥 벌어먹을 수 있겠냐고 비판을 받아도 아랑곳하지 않는다. 고지키 등의 고전문학부터 무라카미 하루키·미야베 미유키 등의 현대문학, 니시오 이신 등의 라이트노벨은 물론, 만화·애니메이션까지도 포함하는 등 그 범위는 의외로 넓다.

문학 외에도 방언 등의 일본어와 서도, 일본문화, 민속학, 문예창작 등도 연구 범위이다. 문학과 전공으로 역사학, 사회학, 심리학 등도 있었지만, 1970년대 이후로 잇달아 독립하였다. 사회학 등은 학과를 제치고 학부로 승격하여 번성한 곳도 있다. 본가에 남겨진 장남으로서는 허전할 뿐이다.

● 취업에 약하지 않은데, 여전히 약하다고 한다

취업에 약하다는 비판의 대표격인 문학부의 취업 상황은 실제는 그 정도로 나쁘지 않다. 하지만 취업률을 살펴보면 타 학과에 비해 조금 떨어지는 것이 사실이다. 그 이유는 단순히 교사·공무원지원이 많고, 그로 인해 졸업 시점에서 취업이 안 되는 학생이 어느 학부에서나 많다. 프리랜서 지원자가 타 학과 보다 많다는 등의 영향도 있다. 민간기업 지원자의 취업활동은 그냥 평범하게 한다면 문제는 없다. 다만 국문학과 지원자가 많은 출판·신문 등 매스컴업계는 원래 축소하는 분위기여서 취업 문은 매우 좁다. 매스컴만을 고집하지 않는다면 상사·제조업에서 금융까지 지원 분야는 상당히 넓다.

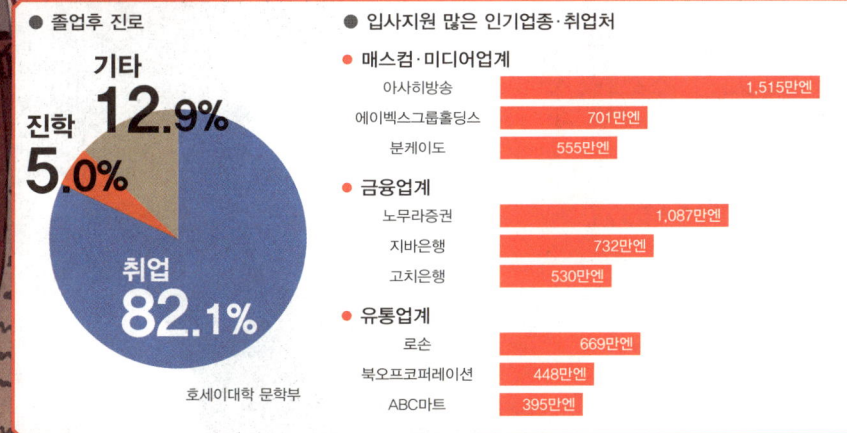

● 졸업후 진로
기타 12.9%
진학 5.0%
취업 82.1%
호세이대학 문학부

● 입사지원 많은 인기업종·취업처

● 매스컴·미디어업계
아사히방송 1,515만엔
에이벡스그룹홀딩스 701만엔
분케이도 555만엔

● 금융업계
노무라증권 1,087만엔
지바은행 732만엔
고치은행 530만엔

● 유통업계
로손 669만엔
북오프코퍼레이션 448만엔
ABC마트 395만엔

● 초식계가 많기는 하나, 높은 교양·지식도 특징

"문학으로 밥 벌어먹을 수 있겠냐?"라는 비판이 너무 거세기에, 학생들과 교원들 모두 꽤나 기가 죽어 있다. "하긴, 문학이 그렇게 바로 쓸모있는 건 아니지만"이라며 입버릇처럼 말한다. 거센 비판에 가끔 화를 내기도 하고 폭주하기도 하는 것도 특징이다. 지방 모 여자단기대학은 국문과가 이전의 학과 개편 당시, '언어문화 정보학과 일본어 일본문화(^^)코스'를 개설하였지만, 이력서에 쓰기에는 조금 꺼려진다는 등의 악평으로 인해 수험생들은 점점 더 줄어들어 모집 중단(단기대학도 폐교 결정)을 하기에 이르렀다. 학과 전체를 내다보는 초식계 학생들이 많지만, 높은 교양·지식도 특징이다. 그러한 점을 어필하면 좋을 텐데, 안타까울 따름이다.

문학계통

역사의 수수께끼는 반드시 풀어낸다

「사학과」

History

■ 유사학과
문화·역사학과, 국사학과, 동양사학과, 서양사학과 등

- 학비(초년도 납부금)
  - 국립 : 81만7,800엔
  - 사립 : 최저 104만8,000엔 (덴리대학)
  - 　　　최고 205만3,760엔 (세이토쿠대학)

- 재학년수 : 4년

- 남녀비율
  - 남자 56.7%　　여자 43.3%
  - 도요대학 문학부 사학과

- 인기자격증&검정시험
  - 중학교교사 1종면허 (사회)
  - 고등학교교사 1종면허 (지리역사)
  - 도서관 사서·학교도서관 사서교사
  - 학예원

● 역사를 배우고, 가설을 세워 사실을 증명한다

　역사를 더욱 깊게 배우는 곳이다. 고대사부터 현대사, 그리고 일본사와 세계사까지 광범위하다. 문헌조사뿐 아니라 필드워크도 중요시되어 고대사·고고학 관련 학과에서는 발굴조사 실습도 한다. 단순히 가설을 세우는데 그치지 않고, 사실을 증명하는 것이 제일의 철저한 실증주의이다. 이러한 대학 강의·실습 내용이 영향을 미쳤던 것인지, 학생들은 의외로 행동파이다. 그리고 무턱대고 근거를 요구하는 학생도 많다. 일본 최고의 사학과는 릿쇼대학 문학부 사학과. 역사학부까지 승격시킨 것은 교토의 불교대학으로, 역사학과에는 교토학 코스를 설치. 국립대학과 게이오기쥬쿠대학 등 대다수의 대학은 학과가 아닌 전공으로 여겨지고 있다.

● 중학교·고등학교 교사, 교육위원회에서 역사를 직업으로 삼는 길도

박물관·역사관 등에서 일하는 학예원, 역사학을 연구하는 대학교수, 역사를 테마로 한 방송·잡지를 제작하는 방송국·출판사 등이 역사와 관련성이 높은 직종이다. 다만 어느 쪽이든 취업문은 좁다. 학예원은 정규 강의와는 별개로 학예원 과정을 이수해야 한다. 교육위원회는 아직 잘 알려지지 않은 직종으로 유적 발굴과 문화재 관리 외에 지역에 따라서는 토지개발 때의 발굴조사를 담당한다. 가능성이 높은 곳으로는 중학교·고등학교 교사가 있다. 치열하게 공부하여 지방공무원이나 경찰관의 길이라는 좋은 결과를 가져오는 경우도 많다. 민간기업은 관광·유통이 조금 많은 정도이다. 일은 일로서 휴일에 아마추어 향토 역사가로 활약하는 패턴이 주류.

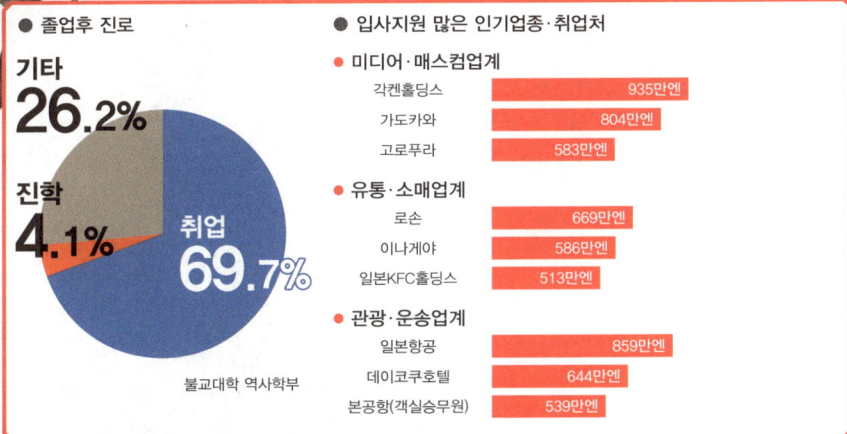

● 졸업후 진로
기타 26.2%
진학 4.1%
취업 69.7%
불교대학 역사학부

● 입사지원 많은 인기업종·취업처
● 미디어·매스컴업계
각켄홀딩스 935만엔
가도카와 804만엔
고로푸라 583만엔

● 유통·소매업계
로손 669만엔
이나게야 586만엔
일본KFC홀딩스 513만엔

● 관광·운송업계
일본항공 859만엔
데이코쿠호텔 644만엔
본공항(객실승무원) 539만엔

● 시간이 나면 사적을 찾는 행동파가 많다

문학부 일가의 차남 같은 존재이다. 대하드라마와 역사 방송이 많아 NHK의 팬이 많다. 얌전한 문학과에 비해서 독설가, 육식계가 많다. 또한 실습이 많아서인지, 얌전한 얼굴을 하고 있어도 의외로 행동파가 많다. 심야버스나 청춘 18티켓, LCC(저가항공)를 이용하여 각지를 관광한다. 여행지에서는 물론, 박물관·사료관·역사마을 탐방은 빼놓을 수 없다. 역사 시뮬레이션게임 '노부나가의 야망'은 사학과 학생들에게도 인기 게임이기는 하나, 이들은 시스템에 불만을 토로하면서 게임하는 실행파와 YouTube 동영상으로 보는 감상파로 뚜렷하게 갈린다.

사물의 '본질'을 파악하기 위해 고뇌한다

「철학과」
Philosophy

■ 유사학과
철학역사학과, 종합인문학과, 인문학과 등

● 학비(초년도 납부금)
국립 : 81만7,800엔
사립 : 최저 105만4,000엔 (류코쿠대학)
　　　최고 169만8,000엔
　　　　　　　　(국제기독교대학)

● 재학년수 : 4년

● 남녀비율
남자 53.1%　여자 46.9%
　　　　　　　도요대학 문학부 철학과

● 인기자격증&검정시험
중학교교사 1종면허 (사회)
고등학교교사 1종면허 (공민)
도서관 사서·학교도서관 사서교사
학예원

● **실학과는 정반대의 분야이지만, 최근 주목받는 '철학 사고'**

진학을 결정한 순간부터 부모님에게 '불효자'라고 벌을 받을 수도 있다는 점을 염두에 두길 바란다. 일부 대학에서는 오픈 캠퍼스 학과 설명회에서 진지한 얼굴을 한 담당 교수에게 "취업은 말이죠, 너무 기대하지 마세요"라고 들은 적이 있다고 한다(실화). 연구 내용으로는 철학과 윤리학, 논리학, 사상의 역사 등에 대해 배운다. 그중에는 종교학과와 같이 있는 대학도 있다. 실학과는 거의 정반대의 분야이며 '문학부는 쓸모없다는 비판'의 전형이라고 할 수 있을지도 모른다. 종합대학 중에서는 개성 있는 사람들이 모이는 학과로 여겨지며, 교원·학생들도 그러한 점을 강하게는 부정하지 않는다. 오히려 자랑스럽게 생각하는 경우마저 있다. 문학부 중에서도 유급률이 높아 1~2년 유급하더라도 타 학과만큼 격차가 벌어지는 일은 없다.

● 길러진 사고력을 취업활동에서 발휘하는 학생도

학과 전체를 살펴보면, 분명 문학부 외의 학과에 비교하여 취업 상황이 조금 나쁜 정도이다. 그러나 취업이 안 된다고 하는 것보다 취업할 생각이 없는 학생이 포함되어 있어서이다. 취업 지원자만 보면 외부의 악평·이미지만큼은 나쁘지 않다. 철학과란, 사고력·커뮤니케이션 능력을 습득하는 학문이기도 하며, 제대로 취업활동을 하면 그 나름대로의 결과는 나오기 마련이다. 일부 철학과 교원이 "철학이야말로 실학이다!"라고 하는 일이 있는 것 같다. 난관문대(難関門大)에서는 매스컴 취업자 수가 일정하게 있다. 매스컴 외에도 상사, 제조, 유통 등 폭넓다. 입사 후, 의외로 영업이나 기획에서 성과를 거두는 사람이 많은 것도 철학과의 특징이다. 강한 심지가 영업에서도 성과를 거둔다는 의견도 있다. 취업 이외의 진로를 살펴보면, 철학을 관철하기 위해 대학원 진학을 했지만, 정신을 차려 보니 제적·퇴학을 당했다는 사람도 있다.

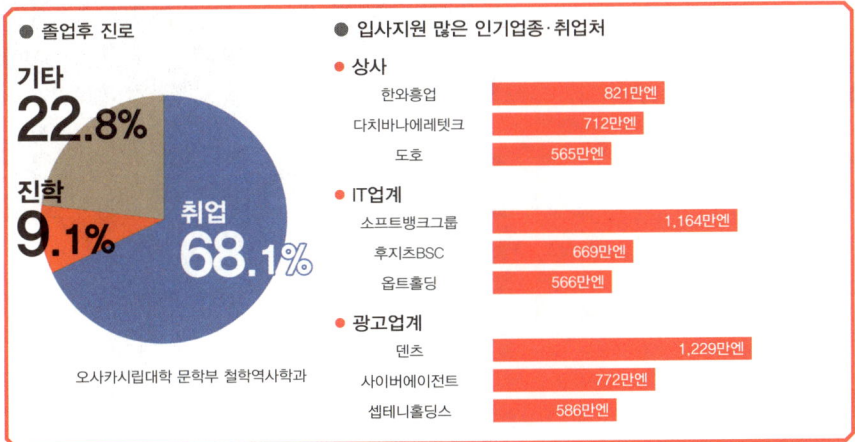

● 고찰해야 할 대상이 무엇인지, 그것이 가장 중요

서양 사상과 동양 사상으로 나누어져, 서로 "쟤네들이 더 위험해"라며 비난하는 모습도 철학과에서만 볼 수 있는 광경이다. 고등학교 진학지도 교사가 가끔 "심리학과 비슷하니까"라며 잘못된 지도를 하는 경우도 있으므로 배우고 싶은 것은 무엇인지, 미리 확실하게 생각해 두기를 바란다. 이것저것 생각하기를 좋아하는 사람의 적성에 맞을지도 모른다. 요즘 유명한 철학자라면, 가야노 토시히토, 오가와 히토시, 고쿠분 고이치로, 지바 마사야 등 텔레비전에서나 볼 수 있는 분 들도 상당히 있다. 그러나 가야노는 츠다주쿠대학 종합정책학부장, 오가와는 야마구치대학 국제종합과학부, 고쿠분은 다카사키경제대학, 지바는 리츠메이칸대학 첨단종합학술연구과이다. 이들은 어떠한 이유에서인지 철학과 소속이 아니다.

마음 속의 고민을 해결해 드립니다

심리학과

Psychology

■ 유사학과
심리교육학과, 임상심리학과, 인간과학과, 심리사회학과 등

● 학비(초년도 납부금)
국립 : 81만7,800엔
사립 : 최저 97만1,160엔
(오키나와국제대학)
최고 205만2,760엔 (세이토쿠대학)

● 재학년수 : 4년

● 남녀비율
남자 37.7%   여자 62.3%
고마자와대학 문학부 심리학과

● 인기자격증&검정시험
인정심리사
임상심리사
공인심리사
학예원

● 의학·생리학·통계학 등의 이수계 분야와도 밀접하게 관여

마음의 학문이 재미있을 것 같아서 응시한 학생이 많은 학과. 심리학 영역 나름이겠지만, 의학, 생물학, 생리학, 통계학 등 이수계 분야가 상당 부분 침투해 있다. 그 때문에 단순한 문과 계통 학과라고 딱 잘라 단정 지을 수는 없다. 이과 계통 학부처럼 실험이 많아 타 문과 계통 학과보다도 실습비·시설비 등이 추가로 발생한다.

본래는 문학부 내의 학과 내지 전공으로 여겨졌지만, 2000년대 들어서 심리학 인기가 상승하였다. 그 결과 릿쿄대학(현대심리학부), 도시샤대학·주쿄대학·메이세이대학·릿쇼대학(심리학부), 다이쇼대학(심리사회학부) 등으로 독립하였다. 어느 대학이나 여학생들에게 인기가 높아 남녀 학생 비율에서도 여학생이 많다.

● **심리학 지식을 직무에 연결시키고 싶다면 진학을 염두에 두자**

카운슬러가 되기 위해서는 '임상심리사'자격증이 필요하며 대학원 진학이 필수적이다. 하지만 임상심리사 자격증을 취득한다 해도 카운슬러의 대우는 좋지 않다. 새로운 국가자격증으로 주목을 모으고 있는 '공인심리사' 양성도 2018년부터 개시되었다. 카운슬러를 포함한 대인상담직은 공인심리사가 기초 자격증이지만, 임상심리사와 마찬가지로 대학원 진학을 해야한다. 공무원이라면 심리직이라는 카테고리가 있으며, 국가공무원으로는 가정법원 조사관, 법무교관, 보호관찰관이 있다. 지방공무원이라면 아동상담소 및 장애인시설에 취업하는 방법도 있다. 다만 지방공무원의 심리직 채용을 하는 곳은 도쿄도, 아이치현 등 일부에 그친다. 학부 졸업생이라면 타 문과 계통 학부와 마찬가지로 다양하지만, 어느 업계, 어느 직종에서라도 심리학은 필요하므로 사실은 수요가 많기도 하다.

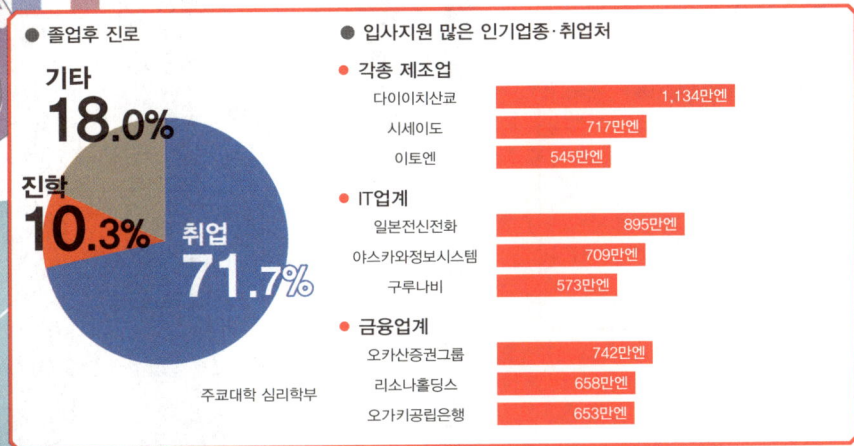

● **카운슬러나 공무원 심리직의 지원자가 다수이지만…**

철학과에 근접한 학과이기는 하나, "오타쿠 비율이 높고 일본어가 너무 난해해요"(심리학과생), "점 보는 거 좋아하는 리얼충들이 잘난체하면서"(철학과생) 등 사이에는 좋지 않은 모양이다. 입학 당초에는 카운슬러나 공무원 심리직을 지향하는 학생이 다수. 그러나 생리학, 통계학 등 이수계 과목에서 잇달아 탈락하고, 민간기업 지원 순으로 변해간다. 민간기업 취업이라면 적성검사(SPI3 등)가 있으며, SPI3는 성격검사와 능력검사로 2종류가 있다. 능력검사의 비언어 분야는 실질적으로는 수학이다. 성격검사, 능력검사의 비언어 분야도 심리학과 학생들은 익숙할 텐데, 어째서인지 스코어가 낮은 학생이 많다.

가호를 부여하는 건 신일까, 부처일까, 교양일까

종교학과

Religion

■ 유사학과
불교학과, 크리스트교학과, 신도문화학과, 진종학과 등

● 학비(초년도 납부금)
국립 : 81만7,800엔
사립 : 최저 96만7,000엔
　　　　　　　　(도쿄기독교대학)
　　　　　최고 169만8,000엔
　　　　　　　　(국제기독교대학)

● 재학년수 : 4년

● 남녀비율
남자 79.4%　　여자 20.6%
　　　　고마자와대학 불교학부 불교학과

● 인기자격증&검정시험
중학교교사 1종면허 (사회, 일본어, 종교)
고등학교교사 1종면허
(일본어, 종교, 지리역사·공민)
관련종파의 교사자격증
도서관 사서·학교도서관 사서교사

● **폭넓게 종교를 배울 것인지, 전문직의 길을 추구할 것인지**

종교 전반을 폭넓게 배운다. 학과 명칭에 크리스트교, 불교, 신도 등이 들어가 있는 경우는 그 종교가 중심이 된다는 의미이다. 더불어 승려, 사찰, 목사, 신주 등 종교 전문직을 양성하는 전공·코스가 개설되어 있다. 특히 불교 계통 대학은 주로 승려 양성을 하며, 1990년대까지는 전국에서 수많은 사원 후계자가 모였다. 그러나 단가(檀家) 감소 등의 영향으로 승려를 지향하는 입학생들이 감소하였다. 국립대학에서는 문학과에 속해 있는 전공으로 여기며, 그것도 사상문화, 철학, 인간학 등의 명칭에 속해 있는 곳이 많다.

● **대학에 따라서는 승려로 취업하는 학생이 90% 이상인 경우도**

종교 전문직 양성 전공이 있는 대학이라면 그 전문직이 되는 학생 또한 많다. 릿쇼대학 불교학부 종학과 등 대학에 따라서는 전문직 취업자가 90%를 차지하기도 한다. 대학에서는 취업처 표기 방식에 대해 고민 중(아무튼 단순히 본가를 계승한다는 경우도 많으므로)이다. 전문직 외에는 의료·복지 관련업계, 공무원, 교원이 조금 눈에 띄는 정도이다. 의료·복지 관련이 많은 것은 종교를 배우고 생명의 중요함을 깨우쳤기 때문일까. 대학에 관련된 종파·교단이 사회복지시설을 운영하고 있으며 그 흐름을 따라서 취업하는 사례도 있다. 공무원으로는 경찰도 의외로 많다. 의료·복지 업계 외의 민간기업 업계는 제각기 다르다.

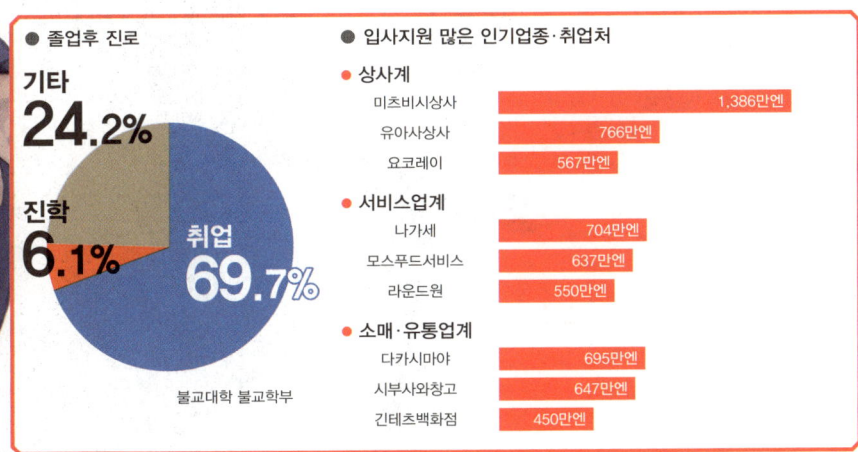

● **전문직 지망 외에, 학생에 따라 배우는 방식은 여러 가지?**

본가의 사원을 계승하기 위해 전문직 양성의 전공을 선택한 학생은 공부에 여념이 없다. 본가를 이어가기 위해 학점은 중요하기 때문이다. 그렇다 해도 본가에서 떨어져 지내는 편안함 때문인지 신나게 즐긴다는 측면도 있는 듯하다. 전문직 양성의 전공이 아닌 일반 학생에 대해 말하자면, "철학의 변화구" "어차피 문과라서 편하겠지"라고 하면서 대수롭지 않게 들어간 학생일수록 머리를 싸쥐고 고민하기 마련이다. 그 때문에 문학부 계통의 학과치고는 유급률·중퇴율 모두 10%를 초과하는 대학이 타 학과에 비해 두드러진다. 도시샤대학은 기독교계 대학이면서 신학부 신학과에서는 크리스트교, 이슬람교, 유다야교까지 통틀어 배운다. 이 학과의 OB 작가에는 사토 마사루가 있다.

문학계통

글로벌 사회에서 영어는 필수다

영어/영문학과

English Literature

■ 유사학과
　영어학과, 영문학과, 영미문학과, 영어문화학과 등

● 학비(초년도 납부금)
　국립 : 81만7,800엔
　사립 : 최저 97만4,660엔
　　　　　(오키나와크리스트교학원대학)
　　　　　최고 205만3,760엔 (세이토쿠대학)

● 재학년수 : 4년

● 남녀비율
　남자 24.7%　　여자 75.3%
　　　　　아오야마학원대학 문학부 영미문학과

● 인기자격증&검정시험
　중학교교사 1종면허 (영어)
　고등학교교사 1종면허 (영어)
　실용영어능력검정
　TOEIC

● 문학과 언어연구뿐 아니라, 영어회화 능력에도 주력

　특히 문학부 중에서도 여학생 비율이 높은 학과. 영어실력이 높은 여학생들이 대거 응시한 성과 덕분에 영문학과가 있는 대학은 타 학부에 비해 문학부의 편차치가 3~5포인트 가깝게 오를 정도이다. 학과 커리큘럼은 영어 본질을 연구하는 언어학 혹은 영미문학, 이 두가지가 중심이었다. 그러나 최근에는 실학지향의 고조, 의역하면 "문학 연구만으로는 수험생 모집이 안 돼"에 따라 영어 운용능력을 향상시키는 과목이 증가하였다. 대부분의 대학에서는 원어민 회화 수업을 마련하여 영어회화 능력을 더욱 향상시키기 위한 연찬을 겸한다. 영어권 유학·연수를 필수로 하는 대학이 증가하여, 어느새 국제·글로벌 계통 학과와 큰 차이 없는 대학도 있다.

● **영어는 강하다! 문학부 중에서는 제일 가는 취업 실적**

영어실력을 높이 샀는지, 문학부 일가 중에서 가장 기업 평판이 좋아서 취업 상황은 지극히 양호하다. 다른 문학 계열 학생이 "문학부는 취업이 어려워"라며 화제를 던지면, 붙임성 좋은 영문학과생이 "맞아, 힘들어~"라고 그 자리에서는 맞장구를 치지만, 사실 알고보면 본인은 제1지망의 내정을 확정받은 경우도 많다. 난관문대의 영문학과 학생쯤 되면 "영어 성적이 안 좋아"라고 하면서 기분이 안 좋은 것처럼 말하지만 알고 보면 토익 700점인 경우도 허다하다. 영어를 필요로 하는 상사 및 제조업의 수요는 있지만, 학생들은 매스컴 및 항공·관광업계를 지향한다. 최근에는 영어실력이 중요시된 항공업계 덕분에 영어학과가 더욱 강세를 보이고 있다.

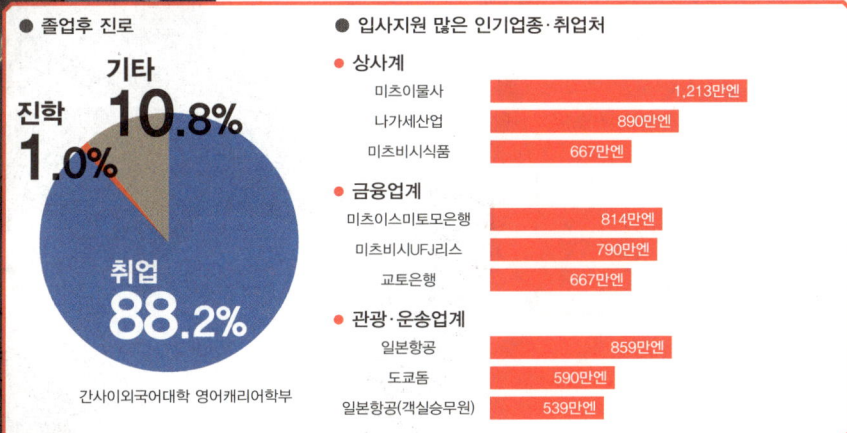

● **영어실력을 인정받아 통역 및 가이드직 아르바이트 제안이 들어오는 경우도**

귀국자녀 및 영어를 선호(성적양호)하는 여학생이 많은 학과. 여학생 비율이 높아 꿈에 부푼 대학 생활을 꿈꾸며 영문학과에 입학하는 남학생들도 많다. 그러나 막상 회화 수업이 시작되면 지금까지 여학생들과 어울릴 기회가 좀처럼 없었던 남학생들은 어학실력 이전에 대화능력 부족으로 인해 서먹서먹해지는 패턴도 있으므로 주의를 요한다. 또한 영문학과만의 특징으로 수준 높은 어학실력을 인정받아 예기치 않은 곳에서 통역 및 가이드직 아르바이트 제안이 들어오기도 한다. 참고로 어학연수와 유학이 세트로 되어 있는 대학의 경우, 학생들의 학구열이 매우 높아서인지 유급률이 높은 편이다. 하지만 유급률이 높더라도 취업에는 영향을 거의 미치지 않는 이유는 국제교양학과 등과 동일하다. 오히려 장기간 유학을 한 만큼 평가하는 기업도 있다.

요리·패션을 선두하는 나라의 문화

프랑스어/문학과

French Literature

■ 유사학과

프랑스어학과, 프랑스문학과, 프랑스어권문화학과 등

- **학비**(초년도 납부금)
  국립 : **81만7,800엔**
  사립 : 최저 **105만6,710엔** (후쿠오카대학)
  　　　최고 **146만1,700엔**
  　　　　　　　(시라유리여자대학)

- **재학년수** : **4년**

- **남녀비율**
  여자 **86.2%**
  남자 **13.8%**　　아오야마학원대학 문학부 프랑스문학과

- **인기자격증&검정시험**
  중학교교사 1종면허 (프랑스어)
  고등학교교사 1종면허 (프랑스어)
  일본어교원
  프랑스어검정

● **수를 세는 것도 복잡하고 마스터의 길은 험난하다**

프랑스어와 프랑스 문학·문화 등을 배운다. 여학생 비율이 영어학과 만큼이나 높다. 프랑스어는 문법이 타 유럽계 언어와 동일하게 복잡하다. 더 헷갈리는 것은 남자명사·여자명사로 나누어지는 것이다. 입학하여 첫걸음을 떼는 학생들은 수를 세는 방법도 난해하여 학습하는데 상당한 노력이 필요할 것이다. 수를 세는 방법의 예를 들어보면, 1~60까지는 보통 10진법인데, 71의 경우에는 '60+11'(soixante et onze), 80의 경우에는 '4×20'(quatre-vingts)가 된다. 발음도 어렵지만, 모든 것이 프랑스어 학습을 위한 것이므로 각오해야 한다. 참고로 만화가인 고바야시 요시노리가 "미셸 폴나레프를 프랑스어로 부른다면 멋있어 보이고 여자들에게 인기도 있겠지"라는 이유에서 후쿠오카대학 인문부 프랑스어학과에 입학했다는 이야기는 유명하다.

● **프랑스어와 영어실력을 발휘하여 국제기관에 취업도**

여대를 중심으로 금융업계로 취업한 졸업생들이 많은 이유는 일반직 채용이 많기 때문이다. 물론, 종합직에 취업한 졸업생들도 많으며, 업종은 금융에서 제조업, 상사, 소매, 유통에 이르기까지 다양하다. 프랑스어권의 관광객을 상대하는 요원이라는 이유로 항공, 호텔, 관광 관련 업계에도 강하다. 의외인 곳으로는 국제기관도 겨냥한다. 외무성 국제기관 인사센터 웹사이트에는 '영어 및 불어로 직무수행이 가능한 자'라고 되어 있지만, 부칙에는 '기타 UN 공용어 지식을 갖추고 있으면 더욱 선호'라고도 나와 있다. 즉, 실질적으로는 2개국어가 필요하다는 뜻이며, 프랑스어와 영어실력을 갖추고 있다는 것만으로도 큰 무기가 된다.

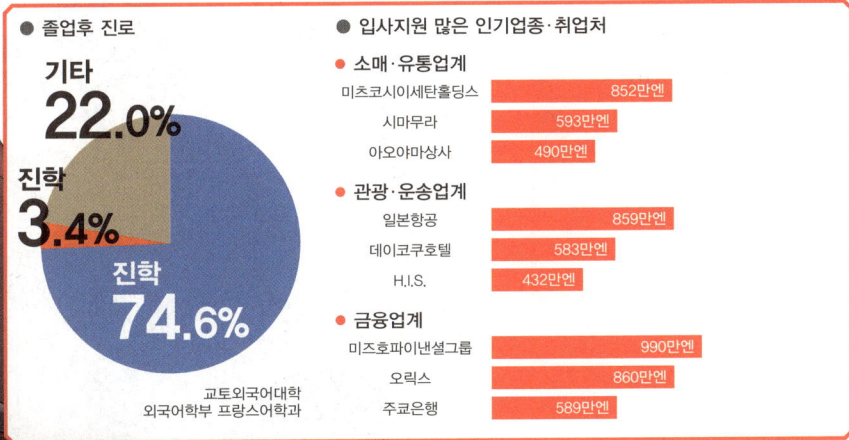

● **학생들의 패션 센스는 다른 학과에 비해 돋보인다!**

아무리 뭐라 한들 요리와 패션은 프랑스가 앞서 나가고 있다. 프랑스어와 문화를 배워 시야가 넓어졌다는 학생도 꽤 있다. 학생들의 패션 센스는 타 학과를 압도한다. 일부러 밀리터리 숍에 가서 프랑스군인의 코트를 사 입는 학생들도 있다. 선호하는 술은 당연히 와인이고, 그것도 프랑스산. 메이지학원대학의 불문학회에서는 매년 와인 강연회가 개최된다. 다른 대학에서도 와인에 대한 지식이 있는 학생은 많다. 한때 프랑스인이 영국의 노르만을 정복한 시기도 있었기에 영어에는 프랑스어의 흔적이 일부 남아있다. 그러한 이유에서인지 프랑스어 공부가 영어 공부로 이어진다는 학생도 있다.

단어의 멋짐이 폭발하는 단어!

독일어/문학과

German Literature

■ 유사학과
독일어학과, 독일문학과, 독일어권문화학과 등

- **학비**(초년도 납부금)
  - 국립: 81만7,800엔
  - 사립: 최저 105만6,710엔 (후쿠오카대학)
  - 　　　최고 135만2,800엔 (돗쿄대학)

- **재학년수**: 4년

- **남녀비율**
  - 남자 32.0% | 여자 68.0%
  - 무사시대학 인문학부 유럽문화학과

- **인기자격증&검정시험**
  - 중학교교사 1종면허 (독일어)
  - 고등학교교사 1종면허 (독일어)
  - 독일문화원검정시험
  - 실용독일어기술검정

● **단어는 멋있지만 문법은 난해**

독일어와 독일 문학을 배운다. 독일어 단어의 예로서, 돼지는 Schwein, 고양이는 Katze, 설탕은 Zucker 등 멋진 단어들이 빛나는 언어이다. 여기에 심취되어 지속적으로 공부하는 학생과 어려운 문법 때문에 비명을 지르는 학생이 대조적인 모습이다. 프랑스어 등 다른 유럽 언어와 달리, 명사는 남자·여자 외에 중성 명사까지 있어 더욱 복잡하다. 독일 문학은 칸트, 에드문트 후설, 하이데거 등 독일 현대사상에 접할 기회도 많아, 문학과가 아니라 철학과에 들어온 것 같다는 학생들의 목소리도 있다. 다수의 학생들이 공부한 결과 '신세기 에반게리온'을 더 좋아하게 되었다고도 한다.

● 좁은 언어권으로 인해 어학력이 취업에 활용되기 어렵다

외무성 직원 및 독일·오스트리아 대사관원으로 취업할 수 있는 경우는 드물다. 이직하게 되면 약간 증가한다. 의료업체 등 일부 업계에서 독일어 구사가 가능한 인재를 요구하는 기업도 있지만, 독일어를 구사할 수 있다는 이유만으로 채용에 앞장서는 기업이 좀처럼 없는 것은 전적으로 좁은 언어권의 영향이다. 그 결과, 독일어와 문화를 배웠지만 독일과는 전혀 관련 없는 기업으로 취업하는 학생이 다수 있다. 다만 독일이나 오스트리아 등의 기업에서 일본 진출을 계획할 때, 일본지사를 세우는 요원으로서 채용하기도 한다. 또한, 독일과 거래가 없더라도 글로벌 인재로서 학생을 평가하는 기업도 많다.

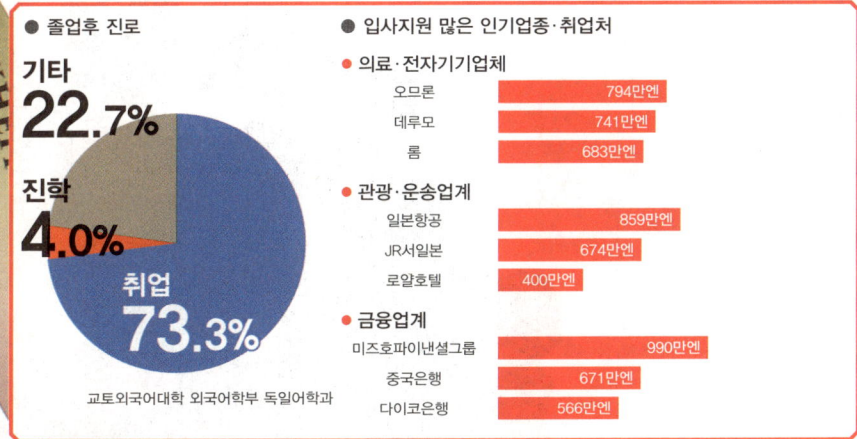

● 기질이 비슷하여 원어민 교사와 궁합도 좋다?

딱딱한 이미지 탓인지, 영미문학 및 프랑스어 계통 보다 여학생 비율이 낮다. 어려운 언어로 열심히 공부에 몰두하는 학생들뿐이어서, 세미나 수업이나 학급 결속력이 강한 편이다. 좋은 인간관계를 형성하고 싶은 고등학생들에게는 적합할 수도 있겠다. 원어민 교사는 독일인 기질을 반영한 것인지 "성실하고 엄격하다"라는 의견이 다수이지만, 한편으로는 학생들도 대부분 성실하여 궁합이 잘 맞을 것 같다. '에반게리온'이라면 아스카, '은하영웅전설'이라면 라인하르트, '걸즈 앤 판처'라면 구로모리미네 여학원의 팬이 되는 학생이 많은 것은 자연스러운 일일까?

라틴아메리카라면 나에게 맡겨!

「스페인어/문학과」

Spanish Literature

■ 유사학과
스페인어학과, 스페인·라틴아메리카학과, 에스파냐학과 등

- **학비** (초년도 납부금)
  국립 : **81만 7,800엔**
  사립 : 최저 **104만 8,000엔** (덴리대학)
  　　　최고 **144만 5,000엔** (간다외어대학)

- **재학년수** : **4년**

- **남녀비율**
  남자 **43.8%**　　여자 **56.2%**
  가나가와대학 외국어학부 스페인어학과

- **인기자격증&검정시험**
  고등학교교사 1종면허 (스페인어)
  도서관 사서·학교도서관 사서교사
  DELE
  스페인어기능검정

● 모음은 일본어와 동일한 A E I O U (아에이오우)

　스페인어와 스페인·라틴문학을 배운다. 발음이 간단하고, 밝은 성격의 원어민 교사가 다수. 스페인어 명사는 남자명사·여자명사로 구분되어 있으며, 이것은 어쩔 수 없는 유럽계 언어의 숙명인 것이다. 영어에는 없는 개념으로 점과법, 선과법 및 과거미래완료 등이 있으며, 학생들은 공부하면서 패닉 상태가 되기도 한다. 다시 언급하겠지만, 취업 수요가 많은 것에 비해서 스페인어를 제대로 공부할 수 있는 학과·전공이 있는 대학은 사립대학을 포함하여 10개교 정도에 불과하다. 적은 공급량임에도 취업에 있어서는 호조로 이어진다. 여대로는 도쿄세이센여자대학 스페인어스페인문학과가 유일한 설치 대학으로 최근 주목을 받고 있다.

● 20개국 이상의 공용어로 수요도 높다

어학 계통 입장에서는 당연하겠지만, 문학 계통으로써도 의외로 취업할 곳이 많은 학과. 역시 승리의 요인은 스페인어. 사용 국가는 4번째로 많으며 스페인 본국 외에 멕시코 등 중남미에서도 널리 사용되고 있다. 특히 멕시코는 미국 시장을 내다보고 공장을 건설하는 업체가 증가하고 있어 멕시코 주재원으로 채용하는 기업이 증가하는 추세이다. 미국 본국에서도 캘리포니아나 텍사스 등 남부 주에서는 스페인어 사용 노동자가 증가하여 여기서의 수요 또한 증가하였다. 타 어학 계통 학과와 마찬가지로 글로벌 인재로서 평가하는 기업도 많다.

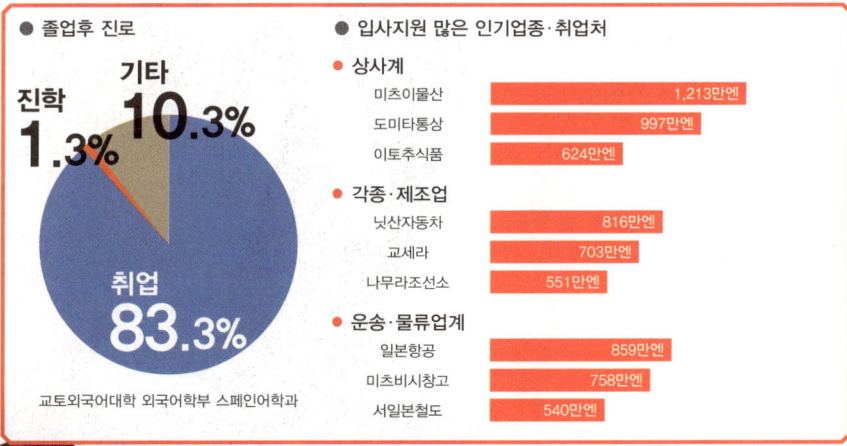

● 졸업후 진로
- 진학 1.3%
- 기타 10.3%
- 취업 83.3%

교토외국어대학 외국어학부 스페인어학과

● 입사지원 많은 인기업종·취업처
- ● 상사계
  - 미츠이물산 1,213만엔
  - 도미타통상 997만엔
  - 이토추식품 624만엔
- ● 각종·제조업
  - 닛산자동차 816만엔
  - 교세라 703만엔
  - 나무라조선소 551만엔
- ● 운송·물류업계
  - 일본항공 859만엔
  - 미츠비시창고 758만엔
  - 서일본철도 540만엔

● 눈부시게 경제발전하는 스페인어권의 나라들

2016년 미국 대통령선거후, 트럼프 대통령의 일거수 일투족에 관심을 갖고 있는 것이, 일본의 대학 관계자 중에서는 스페인어·스페인문학과 관계자이다. 멕시코와 우호 관계가 된다면 미국 시장을 내다보는 업체들의 각 회사가 공장을 건설하여 학생 채용에 도움이 된다. 그러나 벽을 만든다느니, 국경을 봉쇄한다느니 하는 것이 실현되면 각 회사의 채용은 커녕, 학생 채용에는 마이너스가 되기 때문이다. 그러나 라틴의 분위기가 강하게 반영된 탓인지, 아니면 트럼프 대통령의 정책이 비현실적인 탓인지, "어떻게든 되겠지"라며 낙관시하는 의견이 다수이다.

지금까지도, 그리고 지금부터의 시대도 중국이다!

중국어/문학과

Sinology

■ 유사학과
중국어학과, 중국문학과, 중국학과, 21세기아시아학과 등

- **학비**(초년도 납부금)
  국립 : 81만 7,800엔
  사립 : 최저 103만 5,510엔
  　　　　　　　　　(바이코학원대학)
  　　　　최고 144만 5,000엔 (간다외어대학)

- **재학년수** : 4년

- **남녀비율**
  남자 20.1%　여자 79.9%
  고베시외국어대학 외국어학부 중국학과

- **인기자격증&검정시험**
  고등학교교사 1종면허 (중국어)
  중국어검정시험
  HSK
  학예원

● **모국어 사용 인구는 세계 최대, UN 공용어이기도 하다**

중국어와 중국문학 및 문화 등을 배운다. 중국어 사용자는 추정 13억 명 이상으로 세계 최대이다. 사용국은 한정되어 있지만, 일본 기업의 중국 진출, 방일 중국인 관광객 증가 등으로 인해 중요성은 증가하고 있다(취업처의 상세는 후술). 중국어는 한자 사용으로 인해 배우기 쉽다는 이미지가 강하다. 단, 일본어 또는 영어에는 없는 발음이 많기 때문에 중국어 강의는 발음을 외우는 것부터 시작한다. 한자 사용으로 인해 친숙한 반면, 헷갈리는 한자도 있어 외우기 힘들다고 한다. 고대 중국의 철학·사상 및 문학, 역사, 정치·경제 및 서도도 수비 범위이며 연구 대상은 상당히 넓다.

● 경제규모 확대에 수반되는 기업의 수요 증가

관광·호텔·항공업계의 수요가 높으며, 취업자 수도 많다. 2016년 방일 관광객은 2,403만 명이었지만, 그중에 중국 637만 명, 대만 416만 명, 홍콩 183만 명으로 중국어권의 방일 관광객이 거의 절반을 차지하여 합계 1,236만 명 정도이다. 2008년에는 총 835만 명 중, 중국·대만·홍콩의 합계가 294만 명. 관광·호텔·항공업계 외에도 철도 및 지자체 등의 수요도 증가하였다. 상사·제조업에서도 중국 주재원뿐만 아니라 일본 국내에서도 중국 관계 기업과의 거래에서 중국어 구사가 가능한 인재를 원하는 기업은 많다.

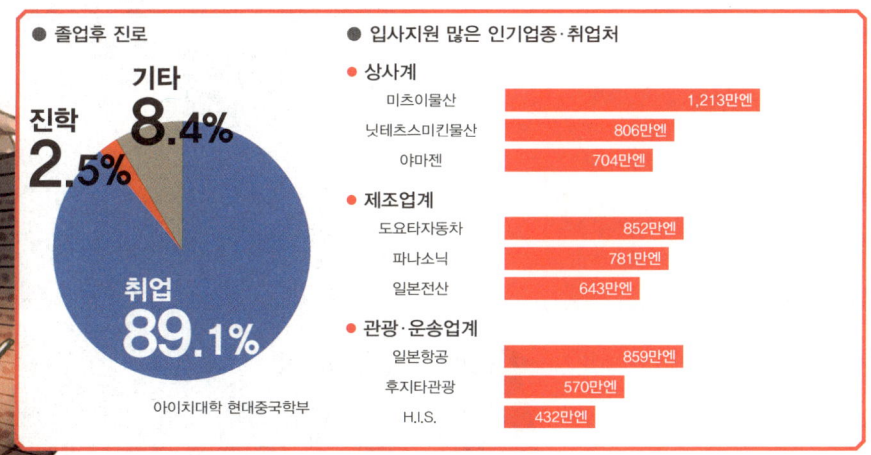

● 명확한 의지를 갖고 진학한 학생이 많다

"중국어가 너무 좋아" "앞으로는 중국의 시대야"라고 하는 등 명확한 이유로 입학한 학생들이 많다. 각 대학들도 중국의 중요성을 반영하듯, 중국관련 학과는 현대중국학부 현대중국학과(아이치대학), 21세기 아시아학부 21세기 아시아학과(고쿠시칸대학)처럼 공격적인 명칭을 사용하기 쉽다. 중국이라는 명칭은 들어있지 않더라도 중국 중시의 학부는 존재한다. 예를 들면, 간사이외국어대학 영어국제학부는 명칭 그대로 영어열공 학부이지만, 중국어도 중시하여 1학기 동안의 어학유학을 장려할 정도이다. 요코야마 미츠테루의 삼국지 시리즈는 남녀 불문하고 다수에게 인기가 있으며, 『중국신부일기』도 구독자들에게 인기 있는 만화이다.

전문이 없는 것이 전문인데, 무엇일까?

교양학과

Liberal Arts

■ 유사학과
교양학과, 현대교양학과, 국제교양학과, 리베럴아트학과 등

● **학비**(초년도 납부금)
국립 : **81만7,800엔**
사립 : 최저 **110만7,500엔** (삿포로대학)
　　　최고 **205만3,760엔** (세이토쿠대학)

● **재학년수** : **4년**

● **남녀비율**
남자 35%　　여자 65%
　　　　　　　　　　　국제기독교대학

● **인기자격증&검정시험**
중학교교사 1종면허
(일본어, 사회, 수학, 이과, 외국어 등)
고등학교교사 1종면허
(일본어, 지리역사, 수학, 이과, 외국어 등)
TOEIC
학예원

● **문과 계통과 이과 계통 모두를 자유롭게 배워서 종합능력을 키운다**

'폭넓고 얕게'가 기본 틀이다. 교양을 폭넓게 배우기 위해 문과·이과 모두 배우기를 희망하는 수험생들이 교양학과를 많이 지원한다. 동일한 교양 계통 학부라도 과목·전공을 1학년부터 정하는 대학이라면 어느 정도 이수가 제한되지만, 교양학과라면 입학부터 일정 기간은 자유롭게 이수가 가능하다. 때문에 진로를 아직 결정하지 못한 채 강의를 들어도 생각보다 힘들지는 않다. 국제기독교대학, 와세다대학, 게이오기주쿠대학 종합정책학부, 쿄토대학 종합인간학부, 오비린대학 리버럴아트학군은 이과 계통 과목·코스도 알차다. 관계자 입장에서 보면, 문과계통 학부로 분류하는 것 자체가 불만이다. "문과·이과의 구분은 일본뿐"이라는 교양 계통 교원의 생각과는 달리 문과 계통으로 구분된 채로 현재에 이르렀다.

● 향상심이 높아 문과 계통이면서도 대학원 진학률이 높다

문과 계통 학부로 분류된 것 중에서는 대학원 진학률이 높다. 교양을 배우는데 전문성을 극대화하기 위해 대학원 진학이 필요하고 향학심에 불타는 학생들이 많다는 사정이 있다. 국제기독교대학의 경우 예년 15%전후가 대학원에 진학한다. 학부 졸업생의 취업을 살펴보면, 매스컴 또는 상사, 글로벌 계통의 제조업 등이다. 특히 매스컴 입사시험은 "일본이 발견한 원소(니호늄)부터 시작하여 이치로의 기록(2016년 시즌 종료시에 일·미 통산 안타 3030개)까지 모르면 안된다"라고 할 정도로 교양학과 출신자들에게 적합하다. 폭넓은 교양은 글로벌 계통 업체에서도 환영받는다.

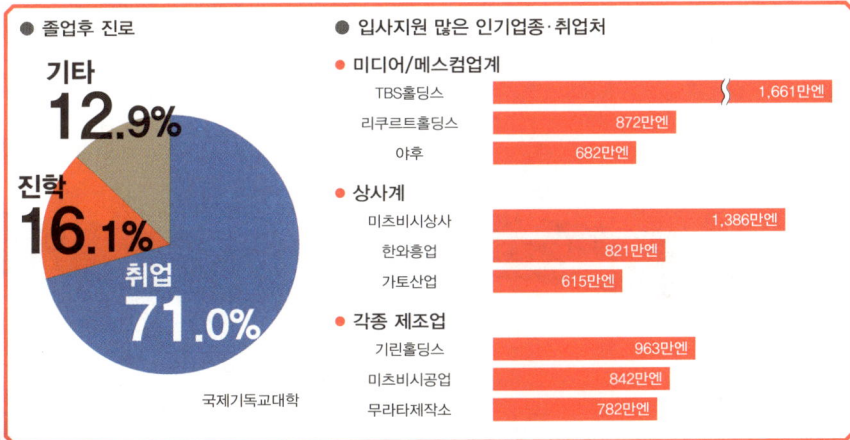

● 교양학부에 진학한 마코, 가코 내친왕(内親王)

1980년대까지는 어느 대학에서나 교양과정을 설치하였다. 당시 경제계에서 "전문성 있는 교육을 전개하지 않으면 안 된다"며 비판하였다. 그로 인해 국립대학에서는 1991년 이후, 교양과정을 해체하였고, 도쿄대학에 유일하게 남았다. 그 후 2000년대 후반 이후, 경제계에서 이번에는 "요즘 학생들은 교양이 없다"라는 비판이 나와, 교양 계통 학부·학과가 잇달아 신설되었다. 마코 내친왕이 2010년, 가코 내친왕이 2014년에 각각 국제기독교대학 교양학부에 입학(마코 내친왕은 2014년 졸업). 2000년대 후반부터 동생뻘인 국제교양학과가 증가하였다. 사랑스럽기도 한 반면, 형의 입지를 위협하는 거라고 불안해한다. 교양학과에서도 어학교육에 힘을 쏟는 대학이 많은데도 말이다.

문학계통 기타 학과

포르투갈어학과

● 학비
국립 : **81만7,800엔**
사립 : 최저 **104만8,000엔** (덴리대학)
　　　 최고 **144만5,000엔**
　　　　　　　　　　　　(간다외어대학)

● 인기자격증&검정시험
중학교교사 1종면허 (포르투갈어)
고등학교교사 1종면허 (포르투갈어)
도서관 사서·학교도서관 사서교사
외국어로서의 포르투갈어검정

포르투갈어는 포르투갈 본국 외에 브라질에서도 공용어로 사용된다. 그 때문에 습득한 후에는 글로벌 기업에 취업하면 브라질 주재원이 될 가능성도 크다. 의외적인 일로써 축구선수 통역을 할 가능성이 있을지도?

이탈리아어학과

● 학비
국립 : **81만7,800엔**
사립 : **144만엔** (교토외국어대학)

● 인기자격증&검정시험
중학교교사 1종면허 (이탈리아어)
고등학교교사 1종면허 (이탈리아어)
도서관 사서·학교도서관 사서교사
실용 이탈리아어검정

굉장히 매니어적인 점도 있어서, 이탈리아어학과 자체는 교토외국어대학에 밖에 없다(타 대학은 전공으로 다룬다). 단, 식재 수입업 등을 중심으로 수요를 일정하게 있어 취업에서 고생하는 일은 그다지 없다.

지리학과

● 학비
국립 : **81만7,800엔**
사립 : 최저 **115만7,000엔**
　　　　　　　　　　　(고마자와대학)
　　　 최고 **156만엔** (니혼대학)

● 인기자격증&검정시험
측량사보
기상캐스터
중학교교사 1종면허 (사회)
고등학교교사 1종면허 (지리역사, 공민)

1989년 학습지도 요령 개정에서 필수로 다루어졌던 지리가 전락하였다. 그 때문에 학과로서의 강세도 쇠퇴중이다. 지리학 그 자체는 인문지리학에서 자연지리학까지 다루는 범위가 넓어 츠쿠바대학에서는 지리학군에 속한다. 관광계통 학부로 옷을 갈아입은 대학도 있다.

불교학과

● 학비
국립 : **81만7,800엔**
사립 : 최저 **105만4,000엔**
　　　　　　　　　　　(류코쿠대학)
　　　 최고 **129만5,500엔** (불교대학)

● 인기자격증&검정시험
중학교교사 1종면허 (사회, 일본어, 종교)
고등학교교사 1종면허 (일본어, 종교, 지리역사)
관련종파 교사자격
도서관 사서·학교도서관 사서교사

본래는 불교학부로 독립적이였다. 이름 그대로 승려양성을 목적으로 한 학과이다. 그러면서도 현재는 단가(檀家) 감소 등의 영향으로 불교계통 학부의 지원자 자체가 격감하였다. 현재는 문학부에 걸쳐 있는 상태이다. 사회인·외국인 학생들의 인기는 절대적이지만….

크리스트교학과

● 학비
국립 : **81만7,800엔**
사립 : 최저 **96만7,000엔**
　　　　　　　　　　(도쿄기독교대학)
　　　최고 **126만450엔** (죠치대학)
● 인기자격증&검정시험
중학교교사 1종면허 (종교)
고등학교교사 1종면허 (종교)
도서관 사서·학교도서관 사서교사
학예원

목사·성직자를 양성하기 위한 강의 및 실기 수업 중심으로 되어 있다. 학과 자체는 원래 그렇게까지 학생이 모이지도 않아 대학 측에서도 체념하고 운영하기 때문에 정원 미달인 학교가 다수. 타 학과에 비해 독자적인 행보를 한다.

신도학과

● 학비
국립 : **81만7,800엔**
사립 : 최저 **121만8,300엔**
　　　　　　　　　　(고쿠가쿠인대학)
　　　최고 **123만엔** (고가칸대학)
● 인기자격증&검정시험
중학교교사 1종면허 (종교, 사회, 일본어)
고등학교교사 1종면허 (종교, 지리역사·공민, 일본어)
신직(메이카이 검정합격·세이카이 수여)
도서관 사서·학교도선관 사서교사

신직 양성이 중심이다. 고쿠가쿠인대학과 고각칸대학에만 관련 학과가 있다. 만화나 애니메이션 등의 영향으로 지원자 수는 매년 일정하게 있다. 신직은 특히 여성 채용이 극히 드물어 미래를 고려한 여고생들은 막판에 지원을 포기하는 경우가 많다.

문학계통

서도학과

● 학비
국립 : **81만7,800엔**
사립 : 최저 **81만7,800엔** (벳푸대학)
　　　최고 **205만3,760엔**
　　　　　　　　　　(세이토쿠대학)
● 인기자격증&검정시험
중학교교사 1종면허 (일본어)
고등학교교사 1종면허 (일본어, 서도)
도서관 사서·학교도선관 사서교사
학예원

서도를 전문적으로 배우는 학과로 다이토문화대학 등이 설치하였다. 국립대학에서는 대부분이 문학부의 전공으로 하지만, 츠쿠바대학에서만 예술학군 안에 존재한다. 사내의 사서로 채용하는 등 수요는 많다. 만화 『거침없이 한 획』의 팬이 다수.

인문학과

● 학비
국립 : **81만7,800엔**
사립 : 최저 **103만5,510엔**
　　　　　　　　　　(바이코학원대학)
　　　최고 **134만엔** (도카이학원대학)
● 인기자격증&검정시험
중학교교사 1종면허 (일본어, 영어)
고등학교교사 1종면허 (일본어, 서도, 영어)
도서관 사서·학교도선관 사서교사
학예원

본래 인문학이란, 인간의 본질 또는 행위를 연구 대상으로 하는 학문으로, 반대어는 자연학이다. 하지만 실제로는 문학부 총칭이라고 하는 대학이 대부분이며, 수험생은커녕 학생들 조차 문학과와 인문학과의 차이를 의식하는 학생은 전무하다.

column

문학부 취업이 약한 이유가 수학을 싫어해서였다?

문학부라고 하면, 모 취업활동 책에서 "게이오대학이나 와세다대학에서도 좀처럼 취업하기 힘들다"라고 혹평 받을 정도로 취업 상황이 좋지 않은 이미지로 굳혀져 버렸습니다. 실제로는 취업활동에 매진한다면 취업은 가능한 상황입니다.

그럼, 어째서 취업 상황이 나쁘다고 하는 것일까?

여러 이유들이 있겠지만, 그중의 하나가 '수학을 싫어한다'라는 이유에서라고 합니다. 수학을 싫어해서 문과 계통 학부를 선택한 학생들에게는 안타까운 현실입니다.

취업활동에서는 적성 시험이라는 필기시험이 있으며, 그중에서도 수학은 반드시 출제됩니다. 하단의 문제는 적성검사에서 가장 많이 나오는 SPI3문제입니다. 능력검사·비언어분야의 '추론'분야인데, 수학을 싫어하는 당신은 괜찮으십니까?

이러한 문제들만 출제되므로 수학을 싫어하는 문학부생이 취업활동에 고전하는 것은 당연합니다. 착실한 중·고생들은 수학을 싫어하더라도 굴하지 않고 수업에 참여할 것을 권장합니다.

【문제】

P, Q, R, S라는 4명이 책 1권을 순서대로 읽었다. 4명이 읽은 순서는 다음과 같은 상황임을 알 수 있다.

　Ⅰ) S 다음에 P 가 읽었다.
　Ⅱ) 처음에 읽은 사람은 R 이 아니다.

다음과 같은 추론 가, 나, 다 중에서 틀린 것이라고 단정지을 수 없는 것은 어느 것일까?
　가. Q 가 2번째로 읽었다.
　나. R 이 3번째로 읽었다.
　다. S 가 4번째로 읽었다.
※이하, 선택지 생략

『이것이 진짜 SPI3 이다! 2017년도판』 요센사(洋泉社) 인용

【유용】 ㄱ

제 2 장

사회·국제학계통

- 사회학과
- 사회복지학과
- 미디어사회학과
- 관광학과
- 국제관계학과
- 국제교양학과
- 현대사회학과
- 인간사회학과
- 신문학과
- 인간복지학과
- 국제문화학과
- 국제사회학과
- 국제경영학과
- 국제종합과학과

세상의 모든 것이 연구 대상

「사회학과」

Sociology

■ 유사학과
사회학과, 현대사회학과, 산업사회학과 등

- 학비(초년도 납부금)
  국립 : 81만7,800엔
  사립 : 최저 102만4,660엔 (마츠야마대학)
  　　　최고 146만7,000엔 (시텐노지대학)

- 재학년수 : 4년

- 남녀비율
  남자 61.4%　여자 38.6%
  　　　　　　　류코쿠대학 사회학과

- 인기자격증&검정시험
  중학교교사 1종면허 (사회)
  고등학교교사 1종면허 (지리역사, 공민)
  도서관 사서·학교도서 사서교사
  TOEIC

● 세상에 일어나는 대부분의 일이 연구 대상

교양학과와 같이 범위가 넓은 사회학이다. 정도파인 곳으로는 도시사회학, 교육사회학에서부터 예능사회학, 리카쨩의 사회학까지 무엇이든 폭넓게 연구할 수 있는 것은 '무엇이든 할 수 있는 사회학'이라는 이유에서이다. 참고로 필자의 도요대학 사회학부 사회학과 졸업 논문은 갬블 사회학이며, '공영경기가 지역에 미치는 영향의 고찰'(공영경기는 경마, 경륜 등) 등이었다. B 학점을 받고 졸업하였다. 뭐든지 할 수 있지만, 한편으로는 비판할 뿐이며 무언가를 창출해 내는 것이 아니라, '아무것도 할 수 없는 사회학'이라고 하는 이유이기도 하다.

● 사회문제를 많이 다루는 이유에서인지 매스컴업계 지원자가 많다

비판 정신을 강하게 펼쳐 매스컴 업계로 취업이 이어지는 좋은 결과를 가져온다. 실은 미디어사회학과 보다 매스컴업계 취업자가 많은 대학이 있을 정도이다. 일본·도요·긴키 대학 레벨에서도 신문사 등에 OB·OG가 그런대로 있다. 도시사회학 등도 배워 공무원 취업도 생각 외로 많다. 또한 사회학의 학문 특성상, 학생은 수 많은 데이터를 다루는 경험을 쌓았기 때문에 IT업계로부터도 일정한 평가가 있다. 사회학과 출신자가 취업활동에서 고전을 하는 경우라면, 공부가 화근이 되어 지원하는 기업도 포함하여 무턱대고 트집을 잡는 부분일까? 그런데 그 중에는 "여기, 가장 먼저 논리적으로 비판할 수 있다니, 대단한 용기네"라고 착각해서 내정을 받게 되는 학생도 있으니, 인생은 모르는 일이다.

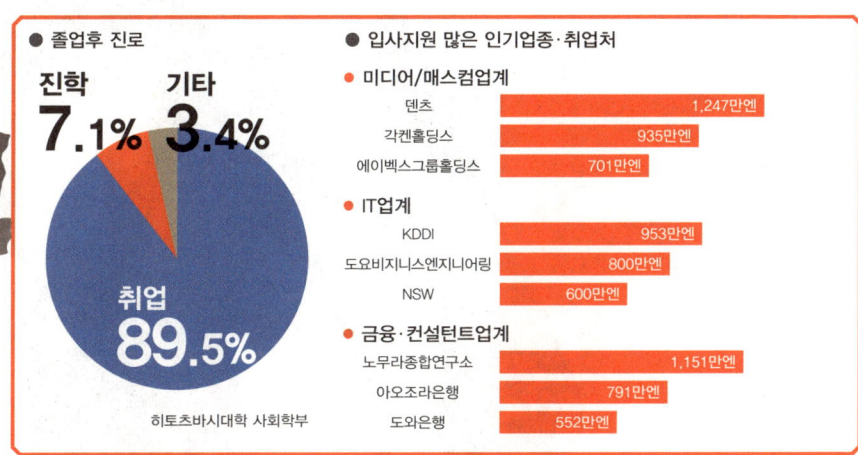

● 통계학 지식과 스킬을 익힐 수 있는 것도 매력 중의 하나

문과 계통 학부로 분류되고는 있지만, 통계학·사회조사 등에서 데이터를 다루기 때문에, 실은 이수 계통 센스가 요구되는 학과이다. 수학과 인연을 끊고 싶은 수험생이 문과 계통이라는 이유만으로 사회학과를 선택. 하지만 무턱대고 입학한 후에는 울고 싶을 정도로 수 많은 수학 관련의 강의가 있다고 불평하는 학생들이 다수. 데이터 정리에 흥미를 가질 것인지, 아니면 싫어하는 수학이 더 힘들게 될것인지, 그것은 학생 나름이다. 사회학부 사회학과라면 통칭은 '사회사회'이다. '사회학부 사회학과'의 약어일 뿐인지, 아니면 일단 뭐든지 어렵게 하려는 교수 비판인지, 학생의 자학도 포함된 것인지는 의견이 분분하다.

사람을 포용하는 자세를 지향하여

사회복지학과

Social Welfare

■ 유사학과
복지학과, 인간복지학과, 복지커뮤니티학과, 의료복지학과 등

● 학비(초년도 납부금)
국립 : 81만7,800엔
사립 : 최저 93만엔 (간다의료복지대학)
　　　 최고 205만2,760엔 (세이토쿠대학)

● 재학년수 : 4년

● 남녀비율
남자 27.9%　　여자 72.1%
간사이학원대학 사회복지학과

● 인기자격증&검정시험
시회복지사
간병복지사
중학교교사 1종면허 (사회)
등학교교사 1종면허 (복지)

● **이수 계통 지식과 체육 계통의 체력도 요구된다**

　일본의 친절함을 만들어내는 학과로서, 일단은 문과 계통 학과로 분류된다. 실제로는 의학, 건강과학, 공학 등 이수 계통 분야 지식이 상당히 요구된다. 게다가 간병을 하려면 체력 승부이기 때문에 체육 계통의 요소도 요구되며, 공부 범위도 상당히 넓다. 한때는 복지 수요로부터 인기가 상승하여 복지학과를 신설하는 대학이 줄줄이 생겨났다. 그러나 이미지가 선행한 탓인지, 2000년대 후반부터 인기가 추락하기 시작하였다. 사립대학에서는 학과마다 모집을 중단하는 곳도 발생하였다. 한편, 공립대학에서는 지자체의 수요도 있어 복지학과의 신설이 이어졌다. 현재는 복지에 대한 이해를 쌓은 진학자가 많아 학생들은 진지한 분위기이다.

● 복지 지식을 가진 인재를 요구하는 기업도

복지 업계로의 취업이 중심. 국공립대학의 졸업생은 지방공무원 또는 공무원에 준하는 자격을 갖게 된다. 각지의 사회복지협의회에 취업하는 비율이 높다. 이를테면 경영자 입장에서 일하는 인재도 기대하고 있는 것이다. 조치대학, 도시샤대학, 릿쿄대학 등의 사립 난관문대·준난관문대도 동일한 경향이지만, 공무원보다는 금융, 특히 생명보험, 지방은행 등이나 제조업이 많아진다. 이것은 "복지에 대한 지식을 소유한 인재를 늘리지 않으면 고령화 사회에 대응해 나갈 수 없다"라는 면과 "○○대학 브랜드의 학생이라면 학부는 상관없다"라고 하는 양면성이 있다. 이러한 경향은 도요다나 류코쿠대 등의 중견 레벨의 사립대학으로도 확대되는 추세이다.

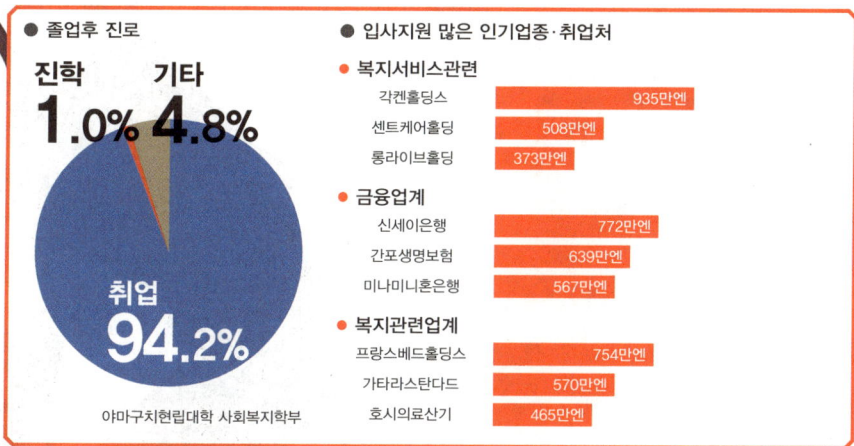

● 복지 관련 직종에 뜻이 있다면 '사회복지사 합격률'에 주목

1990년대 후반부터 2000년대 초반에 걸쳐 복지 계통 학과를 신설하는 붐이 일어났다. 이와 같은 대학을 비교 검토할 때 주목받았던 점은 수험 자격을 얻을 수 있는 사회복지사 합격자·합격률이었다. 필자가 예전에 "사회복지사 합격률 워스트 랭킹" 정보를 책이나 기사로 전달한 탓인지 복지 계통 학과의 저인기·고비용 체질을 기피하게 되어서인지, 최근에는 사회복지사 양성을 중단하는 대학이 속출하고 있는 실정이다. 대학에서 공개하는 사회복지사 합격률 데이터를 살펴보면, 오사카인간과학대학과 같이 세력이 강한 대학을 알 수 있으므로 진로를 결정하는데 참고하기를 바란다. 일본사회사업대학은 설립경위에서 붙여진 별명 처럼'복지의 도쿄대학'이다. 사립대학치고는 학비는 저렴하고 취업에도 강하다.

걷다 보면 아나운서 지망생을 만난다

미디어사회학과

Media Studies

■ 유사학과
신문학과, 방송학과, 광고미디어학과, 매스 커뮤니케이션학과 등

● 학비(초년도 납부금)
국립 : -
사립 : 최저　125만6,000엔 (호세이대학)
　　　최고　133만8,900엔 (무사시노대학)

● 재학년수 : 4년

● 남녀비율
남자 38.9%　　여자 61.1%
　　　　　　무사시대학 미디어사회학과

● 인기자격증&검정시험
중학교교사 1종면허 (사회)
고등학교교사 1종면허 (지리역사, 공민)
TOEIC
닛케이TEST

● 균형 잡힌 미디어 이론과 실천을 배운다

　신문 또는 텔레비전, 광고와 같은 매스컴 전반을 전문적으로 학습하는 학과. 대학이나 세미나 수업 방침에도 따르겠지만, 미니 커뮤니티나 대학 광고지 작업 등의 실습이 많이 마련되어 있다. 니혼대학 예술학부, 도쿄국제대학, 무사시대학 등에서는 학내에 스튜디오가 마련되어 있어 학생들이 방송 제작 실습에 참여할 수 있다. 학과명에 '사회'라고 명시되어 있는 것처럼 사회학을 축으로 한 미디어 이론에 대해서도 공부하게 된다. 신문, 출판, 텔레비전 등 매스컴 출신 실무경험 교수가 적게는 1명, 많게는 5명 이상이 재적하고 있는 것이 특징이다. 호세이대학의 후지시로 히로유키 등 유명한 평론가가 교수로 재직하고 있다. 학생들은 장래에 매스컴업계의 취업 지원을 강력하게 희망하는 학생과 그냥 흥미로울 것 같아서 선택했다는 학생이 반반 정도이다. 매스컴 지원자가 많은 것에 비해 신문 구독률이 다른 학과에 비해 높은 편은 아니다.

● 매스컴 업계 취업에 강세를 보이는 대학은 극히 소수

미디어 기업의 취업 여부는 대학의 편차치와 전통에 의해 크게 좌우된다고 확실히 말할 수 있다. 조치대학의 신문학과, 니혼대학의 법학부 신문학과 등은 전통이 있는 학과로서, 매년 매스컴 취업률은 방송국 등을 포함하여 상당히 강세를 띈다. 솔직히 말하자면, 편차치가 낮거나 신설 대학이거나 하면 매스컴 업계로 취업하기 위한 메리트가 적고 학과명은 쓸모없게 된다. 매스컴 업계의 취업을 희망할 때의 갈림길이 되는 것이 편집·제작 프로덕션까지 포함하여 입사의 검토 여부일 것이다. 프로덕션 계통의 기업에 정사원 입사는 드문 일이며, 대게는 계약사원 또는 아르바이트로 시작하게 되는 경우가 많다. 더군다나 중노동의 시작이다. 꿈을 쟁취할 것인지, 안정된 삶을 찾을 것인지는 학생 나름이다. 프로덕션 계통의 채용 소식도 난관문대를 중심으로 정보가 떠도는 것이 현실이다. 매스컴 외에는 IT업계가 약간 많으며, 그 밖에는 일반적인 문과 계통 학부와 크게 다르지 않다.

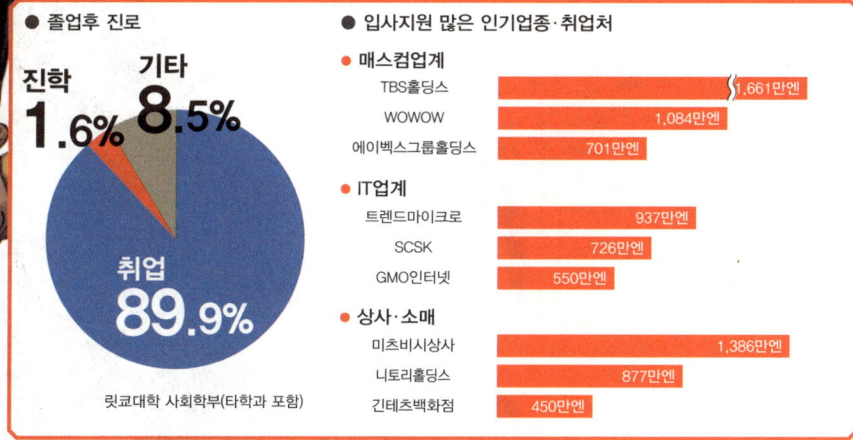

● '자주(自主) 매스컴 강좌'라는 선택지

매스컴 입사 시험에서 예멘의 수도, 이치로의 통산 안타수, 일본의 이름을 붙인 원소 등의 질문을 받았을 때, 평소 신문을 읽지 않는다면 답할 수 없을 것이다. '미디어'라는 타이틀에 걸맞도록 적어도 신문 정도는 매일 읽어두도록 하자. 또한 매스컴 지원자는 미디어사회학과 이외의 선택지로 호세이대학의 자주매스컴 강좌도 있다. 과외 강좌이므로 학점 인정은 되지 않는다. 1·2학년생은 기초 코스, 3학년생은 아나운서, 신문·보도기자, 출판, 방송, 광고라는 5개의 코스로 나누어지고, 각 업계의 졸업생·저명인이 강의를 담당한다. 고지마 나츠코와 같은 아나운서를 다수 배출하기도 하였지만, 드높은 인기 탓에 강좌에 참여하기 위해서는 전형에 통과해야 한다. 호세이대학 외에도 자주매스컴 강좌는 증식 중이다.

순풍을 타고, 관광대국을 향해서!

관광학과

Tourism

■ 유사학과
관광정책학과, 관광산업과학과, 관광과학학과 등

- **학비** (초년도 납부금)
  국립 : 81만7,800엔
  사립 : 최저 110만500엔 (노스아시아대학)
  　　　최고 170만200엔 (다마가와대학)

- **재학년수** : 4년

- **남녀비율**
  남자 38.1%　　여자 61.9%
  　　　　　　　　릿쿄대학 관광학과

- **인기자격증&검정시험**
  중학교교사 1종면허 (사회)
  고등학교교사 1종면허 (지리·역사, 상업)
  종합여행업무 취급관리자·국내여행업무
  취급관리자
  TOEIC

● 비즈니스 분야 지식 습득에 의한 관리직 양성도

　관광 관련 전문학과. 관광학부의 전통인 릿쿄대학 관광학부는 이전에 사회학부 관광학과(1967년 개설)이기도 하여서 사회학부 일가에 들어가 있다. 호스피탈리티 관련의 실습이 많으며, '대학교에서 호텔 프런트 양성?'이라고 들은 적도 있었지만, 국공립대학·난관문 사립대학에서는 관리직 양성의 측면도 있다. 본 학과는 2000년대 후반부터 증가하는 추세이며, 2008년에는 와카야마대학 (관광학부), 류큐대학(관광산업과학부)에 개설되는 등 국공립대학에도 증가하고 있다. 사회학적인 측면이 아닌 비즈니스로서의 연구 측면도 강하여, 사회학 일가로부터 독립하는 것은 시간문제인가? 관광지 순회 실습은 즐겁지만, 경영학 및 경제학 등 수학을 사용하는 과목도 있다.

● 관광·호텔업계 취업이 압도적으로 많다

관광·호텔업계에는 강하다. 기대되는 근무방식은 국공립대학·난관문 사립대학이라면 관리직. 다만 최근에는 학생에게 유리한 매수자 시장에 힘입어 방일 외국인 관광객의 증가(2003년 : 521만 명 → 2016년 : 2400만 명 → 2020년 정부목표 : 4000만 명)라는 요소도 있어 니혼·도요 대학 클래스, 더 나아가 아시아대학(경영학부 호스피탈리티·매니지먼트학과)등 중견 클래스에도 관리직 후보를 기대하는 움직임이 확대되고 있다. 여학생들은 항공업계 지원을 굳건히 지키고 있다. 방일 외국인 관광객 증가에 대응하기 위해 철도회사, 지방자치체, 유통·소매 등에서도 채용을 확대하는 경향이다. 관광 외의 업계로는 글로벌 인재로서 평가하는 기업도 있다. 국공립·릿쿄 등에서는 대학원 진학자도 있다.

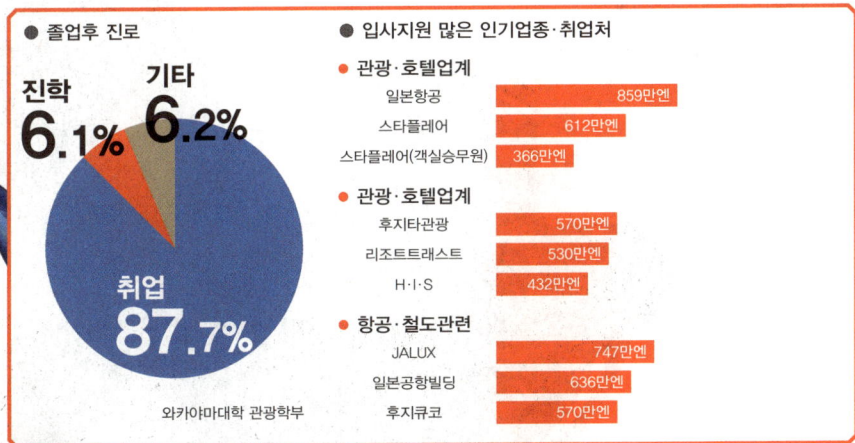

● 미래의 직업을 구체적으로 내다본 전공 선택을

'문과 계통 학부 → 문과 계통 대학원 → 대학에 남아 연구생'이라면, 소수 인원을 뽑는 교원 자리를 두고 경쟁하는 통칭 '무리한 게임'이지만, 릿쿄대학은 몇 안되는 예외이다. 박사과정을 수료한 직후, 신설된 관광 계통 학과의 교원이 되는 경우가 많다. 오비린대학의 비즈니스 매니지먼트 학군은 관광 업계 지원자라면 '관광' '호스피탈리티' '엔터테인먼트 비즈니스 프로그램'이라는 섬세한 전문 프로그램을 통한 비즈니스를 배울 수 있다. 또한 항공업계 지원에는 애비에이션 매니지먼트학류라는 코스가 마련되어 있어, 하늘의 스페셜리스트를 향해 한 발 더 나아갈 수 있다.

시점은 글로벌로, 접근은 다각적으로

국제관계학과

International Relations

■ 유사학과
  국제학과, 지구시민학과, 아시아태평양학과 등

● **학비**(초년도 납부금)
  국립 : **81만7,800엔**
  사립 : 최저 **118만4,500엔** (교토산업대학)
        최고 **144만엔** (도쿄국제대학)

● **재학년수** : **4년**

● **남녀비율**
  남자 39.1%   여자 60.9%
              리츠메이칸대학 국제관계학과

● **인기자격증&검정시험**
  중학교교사 1종면허 (영어, 사회)
  고등학교교사 1종면허 (영어, 일본어, 공민)
  TOEIC
  닛케이TEST

● **글로벌 관점을 배양하기 위해 유학이 필수인 대학도**

 글로벌 문제 및 현상을 정치, 경제, 법률, 사회 등의 측면에서 배운다. 단, 사회과학 접근뿐 아니라, 문학 및 철학, 문화학 등 인문과학 측면에서의 접근도 포함한다. 유학·연수를 필수로 여기는 대학도 있지만 그렇지 않은 대학도 있다. 유학·연수가 필수인 경우에는 도항비·생활비가 저렴하다고 하더라도 수십만 엔, 더 비싼 경우에는 100만 엔 이상의 비용 부담이 되므로 주의를 요한다. 본래, 글로벌 교육은 국제관계학과가 주류였지만, 최근 동생뻘인 국제교양학과가 인기를 끌게 되어 형님 입장에서는 조금 복잡한 심경이다.

● **학생들의 눈높이가 높아진 탓인지, 글로벌 기업으로의 취업률이 높은 편**

기본적으로는 타 문과 계통 학과와 동일하다. 단, 글로벌 업계·상사, 항공·관광 관련 기업은 역시나 강세이다. 준난관문(準難関門)이상의 사립대·국공립대학뿐만 아니라, 중견사립대라고 하더라도 기업에서의 평가가 높은 대학도 많다. 예를 들면, 아시아대학 국제관계학과의 경우, 개설 시점부터 2학년 후반에 5개월간의 미국 유학을 필수로 하는 교육을 실시하고 있다는 점이 평가되어 취직도 순조로운 편이다. 또한 학생들은 일본 국내에서는 일반적으로 지명도가 떨어지더라도 세계 점유가 높은 기업을 잘 찾아내기도 한다. 그러나 대부분 국제관계학과가 개설되어 있는 대학은 "지명도가 낮은 기업을 내놓아도 홍보가 되지 않는다"라는 이유로 "주요 취업 기업" 명단을 내놓지 않는 것은 실로 안타까운 일이다. 유명 기업만이 글로벌 기업은 아닌데 말이다.

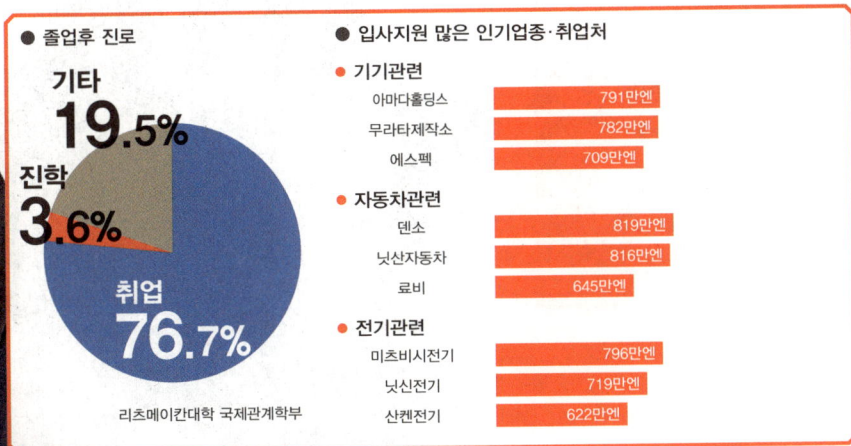

● **대학에 따라 학과 명칭은 다양하다**

국제 내지 글로벌이라는 명칭을 붙이는 것이 일반적이기는 하나, 호세이대학에서는 국제문화학부와 글로벌교양학부, 도시샤대학에서는 글로벌 커뮤니케이션학부와 글로벌 지역문화학부라는 국제계통학부를 2학부나 가지고 있다(차이점은 각자 검색바람). 아시아태평양학과(리츠메이칸아시아태평양대학), 현대중국학과(아이치대학), 21세기아시아학과(고쿠시칸대학) 등 특정 지역을 일컫는 대학이 있는 가운데, 가장 스케일이 큰 곳은 세이센여자대학의 지구시민학과이다. 고마자와대학은 글로벌미디어스터디학과이다. 학과명 중에서는 가장 긴 명칭으로 학내에서는 'GMS'로 통한다.

폭넓은 교양과 어학력을 무기 삼아 세계로

국제교양학과
Global Studies

■ 유사학과
글로벌교양학과, 다문화사회학과, 글로벌커뮤니케이션학과 등

● **학비**(초년도 납부금)
국립 : 81만7,800엔
사립 : 최저 123만7,000엔
　　　　　　　　　　(가이치국제대학)
　　　　최고 159만3,300엔 (준텐도대학)

● **재학년수** : 4년

● **남녀비율**
남자 36%　　　여자 64%
　　　　　　　국제교양대학 국제교양학과

● **인기자격증&검정시험**
중학교교사 1종면허 (영어)
고등학교교사 1종면허 (영어)
TOEIC
닛케이TEST

● **폭넓은 교양학과 + 영어교육 = 농밀한 캠퍼스 라이프**

　교양을 넓고 얕게 학습한다는 점에서는 교양학과와 동일하다. 게다가 영어교육 및 유학·연수를 묶고 있다는 점이 교양학과와의 차이점이다. 대학에 따라서는 외국인 유학생과 함께 강의를 듣고, 기숙사 생활 체험, 평소의 강의도 영어로 수강하는 등의 옵션이 붙어있다. 그 생활이 상당히 힘든 탓에 유급률은 높다. 단, "수업에 뒤처져서 유급한다" 또는 "오히려 유학 가서 공부에 눈을 뜨게 되어 유급한다"라고 하는 제각각의 이유들이 있다. 어쩌면 반반 정도일지도. 유학하는 곳이 유럽이라면 상당히 비싸져서, 국공립대학이라도 4년 간 총 600만 엔을 초과할 수도 있다는 점이 두려운 점이다.

● **취업 가능성이 미지수인 신설교도 다수……**

국제교양대학 및 와세다대학에서는 종합상사 또는 글로벌 계통의 대기업, 매스컴 업계 등에서 학내 설명회를 개최하는 것이 당연한 것으로 여겨진다. 준난문관 레벨의 대학이라도 취직 자리에 있어서는 난관문대학에 필적해 볼만하다. 교양학과와 마찬가지로 대학원 진학자는 높다. 지방대라면 본인의 실력뿐 아니라 부모님의 의견이 강하거나, 그게 아니면 지역 취업에 이끌리는 것인지, 수도권·간사이권의 대기업보다 지역 기업이 많다. 그중에는 교아이학원 마에바시국제대학과 같이 전략적으로 지역 취업을 늘린다고 하는 대학도 있다. 2010년 이후, 설치가 잇따른 신설교, 특히 2017년 시점에서 졸업생을 배출하지 않은 대학은 아직 미지수이다.

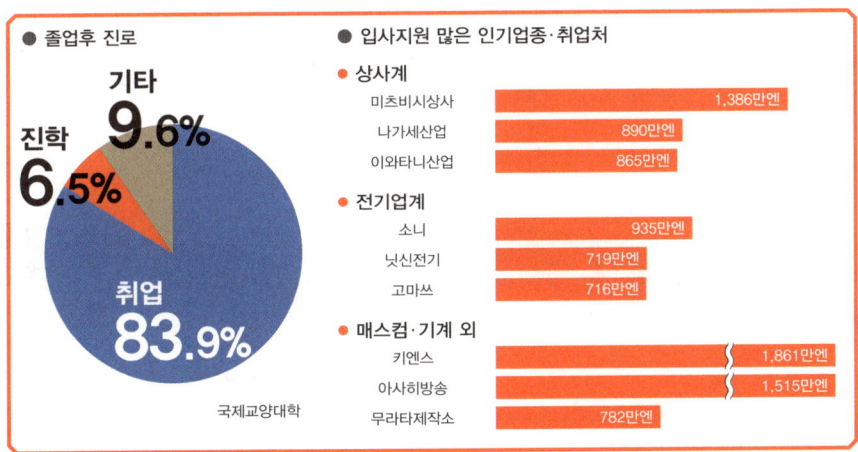

● **신규 대학이 증가하고 있으므로, 대학 선택에도 신중을**

아키다의 국제교양대학이 대성공을 거두어, 편차치가 치솟았고 도쿄대를 넘어섰다는 소문도 있다. 거기에 와세다대학에서도 국제교양학부를 설치하여 일정한 평가를 받는다. 한편으로 지방의 국립대 및 중견 이하의 사립대에서도 잇달아 설치하는 등 최근 들어서 난립하는 양상을 보여 2015년도 입시에서는 나가사키대학 다문화사회학부가 국립대에서 유일하게 정원 미달이었다. 지바상과대학 국제교양학부도 설치 초년도부터 정원 미달이라는 씁쓸한 결과를 내놓았다. 굳이 지역의 인재 공급원으로 삼는 교아이학원 마에바시국제대학과 같은 전략이 있다면 다행이지만, 국제교양대학의 흉내를 낸 것 같은 대학이라면 전략이 없을뿐더러 향후의 전망은 낙관시 할 수 없다.

사회·국제학계통 기타 학과

현대사회학과

● 학비
국립 : **81만7,800엔**
사립 : 최저 **109만7,160엔**
(지쿠시여학원대학)
　　　　최고 **144만9,000엔**
(에도가와대학)

● 인기자격증&검정시험
TOEIC
닛케이TEST
도서과 사서·학교도서관 사서교사
학예원

기본적으로는 사회학과와 동일. 미디어사회학, 젠다 사회학이라는 현대의 여러 가지 문제를 테마로 내세우는 대학이 많다. 그리고 니혼여자, 도시샤여자, 교토여자 등의 여대에서 사회학과를 설치할 때, 어떠한 이유에서인지 이 학과명이 사용되는 경향이 있다.

인간사회학과

● 학비
국립 : **81만7,800엔**
사립 : 최저 **114만9,860엔**
(지바상과대학)
　　　　최고 **141만8,600엔**
(메이세이대학)

● 인기자격증&검정시험
유아원교사 1종면허
사회복지사
도서관사서·학교도서관 사서교사

이 학과도 기본적으로는 사회학과와 동일. 지역사회학, 복지사회학, 산업사회학 등 인간관계를 중시하는 테마를 내세우는 대학이 이 명칭을 사용하려고 한다. 공립인 수도대학도쿄에서도 이 명칭을 사용한다.

신문학과

● 학비
국립 : －
사립 : 최저 **118만엔** (니혼대학)
　　　　최고 **126만450엔** (죠치대학)

● 인기자격증&검정시험
TOEIC
뉴스시사능력검정
닛케이TSET
신문검정

신문이라고 하여도 신문 외에 텔레비전, 출판, 광고 등 미디어 전반에 걸친 학과이다. 이론과 실천의 양면부터 배우게 된다. 조치대학과 니혼대학이 설치하여, 두 대학 모두 전통적인 학과인 덕분에 매스컴 업계로의 취업에는 상당히 유리하다. 매스컴 지원을 희망한다면 지원학교 후보로 생각해 두길 바란다.

인간복지학과

● 학비
국립 : **81만7,800엔**
사립 : 최저 **97만1,160엔**
(오키나와국제대학)
　　　　최고 **149만4,650엔**
(오츠마여자대학)

● 인기자격증&검정시험
사회복지사
정신보건복지사
간병복지사
사회복지주사

강의 및 연구 내용은 사회복지학과와 거의 동일하다. 인간복지와 사회복지 중 어느 쪽의 학과이든 '복지학과'로 심플하면 좋지 않을까 라고 생각되기도 하지만, '인간'이라는 단어를 학과명에 사용하는 대학은 상당히 많다.

국제문화학과

● 학비
국립 : **81만7,800엔**
사립 : 최저 **103만3,900엔**
(규슈산업대학)

　　　 최고 **155만엔** (호세이대학)
● 인기자격증&검정시험
TOEIC
TOEFL
학예원
도서관 사서·학교도서관 사서교사

'글로벌리즘과 로컬리즘' '다문화공생'등이 키워드로 자주 언급되는 학과이다. 국제문화학 자체는 국제관계학 등 타 학과에서도 배울 수 있다. 역시 '국제'라고 불리기만 할 뿐, 문화학 외에 외국어교육까지 힘을 쏟는 대학도 있다

국제사회학과

● 학비
국립 : **81만7,800엔**
사립 : 최저 **103만8,800엔**
(규슈국제대학)

　　　 최고 **144만3,000엔**
(게이센여학원대학)
● 인기자격증&검정시험
TOEIC
TOEFL
초등교사 1종면허
보육사

국제관계학과와 거의 동일하다. 교아이학원마에바시 국제대학은 국제사회학과를 개설했을 당초부터 소규모의 학과를 제외하고 곧 미달 정원이 되었다. 그 후로 학부·학과 명칭은 그대로 사용하고, 코스 명칭을 알기 쉽게 재편하여 수험자 수가 증가하게 되었으며, 현재는 군마에서 상위권 사립대로 거듭났다.

국제경영학과

● 학비
국립 : **81만7,800엔**
사립 : 최저 **103만8,900엔**
(규슈산업대학)

　　　 최고 **144만5,000엔**
(다마가와대학)
● 인기자격증&검정시험
TOEIC
실용영어능력검정
닛쇼부기
닛케이TEST

경제학·경영학 중에서도 글로벌을 의식한 강의가 많이 개설되어 있다. 유사명칭으로는 국제경제학과가 있으며, 2017년 현재, 국제경영학과 11개교, 국제경제학과 9개교 설치되었다. 한편, 메이지학원대학은 경제학부 내에 국제경영학과를 설치하여 복잡하고 알기 어렵기도 하다.

국제종합과학과

● 학비
국립 : **81만7,800엔**
사립 : −
● 인기자격증&검정시험
TOEIC
TOEFL
실용영어능력검정
닛쇼부기

어느 쪽이든 과학 중시라기 보다 어학 중시의 학과. 야마구치대학과 요코하마시립대학에 설치하였으며, 야마구치대학은 1년간의 유학이 필수이다. 요코하마시립대학은 4개의 학과로 분류되지만, 3학년으로 진급하는 최저 달성 수준으로 TOEFL-ITP 500점을 기준 스코어로 규정하였다.

column

국제·외국어 계통 학과는 실질적으로는 '5년제'라고 생각하는 편이 좋다.

이 책에서 소개하는 각 학과의 재학년수는 의학 계통 등을 제외하면 대부분이 4년제입니다. 하지만 4년제가 아닌 5년제인 것은 아닐까라고 생각되는 학과가 국제계통·외국어계통의 학과입니다. 물론, 이 책에서는 4년제로 다루지만, 난관문대학을 중심으로 유급률이 상당히 높기 때문입니다.

예를 들면, 오사카대학의 웹사이트(교육정보 공표/표준수업년수 내의 졸업·수료생, 유급률, 퇴학률)를 살펴보면, 2012년 4월의 입학생 수는 622명. 그중에서 2016년 3월 졸업생(표준 4년제의 졸업생 수)은 184명. 즉 졸업률은 29.6%, 유급률은 66.4%인 셈입니다. 타 문과 계통 학부의 4년제 졸업률은 문학부 77.5%, 경제학부 76.3%이므로 눈에 띄게 높은 비율이라고 말할 수 있습니다.

어떠한 이유로 이 정도의 높은 유급률을 보이는 것일까?

그 이유도 오사카대학의 웹사이트에서 확인할 수 있습니다.

「외국어학부는 유학으로 인한 휴학생이 많기 때문」

이러한 사정은 오사카대학에만 있는 일이 아닙니다. 국제계통 학부, 외국어계통 학부의 난관문대학에서는 비율에 다소 차이는 나지만 높은 유급률의 사정은 어디나 마찬가지입니다.

「5년제 대학」은 취업에 불리한가 하면, 그렇지도 않습니다. 「5년제」라는 상황은 지속되고 있는 상황이지만, 취업에는 거의 영향을 미치지 않아, 난관문대 졸업생들의 다수가 대기업에 취업하게 됩니다. 국제 계통·외국어 계통에 진학하는 경우, 상당히 높은 비율로 「5년제 대학」이라고 체념하는 게 나을 것 같습니다.

제 3 장 법률 · 정치학계통

- ▼ 법학과
- ▼ 정치학과
- ▼ 법률학과
- ▼ 법학과정
- ▼ 국제관계법학과
- ▼ 위기관리학과
- ▼ 지구환경법학과
- ▼ 지적재산학과
- ▼ 국제정치학과
- ▼ 지역정책학과

인간사회의 규칙, 그것이 법률이다

법학과

■ 유사학과
법률학과, 기업법학과, 국제관계법학과 등

● 학비(초년도 납부금)
　국립 : 81만7,800엔
　사립 : 최저　102만4,660엔 (마츠야마대학)
　　　　최고　143만엔 (니혼문화대학)

● 재학년수 : 4년

● 남녀비율
　남자 66.5%　　여자 33.5%
　　　　　　리츠메이칸대학 법학과

● 인기자격증&검정시험
　중학교교사 1종면허 (사회)
　고등학교교사 1종면허 (지리역사, 공민)
　도서관 사서·학교도서관 사서교사
　TOEIC

● **졸업 논문이 없다는 의미는, 즉 이러한 이유이다**

　두꺼운 육법전서를 완독해야 하기도 하고 평소에 하는 공부만으로도 너무 힘든 탓인지, 졸업논문이 없는 대학이 대부분이다. "졸업논문 쓰는 거 너무 귀찮은데, 안 써도 된다니 정말 행운이야, 아니~!" 라고 기쁨의 포효를 하는 건 입학하기 전까지의 일이다. 대부분 20,000자 정도 되는 졸업논문을 쓰지만, 법학과에서는 10,000자를 조금 넘는 정도의 분량으로 리포트 과제를 제출하는 경우가 많다.

"졸업논문을 쓰기만 하면, 세미나·평소 강의의 배 이상의 학점을 받을 수 있어서 타 학부생들이 부러울 따름입니다" (법학부생 경험담). 공무원 지원자가 많아 지방국립대를 중심으로 지자체 간부직원 또는 시장이 연설하는 강의를 마련하는 대학이 증가하는 추세이다. 오타루상과대학·야마가타대학·고치대학 등에서는 법학부가 없어 법학과에 상당하는 학과·코스를 타 학부 내에 설치하였다.

● 법과대학원으로 진학해도 사법시험 합격률은 평균 23%

법과대학원으로 진학하는 학생이 대부분을 차지하는 이유가 법조 업계 지원자가 많기 때문이라고 생각하였으나, 법과대학원 진학률은 10~20% 정도에 불과했다. 그 이유는 사법시험 합격률 때문이다. '법과대학원 → 사법시험 합격률 70%'라는 수치는 어디에서 나온 것일까. 법과대학원의 사법시험 최고 합격률은 히토츠바시대학의 49.5%, 평균은 23%로 낮은 확률이다. 합격하였다고 하더라도 변호사는 치열한 생존 경쟁을 해야하므로 기분이 별로이다. '인형 뽑기 보다 낮은 확률' '법조 사망유희'라는 자조도 흘러나온다. 법조 업계 지원자라도 사법시험 예비시험이라는 우회 루트를 선택하는 학생들이 늘어나고 있다. 법조 업계 이외에는 금융업계 및 공무원이 많다.

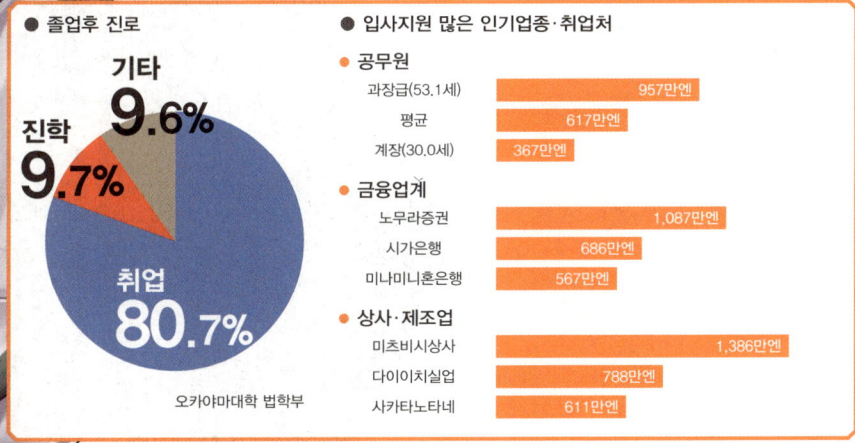

● 법률 전문지식은 어느 업계에서라도 환영 받는다

법률은 인간 사회의 규칙이라는 이유에서인지 공무원은 물론 어느 업계에서든 수요가 있다. 한편으로는 무슨 일이든지 법률을 기준으로 생각한 탓인지 "너무 딱딱하다" "성실하기는 한데 무슨 일이든 고지식하고 융통성이 없어"라고 하는 경우도 적지 않다. 육법전서를 완독한다고 할 만큼 학생들은 성실하고 대부분의 대학교 학습 환경은 잘 정비되어 있다. 학부 도서관 및 전용 학습실 외에, 전용 사물함까지 구비되어 있는 대학도 있다. 주오대학에서는 법조자격 지원자를 위한 학습동이 마련되어 있으며, 학습동의 이름은 '불꽃 동'이라고 한다. 글자 그대로 청춘의 불꽃을 전부 태운다는 의미이다.

사람들이 행복하게 살 수 있는 정치를 추구한다

「정치학과」

Politics

■ 유사학과
정책학과, 종합정책학과, 공공정책학과, 정책과학과 등

● 학비(초년도 납부금)
　국립 : 81만7,800엔
　사립 : 최저 112만8,600엔 (무사시노대학)
　　　　최고 152만5,200엔 (도카이대학)

● 재학년수 : 4년

● 남녀비율
　남자 61.6%　　여자 38.4%
　　　　　　　간세이학원대학 정치학과

● 인기자격증&검정시험
　중학교교사 1종면허 (사회)
　고등학교교사 1종면허 (지리역사, 공민)
　도서관 사서·학교도서관 사서교사
　TOEIC

● 정치라는 복잡하고 기괴한 시스템을 폭넓게 배운다

정치가 지망생이 많다고 오해하기 쉬운 학과. 정치학 중심의 학과이기에 정치가 출신이 없는 것은 아니지만, 전 미야자키현지사 히가시고쿠바루 히데오(와세다대학 정치경제학부 정치학과 중퇴), 자민당의 사토 히로아키(가쿠슈인대학 법학부 정치학과), 민진당 오노 모토히로(게이오기쥬쿠대학 법학부 정치학과)로 그렇게 많지는 않다. 정치학을 축으로 정치 사상론, 지역 연구, 행정학, 지방분권, 국제 정치를 다루는 등 범위는 넓다. 행정학·공공정책을 주요 테마로 한 대학이라면 현역 공무원의 강의 및 지자체에 부임하는 필드워크 과목 등을 설치한 곳이 많다.

● **공무원 지원자가 많아 대학에 따라서는 공무원 시험대책도**

　법학부 일가에 속하며 행정학을 포함하여 배우므로 공무원 지원자가 많다. 특히 지방 국립대에서는 지방 공무원 지원자가 많아 대학 및 대학생활 협동조합에서 공무원 시험 대책 강좌를 설치할 정도이다. 공무원 외에 법학과와 마찬가지로 금융업계에 강하다. 그 밖에 난관문대라면 종합상사·매스컴, 중견사립대라면 유통·소매 업계가 많아지는 점은 타 학과와 비교해 크게 다르지 않다. 타 학과에 비해 약간의 특징이라면 공무원 중에서 지방·국가 공무원 외에 중의원 사무국 직원, 참의원 사무국 직원 지망생이 많다는 정도일까. 법과대학원 진학은 법학과 이상으로 낮아진다. 호세이 대학의 경우 4.9%(2016년)이다.

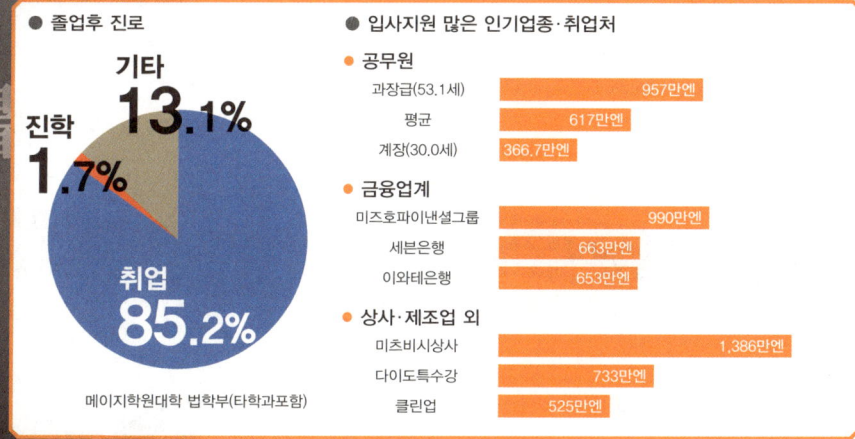

● **정치가 지망생 사회인이 입학하는 경우도 있다**

　처음부터 정치가를 희망했다기 보다 대학을 졸업한 후에 정치가를 꿈꾼 사회인이 정치학을 배우기 위해 입학하는 경우는 있다. 히가시고쿠바루 히데오가 그러한 전형이다. 본래 센슈대학 경제학부 졸업 후에 탤런트로 활동하였다. 2000년에 와세다대학 제2문학부 사회인 관계 전공으로 입학하였고, 졸업논문 테마는 선거활동이었다. 졸업 후, 와세다대학 정치경제학부 정치학과에 재입학(사회인AO입시), 지방자치를 전공하였다. 정치·행정 등을 아우르는 학과라면 거의 틀림없이 정치가 또는 공무원 지망생이라고 오해를 불러일으키는 데다가 연구 내용을 한마디로 설명하기 어려운 점도 많기 때문에 민간기업 지망생의 학생들은 면접 시에 학과 설명이 너무 길어지지 않도록 주의를 요한다.

법률·정치학계통 기타 학과

법률학과

● 학비
국립 : **81만7,800엔**
사립 : 최저 **97만7,800엔**
(오키나와국제대학)
　　　최고 **152만5,200엔**
(도카이대학)

● 인기자격증&검정시험
사법시험 예비시험
행정서사
TOEIC
닛쇼부기

법학과와 거의 동일하므로, 상세 내용에 대해서는 법학과 페이지를 참고하기 바란다. 설치교로는 히토츠바시대학, 고베대학, 게이오기주쿠대학, 도시샤대학 등 굉장히 많으며, 그 수는 54개교에 달한다.

법학과정

● 학비
국립 : **81만7,800엔**
사립 : —
● 인기자격증&검정시험
사법시험 예비시험
행정서사
TOEIC
닛쇼부기

이 학과의 경우도 법학과와 동일하며 홋카이도대학에 설치되어 있다. 도쿄대학은 제1류(법학종합코스), 제2류(법률프로페션코스)와 동일한 내용의 공부를 하는데 명칭은 제각각이다. 누군가 통일해 주길 바라는 마음이다.

국제관계법학과

● 학비
국립 : **81만7,800엔**
사립 : 최저 **117만2,050엔**
(세이난학원대학)
　　　최고 **135만2,800엔**
(돗쿄대학)

● 인기자격증&검정시험
사법시험 예비시험
행정서사
TOEIC
닛쇼부기

국제거래법 및 국제경제법이라는 글로벌 법률 또는 국제정치학 등을 모두 배우게 되는 학과이다. 하지만 국제기관 직원 및 국제변호사로 취업이 가능한지에 대해서는 별개의 문제로, 이 직종으로의 취업을 희망한다면 굉장히 고된 공부를 해야 한다. 돗쿄대학 및 조치대학 등에 설치되어 있다.

위기관리학과

● 학비
국립 : —
사립 : **126만엔** (니혼대학)
● 인기자격증&검정시험
방재사
행정서사
TOEIC
닛쇼부기

법률을 축으로 하면서 위기관리를 테마로 하여 연구하는 학과이다. 니혼대학만이 설치하였으며, 학위는 법학과와 마찬가지로 '법학사'이다. 교수에는 현 경찰본부장, 공안조사청 과장 등 실무가 출신이 다수이다. 공무원·민간기업 지원 중 어디에든 도움이 된다.

지구환경법학과

● 학비
국립 : －
사립 : **126만450**엔 (죠치대학)
● 인기자격증&검정시험
사법시험 예비시험
행정서사
TOEIC
닛쇼부기

조치대학이 설치. 지구 규모에서의 환경문제에 대해서 법률을 축으로 하여 연구하는 학과이다. 환경 정책을 문과 계통에서 접근하는 방식으로 배우는 학과는 적으며, 이러한 점에서는 독자성이 있다. 유사학과로는 시가현립대학 환경정책·계획학과, 효고현립대학 환경인간학과 등이 있다.

지적재산학과

● 학비
국립 : －
사립 : **131만3,700**엔 (오사카공업대학)
● 인기자격증&검정시험
변리사
지적재산관리기능사
TOEIC
닛쇼부기

오사카공업대학이 설치한 학과로, 특허법 및 저작권 등의 지적재산에 대해서 배운다. 지적재산 전문가 또는 기술 개발·마케팅 등의 현장에서 활약할 수 있는 인재를 양성하는 것이 목적이다. 국제법무 및 전문영어도 배울 수 있다.

국제정치학과

● 학비
국립 : －
사립 : 최저 **104만7,000**엔
　　　　　　　　　　　(구루메대학)
　　　　최고 **131만7,000**엔
　　　　　　　　　　　(아오야마학원대학)
● 인기자격증&검정시험
TOEIC
닛쇼부기
학예원
도서관 사서·학교도서관 사서교사

정치학과와 비슷하지만, 일본과 다른 국가의 외교 문제 등에 대해서 보다 깊게 파고드는 학문이다. 민족 간의 분쟁 및 환경문제, 자원·식료라고 하는 국제문제 등도 연구 대상이 된다. 아오야마학원대학, 호세이대학 등에 설치되어 있으며, 와세다대학의 국제정치경제학과도 유사학과이다.

지역정책학과

● 학비
국립 : **81만7,800**엔
사립 : 최저 **114만1,000**엔 (아이치대학)
　　　　최고 **117만3,000**엔
　　　　　　　　　　　(오사카경제대학)
● 인기자격증&검정시험
TOEIC
닛쇼부기
도서관 사서·학교도서관 사서교사
학예원

시가지 조성, 지방자치, 지방산업정책 등을 테마로 한 연구를 하게 된다. 다카사키경제대학, 아이치대학, 오사카경제대학에 설치되어 있다. 다카사키경제대학은 그 지역 출신의 아쿠타가와상 작가·이토야마 아키코를 강사로 맞이하여 인터뷰 실습을 실시하고 있다. 정보를 수집하고 다른 학생들과의 공유 기술을 익힌다.

법과대학원과 예비시험, 사법시험에 통과하는 2가지 규칙

변호사 및 재판관, 검찰관이 되기 위해서는 사법시험에 합격해야 합니다. 대학 졸업 후에 사법시험 합격을 위해 법과대학원으로 진학하게 된 것은 2004년부터입니다. 실제로 많은 진로 가이드에서 사법시험에 합격하려면 법과대학원에 진학해야 한다고는 하지만, 이 내용에 대해서는 조금 의문이 듭니다.

표 1은 2016년 대학원별 사법시험 합격자 수 및 합격률 랭킹입니다. 합격률 순으로는 히토츠바시대학, 도쿄대학 등 난관문대학이 상위에 올라와 있습니다. 그러나 '예비시험'이라는 항목을 랭킹에 포함하면 합격자 수 및 합격률 모두 탑에 오르게 됩니다.

예비시험이란, 정식으로는 사법시험 예비시험이라고 하며, 법과대학원에 진학하지 않고 법률가를 지향하는 루트입니다. 누구라도 수험할 수 있고, 합격하면 법과대학원과 마찬가지로 사법시험 수험 자격이 주어집니다. 법과대학원과는 상이하며 예비시험 합격자는 학비가 들지 않으므로 예비시험을 경유로 하는 합격자는 늘고 있습니다. 예비시험 합격자에 대해서는 표 2에 나와 있습니다. 현역 학생 및 법과대학원생의 비율이 높아 이 2가지 루트의 제도는 의미가 없다고 생각하는 바입니다.

■ 표1 2016년 사법시험·합격률 랭킹

순위	법과 대학원명	합격률	합격자
1위	히토츠바시대학	49.61%	63 명
2위	도쿄대학	48.07%	137 명
3위	교토대학	47.30%	105 명
4위	게이오키쥬쿠대학	44.29%	155 명
5위	와세다대학	35.85%	152 명
참고	예비시험	61.5%	235 명

■ 표2 예비시험 합격자(235명) 내역

대학 재학중	69 명
대학 졸업자	47 명
법과대학원 재학중	86 명
법과대학원 수료자	19 명

제 4 장

경제학 계통

- ▼ 경제학과
- ▼ 경영학과
- ▼ 상학과
- ▼ 회계학과
- ▼ 경영정보학과
- ▼ 마케팅학과
- ▼ 경제경영학과
- ▼ 현대비즈니스학과
- ▼ 지역협동학과
- ▼ 무역학과
- ▼ 유통학과
- ▼ 부동산학과

어떠한 경제 활동도 이론적으로 설명해 보이자

「경제학과」

Economy

■ 유사학과
경제경영학과, 국제경제학과, 현대경제학과, 금융학과 등

● 학비(초년도 납부금)
  국립 : 81만7,800엔
  사립 : 최저 97만1,160엔
            (오키나와국제대학)
       최고 155만3,200엔 (도카이대학)

● 재학년수 : 4년

● 남녀비율
  남자 76.4%   여자 23.6%
                무사시대학 경제학과

● 인기자격증&검정시험
  중학교교사 1종면허 (사회)
  고등학교교사 1종면허
  (지리역사, 공민, 상업)
  닛쇼부기
  중소기업진단사

● 수학을 구사하여 다양한 경제활동을 이론화한다

경제학 계통의 장남격이다. 경제 시스템 전체의 메커니즘을 배우게 된다. 장남격이라는 의미는 자타가 모두 인정하지만 설치학교 수로는 차남격인 경영학과에 뒤지고 있다. 2017년 현재, 경제학과 114개교, 경영학과 123개교. 이론이 먼저라는 선입견이 너무 강한 탓일까? 경제학에서는 우선 나라 및 세계라는 넓은 관점에서 경제를 바라보는 마크로 경제학, 그리고 개인·기업 등의 좁은 관점에서 검증하는 미크로 경제학을 모두 배우게 된다. 더불어 전문 분야로 들어가게 된다. 환경경제학, 노동경제학 및 산업조직론 등 상당히 폭넓은 범위를 배워나가는데, 경제학은 수학을 사용하여 기초이론을 구축하므로 문과 계통 학부이면서도 상당한 수학적인 센스가 요구된다. 수학에 전혀 관심이 없는 학생들은 단단히 마음먹어야 할 것이다. 국립대학 및 사립대학의 일부에서는 세미나수업 활동이 활발하게 이루어진다.

● **전년도의 취업실적을 확실하게 공개하는 대학은 강하다**

　국공립·난관문사립대의 졸업생들은 역시 금융업계로 나가는 경우가 많다. 최근 매수자 시장이 대두되고 있어 중견 사립대라도 금융업계로의 취업은 호조를 띈다고 한다. 도쿄대 수준의 대학이라면 국가공무원(재무성)이 되는 학생들도 많이 볼 수 있다. 다만 정원이 미달되는 지방사립대라면 지역 금융기관에서도 환영받지 못 할 가능성이 있다. 대학이 발표한 취업 실적을 살펴보면 알 수 있다. 졸업생의 취업실적에 관하여 ①전년도 실적을 나타내는 대학 ②과거 3년 혹은 5년으로 수집되어 있는 대학 ③'과거 실적'으로 통합 수집되어 있는 대학이라는 방식이다. 어느 대학의 취업상황이 나쁜지 실적표시를 보면 한눈에 알 수 있지 않을까? 물론 금융업계 외에도 상사, 소매, 유통 등 다양하다.

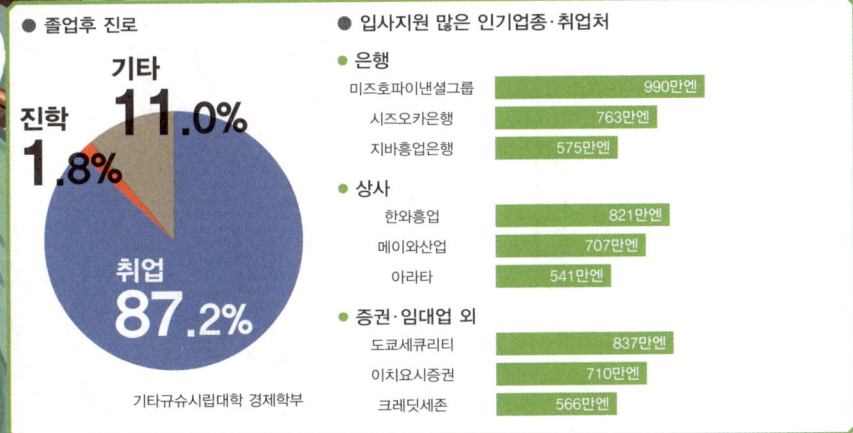

● **경제를 배우는데도, 취업을 하는데도 수학은 역시 중요**

　경제학과 학생들은 고등학교 시절에 수학을 잘 했는지 못 했는지에 따라서 그 이후의 대학생활이 크게 달라진다. 다른 문과 계통 학과와 달리 경제학과는 수학을 수험 과목으로 선택할 수 있는 대학들이 많지만 사립대학 수험에서도 수학을 선택한 학생의 경우는 자신의 수학 센스를 살려 경제학도 순식간에 흡수해 나갈 것이다. 나아가 취업 활동에서도 적성검사(SPI3)의 비언어 분야(수학 퍼즐과 같은 문제)는 힘들이지 않고 풀 수 있고, 그 결과 취업활동도 원활해진다. 이러한 점에서 수학을 싫어하는 학생들에게 경제학 강의는 고통의 연속일 것이다. 학점을 어떻게든 받았다 해도 취업활동 대기 중에 적성 검사가 등장하게 된다. 점수가 낮게 나오면 1차 전형에서 떨어지게 된다.

경제학계통

이론과 실천, 그 두 중심축이 경영에는 필요하다

경영학과

Business Administration

■ 유사학과

경영정보학과, 경영법학과, 국제경영학과, 국제비즈니스학과 등

● 학비(초년도 납부금)
  국립 : 81만7,800엔
  사립 : 최저 103만8,900엔 (규슈산업대학)
         최고 171만4,200엔 (다마가와대학)

● 재학년수 : 4년

● 남녀비율
  남자 60.2%   여자 39.8%
         류코쿠대학 경영학과

● 인기자격증&검정시험
  중학교교사 1종면허 (사회)
  고등학교교사 1종면허 (공민, 상업)
  닛쇼부기
  중소기업진단사

● 이론과 실천을 균형 있게 배운다

　경영 및 조직관리, 시장과학 등에 대해 폭넓게 배운다. 그러기 위해서는 '경제학과는 이론, 경영·상학과는 실천'이라고 말하는 사람도 있지만 이것은 오해이다. 경영학과의 경우 이론은 이론으로 공부하고, 실천은 실천으로 생각하는 양쪽 다 중요한 입장이다. 경제학과와 경영학과에서 진로를 고민하고 있는 고등학생들은 경영학부의 오픈 캠퍼스·상담코너에서 여러 가지를 물어봐도 좋다. 문과·계통 학부라고는 하지만 경제 이론·실천 모두에서 수학을 많이 사용하는 것은 경제학부와 마찬가지이다. 이학 및 공학의 지식도 배양하게 된다.

● 금융·상사·제조업 등으로의 취업이 많다

경제학과 만큼은 아니지만, 금융업계로의 취업이 많다. 다음으로 많은 것이 상사이다. 제조업 기업도 나름대로 많으며 대기업 및 유명 기업이라면 난관문대에서의 채용이 중심이었지만 최근에는 중견 사립대에서의 채용 실적도 확대하였다. 참고로 이러한 것은 문과 계통 학과 전반에 걸친 이야기이지만, 기계 및 정밀기기 분야에서 세계적으로 점유율이 높은 대기업이라도 BtoB 기업이기 때문에 이름을 알지 못하는 학생들이 많다. 경영학을 칭하는 일부 대학에서는 중소기업론 및 산업 구조론 등에서 무명 기업에 대해 해설하는 곳도 있다. 이러한 학생들은 대학의 편차치와는 무관하게 좋은 조건의 기업으로 취업할 수 있는 가능성이 크다. 꾸준하게 업계·기업연구를 하는 게 좋다. 대학원 진학은 생각보다 높지 않다.

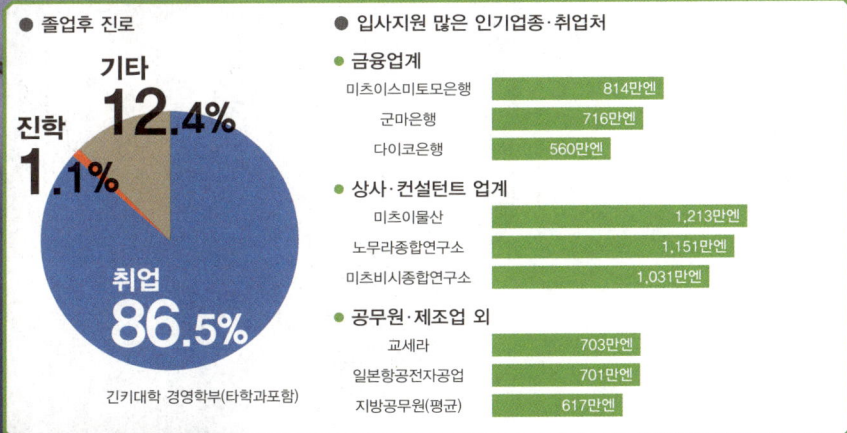

● 취업·채용 활동을 과학적인 수법으로 분석하는 '채용학'도 등장

경영학과의 주요 테마이기도 한 조직론·인사관리는 어느 의미에서는 취업활동과도 통하는 부분이 많다. 학생의 입장에서 취업 활동을 바꾸어 말하면, 기업의 입장에서는 채용 활동이다. 이것을 제대로 분석하려는 학문이 '채용학'이다. 중심이 되는 곳은 요코하마국립대학 경영학부의 핫토리야스히로 준교수. 현재는 채용 담당자 주변에서는 모르는 사람이 없을 정도로 유명한 사람이 되었다. 경영학과에서 앞으로 기대되는 곳이 호리쿠대학 경제경영학부(매니지먼트학과의 1학년만). 2학년 세미나 수업은 세미나 수업과 캐리어 타임(발표), 세미나 수업 담당교수간의 회고, 이렇게 총 3시간 세트로 구성 되어 있으며, 정보 공유를 할 수 있는 시스템이 잘 마련되어 있다.

비즈니스의 기초를 가르친다

「상학과」

Commerce

■ 유사학과
상업학과, 상업·무역학과, 무역학과 등

- 학비(초년도 납부금)
  국립 : 81만7,800엔
  사립 : 최저 98만5,000엔 (니혼경제대학)
       최고 144만엔 (도쿄국제대학)

- 재학년수 : 4년

- 남녀비율
  남자 59.1% 여자 40.9%
  도시샤대학 상학부

- 인기자격증&검정시험
  중학교교사 1종면허 (사회)
  고등학교교사 1종면허 (공민, 상업, 정보)
  닛쇼부기
  파이낸셜 플래너

● 상위권 대학일수록 유급률이 높다는 것은 공부에 매진했다는 증거

　장남인 경제학과, 차남인 경영학과를 둘 다 닮은 경제학부 계통의 셋째 캐릭터. 조직론 및 마케팅 등도 연구 대상이 되므로 굳이 말한다면 경영학과에 가깝지만 '경제학과와 경영학과의 중간' '경영학과와 거의 동일'하다는 의견으로 나누어진다. 대학에 따라서는 문과 계통 학과 중에서 가장 학점을 따기 쉬운 '만만한 학과'라는 평이 있지만, 최근에는 어느 대학에서라도 출석 기준이 엄격하여 그렇게 만만하지도 않다. 국공립대학 및 난관문 사립대학의 경우, 유급률이 20% 전후로 높아진다. 그만큼 공부하지 않았다는 것이 아니라, 유학 등 공부에 열심인 학생이 많았다고 보는 것이 자연스럽다.

● 비즈니스를 배워나가면서 진로를 결정하는 학생들

금융업계로의 취업생이 많다. 다만 경제학과만큼 많은 것은 아니다. 무역 및 상업 전반을 배우기 때문에 상사·제조업 역시 많다. 히토츠바시대학 상학부 등의 난관문 대학 정도면 기업의 인재 공급원으로 되어 있을 정도이다. 마케팅을 배운 학생들 중에는 IT업계 및 벤처기업을 선택하는 학생들도 있다. 근래에는 매수자 시장에서 중견 사립대에서도 상사·제조업의 대기업을 노리고 있다. 이것이 정원 미달되는 지방 사립대라면 상위는 지역 금융기관, 하위는 일손 부족의 복지분야, 음식업계부터 파친코 체인까지 다양하다.

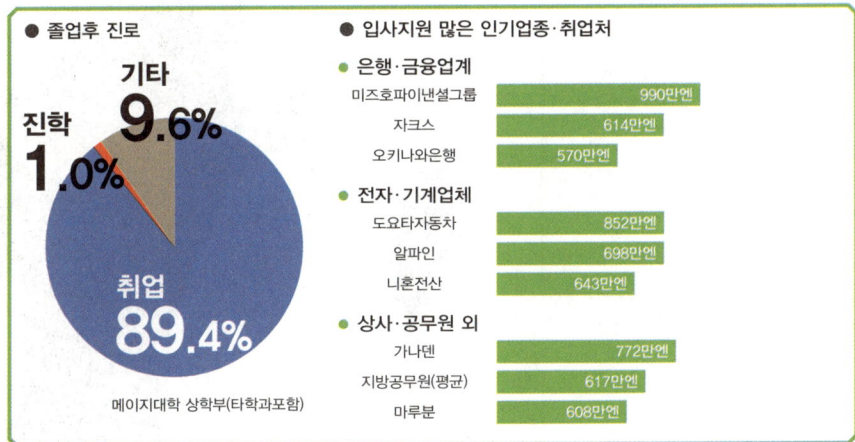

● 편차치 이상으로 브랜드 파워가 있는 대학도

일본 최초의 상학부는 1904년에 설립한 메이지대학 상학부이며, 제2차세계대전 전에 설립한 고등상업학교가 전신이다(경영학부는 모두 제2차세계대전후). 그러한 고등상업학교 중에서도 산코쇼(三高商)라고 불리웠던 것이 현재의 히토츠바시, 오사카시립, 고베 (총 3개교) 이다. 그 외 오타루상과, 야마구치, 나가사키, 시가, 와카야마 등의 각 대학도 이전에는 고등상업학교였다. 국립이라는 이유도 있으며 어느 대학도 편차치 이상의 브랜드 파워를 가지고 있다. 한편, 전신이 사립 고등상업학교인 대학으로는 도시샤대학, 도쿄경제대학, 오사카경제대학, 다카치호대학, 마츠야마대학 등이다. 오사카경제대학은 ZEMI1 그랑프리 개최 등에서 기업 평가가 상승 중에 있다. 세미나수업 활동이 있는 대학이라면 참가해 볼 것을 추천한다.

곰곰이 생각하지 않아도, 돈은 중요합니다

「회계학과」

Accounting

■ 유사학과
회계파이낸스학과, 회계거버넌스학과, 회계정보학과 등

● 학비 (초년도 납부금)
  국립 : **81만7,800엔**
  사립 : 최저 **116만엔** (니혼대학)
           최고 **136만2,400엔** (긴키대학)

● 재학년수 : **4년**

● 남녀비율
  남자 **67.8%**   여자 **32.2%**
  주오대학 회계학과

● 인기자격증&검정시험
  공인회계사
  세무사
  중학교교사 1종면허 (사회)
  고등학교교사 1종면허 (공민, 상업)

● **1학년부터 부기를 배우며, 회계 스페셜리스트를 지향한다**

경제·경영·상학부계통 학과 중에서는 가장 수학을 많이 사용하는 학과이다. 1학년부터 부기를 배우며 상업고등학교 출신자가 타 학과보다 많다. 문과 계통 학과이지만, 수학을 싫어할 경우 입학하면 공부가 힘들어진다. 대학에 따라서는 회계학과 단과로는 독립되어 있지 않고, 경영학과·상학과 등의 전공·코스로 하는 곳도 있다. 그 전형이 메이지대학으로, 경영학부 회계학과와 상학부 상학과 어카운팅코스에서 다루는 내용은 거의 비슷하다. 큰 차이점으로는 경영학부의 학과 선택은 2학년부터이며, 상학부 코스 선택은 3학년부터이다. 회계학부를 만드는 편이 빠르겠지만, 어른들의 사정도 있는 탓인지 실현되지는 않을 것 같다.

● 공인회계사 및 세무사, 국세조사관 등의 전문직을 노리자

공인회계사·세무사라는 전문직 지망생은 난관대에 많다. 공인회계사에 강한 곳은 게이오기주쿠대학으로 공인회계사 미타회가 예년 합격실적을 발표한다. 조사를 하기 시작한 1970년 이후부터 2016년까지 47년 연속으로 선두를 지켜오고 있다. 공인회계사 시험은 한 번에 전 과목을 통과하지 않아도, 2년 안에 전 과목을 합격하면 된다. 공무원이라면 국세조사관이라는 전문직이 있으며, 그 방면으로 취업하는 학생들도 있다. 의외인 곳으로는 해외영사관·국제기관에서 근무할 수 있는 기회도 있다. 국립대·난관문사립대의 경우 금융업계가 눈에 띈다. 회계전문가를 우대하는 제조·상사 외에도 일본정책금융공고 등 정부계통 금융기관에 취업도 많다.

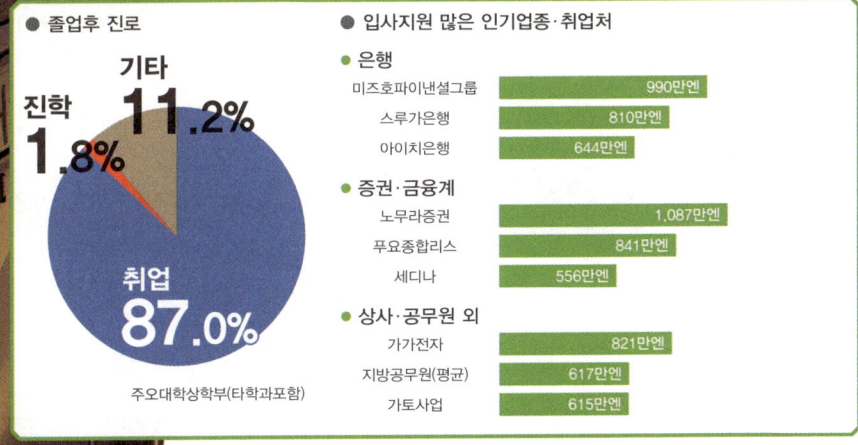

● '10년 후에 사라질 직업'의 대표격이라고도 불리지만

인공지능(AI)를 비롯한 IT 진화에 의해 회계사 및 세무사라는 직종은 '향후 10년 안에 사라진다'라는 이야기가 자주 나오곤 한다. 회계 소프트 및 인공지능이 발달하고 전자신고 등이 발전해 나가는 속에서 비관론이 있다는 것은 분명하다. 한편 "도시바의 분쟁을 봐도 공인회계사에 의한 감사업무는 필요하다" "세무사에 의한 세무대리 등은 세무사의 독점 업무. 그렇게 간단히 수요가 줄지 않는다" 등의 낙관론도 있다. 학생들은 부기 공부를 하는 덕분에 서클 등에서의 회계 업무를 맡는 경우가 많다. "회식 자리에서 각자 부담해야 하는 금액을 계산해야 하므로 귀찮기도 하다"(회계학과생)는 목소리도 있다.

경제학계통 기타 학과

경영정보학과

● 학비
국립 : **81만7,800엔**
사립 : 최저 **96만6,000엔**
　　　　　　　　　　(규슈정보대학)
　　　　최고 **157만2,700엔**
　　　　　　　　　　(가나자와공업대학)

● 인기자격증&검정시험
닛쇼부기
닛케이TEST
TOEIC
IT패스프트 (i패스)

기업 경영에 있어서 정보, 시스템 활용에 대해 연구하는 학문분야이다. IT분야가 주목받게 된 후에 설치대학이 증가하였다. 근래에는 그다지 두드러지는 움직임은 없었지만, 최근에는 핀테크 및 IoT등의 흐름으로 다시 주목받고 있다. 기타규슈시립대학, 홋카이도학원대학, 가나자와공업대학 등 16개교에 설치되어 있다.

마케팅학과

● 학비
국립 : ―
사립 : 최저 **119만엔** (도요대학)
　　　　최고 **140만4,000엔**
　　　　　　　　　　(나고야상과대학)

● 인기자격증&검정시험
TOEIC
실용영어능력검정
닛쇼부기
닛케이TEST

문자 그대로 마케팅을 배우는 학과이다. 경영학 내에 설치되어 있지만, 마케팅이 광고업계의 수단이기도 하기 때문에 강의는 광고업계에 가까운 부분도 있다. 아오야마학원대학, 센슈대학 등 7개교에 설치되어 있고, 아오야마학원대학은 겸임 강사 야마모토 나오토(전 하쿠호도)의 강의가 인기를 끈다.

경제경영학과

● 학비
국립 : **81만7,800엔**
사립 : 최저 **115만엔** (나가오카대학)
　　　　최고 **138만4,660엔**
　　　　　　　　　　(사이타마학원대학)

● 인기자격증&검정시험
TOEIC
실용영어능력검정
닛쇼부기
닛케이TEST

시장이론 등을 배우는 경제학과 기업의 조직론 등에 대해 배우는 경영학을 통합하여 양쪽의 식견을 갖춘 인재를 육성하는 학과이다. 교토대학, 수도대학도쿄, 세이케이대학 등 11개교에 설치되어 있다. 유사학과는 여러 대학에 설치되어 있다.

현대비즈니스학과

● 학비
국립 : **81만7,800엔**
사립 : 최저 **120만5,800엔**
　　　　　　　　　　(가나가와대학)
　　　　최고 **141만3,500엔**
　　　　　　　　　　(야스다여자대학)

● 인기자격증&검정시험
학예원
도서관 사서·학교도서관 사서교사
닛쇼부기
닛케이TEST

실질적으로는 경영학과와 동일하다. 기업 경영활동에 종사하는 최신 이론·실천을 배우게 된다. 호세이대학 및 가나가와대학 등 9개교에 설치되어 있다. 현대경영학과 및 현대매니지먼트학과라는 유사학과도 있다. 고단샤의 웹미디어와는 특별한 관련이 없다.

지역협동학과

● 학비
국립 : 81만7,800엔
사립 : －
● 인기자격증&검정시험
TOEIC
실용영어능력검정
닛쇼부기
닛케이TEST

경영학, 행정학, 사회학 등을 한꺼번에 모아놓은 학과로 고치대학에 설치되어 있다. 동일한 시코쿠의 히메지대학과 방향성이 비슷한 사회공동창조 학부도 있지만, 어느 쪽의 학부명도 수험생에게는 그다지 침투되어 있지는 않은 모양이다. 정부의 지역 창출 정책을 받아 이러한 학과가 지방에서 증가하는 추세이다.

무역학과

● 학비
국립 : －
사립 : 105만6,710엔 (후쿠오카대학)
● 인기자격증&검정시험
중학교교사 1종면허 (사회)
고등학교교사 1종면허 (정보, 상업, 지리역사·공민)
닛쇼부기
통관사

일본은 무역입국에 비해 '무역'이라는 명칭을 사용하는 학과는 후쿠오카대학뿐. 그렇지만 무역은 국제경제학의 범주에 들어 있으므로 타 학과에서도 경영학과 및 상학과 등에서 무역에 대한 학습이 가능하다.

유통학과

● 학비
국립 : －
사립 : 134만4,500엔 (한난대학)
● 인기자격증&검정시험
닛쇼부기
실고등학교교사 1종면허 (상업)
학예원
도서관 사서·학교도서관 사서교사

경제활동에 수반되는 물류·정보, 서비스, 마케팅 등을 연구하는 학문분야이다. 당연히 무역 등의 국제유통에 대해서도 배울 수 있는 기회가 있다. 단독적으로 유통학과가 설치되어 있는 곳은 현재로는 한난대학뿐.

부동산학과

● 학비
국립 : －
사립 : 120만5,300엔 (메이카이대학)
● 인기자격증&검정시험
1급건축사·2급건축사
주택건물거래사
부동산감정사
닛쇼부기

설치대학은 메이카이대학뿐. 택지건물거래사의 합격을 목표로 하는 과목을 설치하는 등 부동산 관련에 특화된 지식을 배운다. 그 때문인지 부동산 업계로의 취업생이 반 이상을 차지한다. 다만 교육 내용이 너무 세부적이어서 그런지 정원 미달이 끊이지 않아 고전 중에 있다.

경제학계통

column
신문구독을 추천한다, 경제·경영학부생이라면 닛케이 신문을!

NHK 방송문화연구소의 '2015년 국민 생활 시간조사'에 따르면 평일에 10대가 신문을 보는 비율(신문행위자율)은 4%에 불과하며, 20대에서도 겨우 8%밖에 되지 않는다고 합니다. 만약 경제 및 경영 계통을 공부하는 대학생의 대부분이 신문을 보지 않는다면 굉장히 우려되는 사태입니다.

신문을 보지 않는 분은 반드시 구독해 보시기를 바랍니다. 경제·경영계통의 학생들은 이왕이면 경제 소재가 중심인 일본경제신문을 열심히 읽어보는 것은 어떨까요? 읽기 시작하여 반 년 정도까지는 재미없겠지만 적어도 타이틀 정도는 읽어 볼 것을 권장합니다. 그러는 동안 일본 및 세계의 정세가 머릿속에 자리 잡기 시작하여 점점 재미있을 것입니다.

앞의 데이터로 다시 돌아가 보면, 50대에서는 38%, 60대는 53%가 신문을 봅니다. 그것도 사장 또는 임직원 등 경영자 레벨일수록 자주 봅니다. 취업 활동의 최종 면접에서 대면하는 사람은 사장 또는 임직원입니다. 그들에게 경제 및 정치정세 등의 지식을 알아야 하는 일은 당연합니다. 면접에서 학생들은 질문을 받게 되는데, 이때 신문을 보지 않는 학생들은 아무 말도 못한 채로 얼어버리고, 유감스럽지만 그대로 낙방하게 될 것입니다.

평소에 신문을 보는 학생이라면 이러한 시사 소재에도 즉각적으로 대답할 수 있어 그만큼 내정받기 쉬워질 것입니다. 신문을 구독한다는 것은 취업 활동을 하는데 있어서 아주 큰 무기가 될 것입니다.

제 5 장

교육학 계통

▼ 학교교육교원양성과정
▼ 교육학과
▼ 아동교육학과
▼ 교직과정
▼ 도서관사서과정
▼ 학예원과정
▼ 초등학교교원양성프로그램
▼ 지식정보・도서관학과
▼ 특별지원교육교원양성과정
▼ 양호교사양성과정
▼ 제로면허과정

선생님이 되고 싶다면 강한 의지를 바탕으로

교원양성과정

Teacher

■ 유사학과
초등학교교원양성과정, 중학교교원양성과정 등

- **학비**(초년도 납부금)
  국립 : **81만 7,800엔**
  사립 : –

- **재학년수** : 4년

- **남녀비율**
  남자 **48.3%**   여자 **51.7%**
  도쿄학예대학 교육학부

- **인기자격증&검정시험**
  중학교교사 1종면허 (각 교과)
  고등학교교사 1종면허 (각 교과)
  도서관 사서·학교도서관 사서교사
  학예원

● **학교 현장에서 다양한 실습 경험을 쌓아 교사를 목표로 한다**

　교원양성 전문학과이다. 교육 실습이 있으며 최근에는 지자체와 제휴하여 교육실습 전에 학교 내에서의 봉사활동 및 인턴십 참가를 학생에게 촉구하는 대학이 증가했다. 학생들은 기본적으로 성실하다. 공립 고등학교를 중심으로 성적이 좋은 학생들이 학부모나 고등교원으로부터 "교사는 어때?"라며 권유를 받아 진학하는 패턴도 많다. 물론 어렸을 때의 장래희망이 교사인 학생들도 많이 재적하고 있다. 예전에는 '긴파치선생', 최근에는 '고쿠센' 또는 '스즈키선생'이 동경의 대상일까?

● 대부분의 학생들은 교사로서 사회에 발을 내딛는다

교원면허 취득이 졸업 요건이므로 교육실습을 해야 한다. 교육실습 기간 중에 민간 기업으로의 취업활동을 동시에 한다는 것은 거의 불가능한 일이다. 특히 2015년 졸업부터는 취업 시기가 변경되면서 4학년 6월이 취업활동 피크 시기여서 더욱 절망적이다. 이러한 사정과 더불어 본래 교사 지망생이 많아 학생들의 대부분은 교사로 취업을 한다. 대학들도 대학생활 협동조합과 제휴하여(또는 반대로 대학생활협동조합 주도로) 교사채용시험의 지원강좌를 개설하였다. 그 반면, 민간기업 희망자들에게는 꽤나 냉랭하다. 특히 교원양성과정 밖에 없는 단과대학이라면 그러한 경향이 강하다. 관련 교육업계 지원도 있지만, 교육과 전혀 무관한 업계의 지원자는 소수이다. 무관한 업계라도 실은 그 나름대로 평가되는데 말이다.

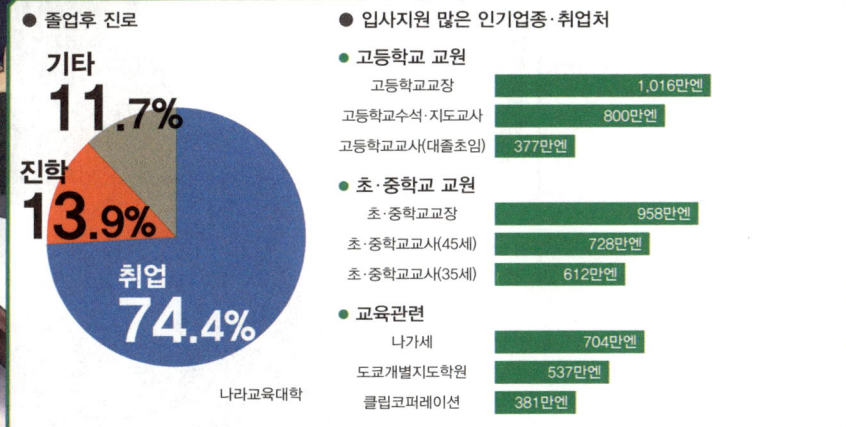

● 졸업후 진로
- 기타 11.7%
- 진학 13.9%
- 취업 74.4%

나라교육대학

● 입사지원 많은 인기업종·취업처
- ● 고등학교 교원
  - 고등학교교장 1,016만엔
  - 고등학교수석·지도교사 800만엔
  - 고등학교교사(대졸초임) 377만엔
- ● 초·중학교 교원
  - 초·중학교교장 958만엔
  - 초·중학교교사(45세) 728만엔
  - 초·중학교교사(35세) 612만엔
- ● 교육관련
  - 나가세 704만엔
  - 도쿄개별지도학원 537만엔
  - 클립코퍼레이션 381만엔

● 교육실습과 취업활동을 동시에 병행하는 것은 실질적으로 불가능

교육실습 전에 교원이 될지, 아니면 민간기업으로 취업할지 그 진로를 결정하지 않으면 학교 측과 기업채용 담당자 측 모두로부터 무시당한다. 특히 교육실습을 받아주는 측의 교원에 대한 의심감은 보통이 아니다. 일부 고교에서는 민간기업으로의 취업과 고민을 하고 있다면 사양하겠다는 곳도 있다. 근래의 교사채용 시험은 해당 지역의 문제(지자체의 축제, 역사, 지리 등)가 출제되는 등 다소 난해한 경향을 띤다. 그 중에는 지방법원 지부 소재지까지 응답해야하는 현도 있으므로, 현지 정보 수집은 필수 조건이 되었다. 원래는 정규직 중심이었지만 최근 20년은 비정규직 채용이 증가하였다. 그로 인해 장학금 문제로 일본학생지원기구의 문제를 다루는 논조의 책에서는 상환 지연의 예로, 교원 양성 과정 출신 학생이 어김없이 등장한다.

교육학계통

보다 나은 교육 환경을 창조한다
교육학과

Education

■ 유사학과
학교교육학과, 인간사회학과 등

- **학비**(초년도 납부금)
  국립 : **81만7,800엔**
  사립 : 최저 **116만5,620엔** (와세다대학)
  　　　최고 **173만2,700엔** (다마가와대학)

- **재학년수** : **4년**

- **남녀비율**
  남자 **48.6%**　여자 **51.4%**
  　　　　　　다마가와대학 교육학부 교육학과

- **인기자격증&검정시험**
  중학교교사 1종면허 (각 교과)
  고등학교교사 1종면허 (각 교과)
  도서관 사서·학교도서관 사서교사
  학예원

● **선생님이 되는 것이 아닌, 교육의 본질을 배운다**

　　교원양성과정과 혼동되는 학과이다. 그리고 동일한 교육학과이면서 교원양성과정과 마찬가지로 교육면허 취득을 의무화하고 있는 대학과 그러하지 않은 대학으로 나누어진다. 후자의 경우는 교원양성을 전문으로는 하지 않으며 교육에 관한 기초적이고 응용적인 연구를 한다. 그렇지만 대학에서 배웠던 것을 졸업 후의 학교 현장에서 활용한다는 발상은 학생들이나 대학 측이나 그렇게 생각하지 않는다. 굳이 유사학과를 찾는다고 하면 교양학과 일 것이다. 경제학과 등 타 문과 계통 학과에 비하면 성실한 학생이 많다. 그렇다 하더라도 교원면허 취득이 의무화되어 있지도 않아, 교원양성과정의 학생들만큼 긴장감은 없는 것일까?

● 교원면허를 취득하여 교사에 뜻을 품는 사람도

교원면허 취득은 의무가 아닐 뿐, 취득하는 것은 가능하다. 그러한 이유에서인지 교원취업은 다른 문과 계통 학과 보다 많다(물론, 교원양성과정 보다는 적지만). 성실함이 좋은 결과를 가져다준 덕분인지, 지방공무원 취업자의 비율도 높은 편이다. 와세다대학의 경우 특별구(도쿄 23구) 직원으로의 취업자 수는 예년 법학부와 교육학부가 막상막하이다. 이왕에 교육학을 배워 교육산업을 목표로 하는 학생도 있지만, 취업생은 그 정도로 많지 않다. 교육계통 출판사 및 Z회, 베넷사 등의 기업은 기본적으로 입사 난이도가 높다는 이유도 하나일 것이다. 여학생들은 금융업계의 일반직(접수 업무 등)으로 취업하는 학생들이 많다. 교육 이외의 업계로부터도 그 나름대로의 평가가 있다.

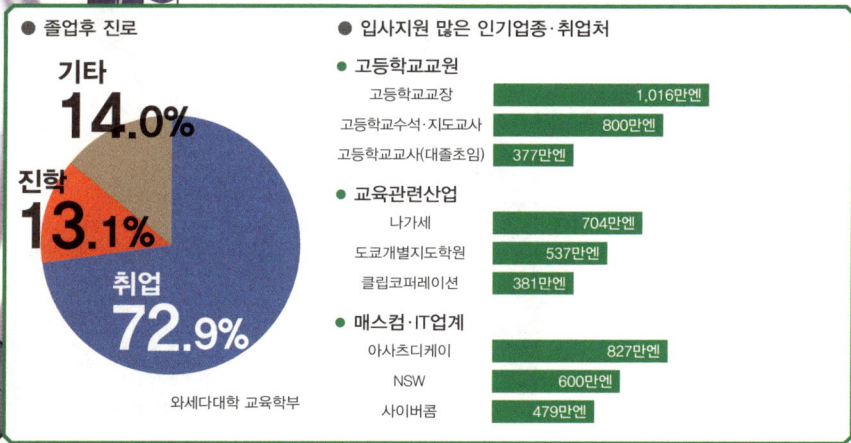

● 졸업후 진로
기타 14.0%
진학 13.1%
취업 72.9%
와세다대학 교육학부

● 입사지원 많은 인기업종·취업처
● 고등학교교원
　고등학교교장　　　　　　　1,016만엔
　고등학교수석·지도교사　　　800만엔
　고등학교교사(대졸초임)　　　377만엔
● 교육관련산업
　나가세　　　　　　　　　　704만엔
　도쿄개별지도학원　　　　　537만엔
　클립코퍼레이션　　　　　　381만엔
● 매스컴·IT업계
　아사츠디케이　　　　　　　827만엔
　NSW　　　　　　　　　　　600만엔
　사이버콤　　　　　　　　　479만엔

● 교양학과와 비슷한 연구내용

분위기 및 연구 내용은 교양학과와 비슷하지만, 교양학과라면 채용 담당자도 "폭넓고 얕게, 다양하게 공부했겠지"라고 추측할 수 있다. 그러나 교육학과는 '교육'이라는 이름이 붙어 있기에, 채용 담당자로부터는 대부분 어김없이 "그래서, 교원 할 거야?"라고 질문받는 상황에 놓인다. 하지만 성실함이 독이 되는 것인지 이것저것 설명하려는 나머지, 최악의 상황에 빠지는 패턴도 많다. "폭넓고 얕게 공부했습니다" "○○를 공부했습니다"라고 하는 정도로 충분하다. 지방 국립대학의 경우 교원양성과정과 아울러 숨겨진 아나운서 배출 학과이다. 넓고 얕게 공부한다는 학부 특성이 매스컴 적성에 맞는 것일까?.

교육학계통

아이들의 빛나는 미래를 위해

「아동교육학과」
Child Education

■ 유사학과
어린이학과, 아동학과, 유아교육학과 등

- **학비**(초년도 납부금)
  국립 : 81만7,800엔
  사립 : 최저 135만4,660엔
  　　　　　(주몬지학원여자대학)
  　　　최고 147만8,000엔
  　　　　　(어린이교육호우센대학)

- **재학년수** : 4년

- **남녀비율**
  여자 87.2%
  남자 12.8%
  어린이교육호우센대학

- **인기자격증&검정시험**
  유치원교사 1종면허
  보육사
  학예원
  도서관 사서·학교도서관 사서교사

● **유치원 교사와 보육사를 동시 취득할 수 있는 대학이 증가하는 추세**

　유치원 교사 및 보육사를 지향하는 학과. 보육원은 '아동복지시설'로 후생노동성의 관할이다. 보육사는 정확하게는 복지 종사자이며 대상 연령은 0세~취학 전까지를 말한다. 유치원은 '학교'이며 문부과학성 관할이다. 대상 연령은 3세~취학 전까지이다. 단 유치원·보육원의 일원화(유보일체화) 등의 흐름으로 현재로는 유치원 교사와 보육사 자격을 동시에 취득할 수 있는 대학이 증가하는 추세이다. 유치원 교사를 양성하는 학과로는 교육실습 외에 초등학교실습(희망자에 한해)이 있는 대학도 있다. 아이들과 그림책을 좋아하는 학생들이 다수이다. 좋아하지 않더라도 그림책은 반드시 읽어야 하지만… 대부분의 대학 도서관에는 그림책을 다수 소장하고 있다.

● **정규직인지 비정규직인지, 고용 형태가 최대의 갈림길**

비정규직이 주를 이루는 유치원 교사·보육사가 될지, 어떨지가 취업을 생각하는데 가장 큰 갈림길이다. 지방 국립대학을 중심으로 정규직으로 취업하는 학생도 있는데, 이쯤되면 연수입 조건으로는 나쁘지 않다. 하지만 최근에는 비정규직을 확대 중이다. 비정규직의 경우 시급 환산으로 800엔~1,100엔 정도이다. 이전에는 금지했던 아르바이트를 하지 않으면 생활이 어려워지는 경우도 있어 취업 후에 수년 간은 타 업종으로 이직 활동을 하는 졸업생들도 있다. 민간기업 취업의 경우 사립여자대학에서는 소매·유통·서비스 등이 중심을 이룬다. 국립대학의 경우 타 문과 계통 학과와 동일하게 취급되어 폭이 넓다. 민간기업 지망생들은 적지만 취업이 실은 그 나름대로 강한 것은 타 교육 계통 학과와 마찬가지이다.

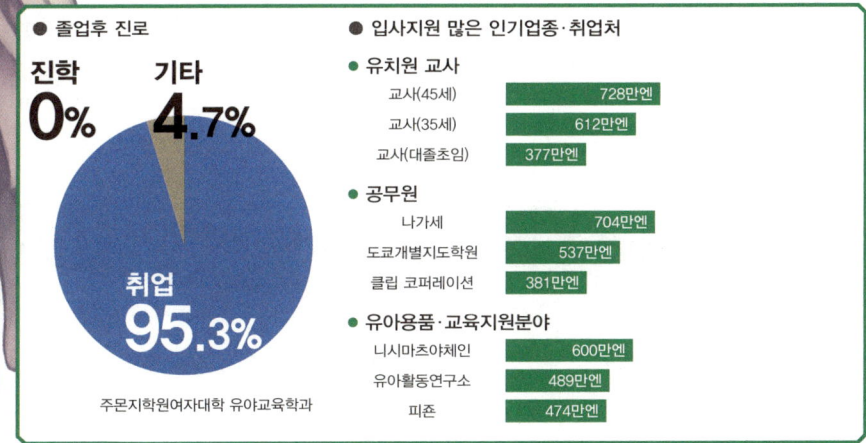

● **학과 명칭은 다양하지만, 지향하는 곳은 같다**

학과 명칭에 '어린이'를 뜻하는 '子ども' 'こども' '兒童'를 사용하는 학과가 난립해 있다. 2017년 현재 유치원과정 학과의 경우, '子ども' 44개교, '兒童' 40개교, 'こども' 30개교와 경쟁을 하고 있다. 어떠한 이유에서인지 '子供'는 없다. 심리·복지 등 타 계통의 학과까지 포함하면 '子ども' 52개교, '兒童' 41개교, 'こども' 39개교로 '子ども'가 머리 하나만큼 도드라진다. '子ども'는 '子ども학과' 7개교(시라우메학원, 중국학원 등) 외에 '子ども교육학과'(고베, 사가미여자 등) 14개교, '子ども발달학과'(스기야마학원, 고베쇼인여자학원 등) 11개교이다. 이 밖에도 'こども교육학과'(슈쿠도쿠 등 5개교), 'こども발달학과'(간토학원 등 4개교) 등의 학과가 있어 복잡하다.

교육학계통 기타 학과

교직과정

● 학비
※소속학과에 따라 상이함

● 인기자격증&검정시험
중학교교사 1종면허 (과목은 학과별 상이)
고등학교교사 1종면허 (과목은 학과별 상이)
닛쇼부기
TOEIC

경제학부부터 이공계통 학부까지 문과 계통·이과 계통을 불문하고 설치대학이 다수. 설치학과에서 교직과정 학점을 취득하면 교원면허를 취득할 수 있다. 등록비 외의 학비는 들지 않지만, 물론 강의 수강시간이 늘어나는 만큼 공부는 힘들다.

도서관사서과정

● 학비
※소속학과에 따라 상이함

● 인기자격증&검정시험
도서관사서
사서교사
닛쇼부기
TOEIC

문과 계통 학부를 중심으로 설치되어 있다. 학점을 취득하면 도서관사서·사서교사 면허를 취득할 수 있다. 다만 사서·사서교사 모두 취득하여도 취업할 곳이 있을지, 없을지의 여부는 또 다른 이야기. 정확히 말하면 취업할 곳은 적으며 비용대비 효과는 낮다.

학예원과정

● 학비
※소속학과에 따라 상이함

● 인기자격증&검정시험
학예원
역사능력검정
미술검정
TOEIC

문과 계통 학부 등에 설치되어 있다. 학점을 취득하면 학예원 자격을 얻을 수 있다. 사서와 마찬가지로 박물관, 미술관 모두 채용은 극히 드물다. 아르바이트 채용도 포함하여 취업처로서 검토할 각오가 있다 하더라도 상당히 힘든 실정이다.

초등학교교원양성프로그램

● 학비
※소속학과에 따라 상이함

● 인기자격증&검정시험
초등학교교사 1종면허
일본한자능력검정
이과검정
말하기검정시험

설치대학은 통신제대학과 제휴하여 통신교육을 수강하면 초등학교교원 면허를 취득할 수 있는 프로그램. 이 페이지에서 소개하는 3개의 과정과는 상이하며 2년 동안 30만엔~50만엔 정도의 비용이 별도로 필요하다. 무료로 취득할 수 있는 초등학교교원 인정자격을 추천하는 대학도 있다.

지식정보·도서관학과

● 학비
국립 : **81만7,800엔**
사립 : −
● 인기자격증&검정시험
도서관 사서·학교도서관 사서교사
JPIC독서 어드바이저
일본한자능력검정
TOEIC

츠쿠바대학에만 설치되어 있다. 본래는 도서관정보대학이라는 전문대학으로 50% 이상이 여학생이다. 취업은 30% 전후가 공무원(도서관사서)로 취업한다. 도쿄대학·게이오기쥬쿠대학, 주오대학 등에 코스로 설치하였다.

특별지원교육교원양성과정

● 학비
국립 : **81만7,800엔**
사립 : −
● 인기자격증&검정시험
특별지원학교교원 1종면허
일본한자능력검정
이과검정
말하기검정시험

특별한 교육을 필요로 하는 아동을 서포트하는 교원 양성. 2007년에 그동안 맹아학교, 농아학교, 양호학교로 분리되어 있던 각 학교를 특별 지원학교로 통합. 대부분 국립대학에 설치되어 있다.

양호교사교양과정

● 학비
국립 : **81만7,800엔**
사립 : −
● 인기자격증&검정시험
양호교사 1종면허
일본어한자능력검정
이과검정
말하기검정시험

이른바 '보건실 선생님'을 양성한다. 양호교사 양성 과정은 히로사키대학, 지바대학 등 8개교가 설치. 간호학부라도 양호교사 1종면허 취득이 가능한 대학이 다수 있다. 현재 상황에서 양호교사는 약 4만 명 중 남자는 65명 밖에 없다.

제로면허과정

● 학비
국립 : **81만7,800엔**
사립 : −
● 인기자격증&검정시험
TOEIC
닛쇼부기
일본한자능력검정
닛케이TEST

전국의 국립대학교육계통 학부에 존재하는 학과·과정으로 교육계통 학부이면서 교원면허 취득을 의무화하지 않았다. 면허가 '제로'이어도 상관없으므로 '제로면허과정'으로 불린다. 특징으로는 학과명에 국제, 환경, 정보, 문화 등을 사용하는 경우가 많다. 문부과학성으로부터 존재 이유가 불명료하다고 하여 천덕꾸러기가 되어버린 현재는 타 학과로 개편이 시도된다.

교육학계통

column

교원양성학원・세미나 운영자는 실은 지역의 ○○였다!

도쿄 교사양성학원(도쿄도), 미타카 교사력양성강좌(미타카시), 요코하마 교사학원(요코하마시), 나고야 교사양성학원(나고야시), 교토 교사학원(교토시), 오사카 교사세미나(오사카부) 등등……. 이들은 어느 쪽이든 교사지망 학생을 대상으로 한 학원・세미나 입니다. 누가 운영하고 있는가 하면, 해당 지자체・체육위원회입니다. 비용은 실비 정도(15회 강의로 1만엔 전후)로 상당히 저렴합니다.

희망 학생들은 전형을 거쳐 들어가게 됩니다. 대학 강의가 없는 요일・시간에 수강을 합니다. 종료 후 해당 자치 단체의 교원 채용시험에 응시하면 1차 전형면제 등 어느 정도의 우대를 받을 수 있습니다. 현역 교원이 지도하는 경우도 있으므로 수강하는 것만으로 상당히 공부가 되며, 메리트가 크다고 할 수 있습니다. 학원・세미나에 따라서는 대학의 교원실습과는 별개의 특별교육실습・학교 인턴십 및 신진 교사와의 간담회 등을 실시하는 곳도 있습니다.

이처럼 실속 있는 강의 내용과 더불어 1차 전형면제 등의 우대책까지 마련되어 있다는 것은 대도시의 지자체가 그만큼 교원이 부족하여 교사 육성이 급선무이기 때문입니다. 그렇기 때문에 재빨리 대책을 강구하여 학원・세미나를 개강하고, 부랴부랴 학생을 양성한다는 이야기.

단, 그러한 교원양성학원 및 세미나에는 아무 대학의 학생이나 들어갈 수 있는 것이 아니라 지자체가 제휴한 대학만이 가능합니다. 교육 계통에 강한 대학은 대부분 제휴하고 있으므로 생각이 있으신 분들은 오픈 캠퍼스에서 들어보는 것도 좋습니다.

제 6 장

이학계통

- 수학과
- 물리학과
- 화학과
- 생물학과
- 지학과
- 생명과학과
- 환경학과
- 국제자원학과
- 정보과학과
- 바이오사이언스학과
- 현상수리학과
- 데이터사이언스학과
- 지구학류
- 해양환경과학과
- 우주물리·기상학과

인생의 모든 것은 수식으로 해명된다

「수학과」
Mathematics

■ 유사학과
응용수학과, 수리과학과, 정보과학과 등

- 학비(초년도 납부금)
  국립 : **81만7,800엔**
  사립 : 최저 **136만4,010엔**
  (츠다쥬쿠대학)
  최고 **177만7,700엔** (주오대학)

- 재학년수 : **4년**

- 남녀비율
  남자 **81.9%**   여자 **18.1%**
  주오대학 이공학부 수학과

- 인기자격증&검정시험
  중학교교사 1종면허 (수학)
  고등학교교사 1종면허 (수학, 정보)
  정보처리기술자
  실용수학기능검정

● **수식 및 도형을 정확하게 이해하여 진리를 추구한다**

수 및 도형 등에 대해서 깊게 배운다. 간단한 레벨의 문제라도 그것을 정확하고 바르게 이해하여 정밀한 논리를 조합할 수 있는지를 묻는다. 수학이라는 명칭이 붙은 학과이기는 하지만, 강의에서 수학은 그다지 나오지 않는다. 'ε'(엡실론), 'θ'(세타), 'γ'(감마) 등의 그리스 문자가 나오는 정도이다. 판서의 양이 굉장히 많기 때문에 노트 소비량도 어마어마하다. "수학을 제일 잘 해!"라며 입학한 학생들이 대부분이지만, 학문의 깊이, 난해함 때문에 낙심하기 쉬운 학생들도 있다. 그중에는 "사실은 수학을 그렇게 잘 한다고 할 정도도 아니었어"라며 재수험하여, 학부 이동까지 과감하게 행동으로 실천하는 학생들도 볼 수 있다. '다른 학과 입장에서는 이해할 수 없는 학과'로 철학과와 함께 쌍벽을 이룬다.

● **높은 수학 능력이 취업활동에서 평가된다**

대학원 진학, 금융업계, 교원·교육업계, IT업계가 진로의 '4강'. 금융업계는 수학 응용학·수리파이낸스의 전문성을 평가받는다. 금융기관의 영업직이라기 보다 액추어리(보험수리사) 등 전문직 채용이 많다. IT업계는 프로그래밍 언어를 간단하게 습득할 수 있다고 평가되어 대기업의 상급직으로 취업할 수 있다. 수학과 학생은 "취업하기 힘들어"라고 한탄하지만, 그 정도로 상황이 나쁘지는 않다. 문과 계통 학생이 모두 고전하는 적성검사(SPI3)의 비언어 분야도 간단히 맞춘다. "저것도 못 푸는 사람 있어?"라고 말했다간 사이가 나빠지므로 자만은 적당히 하는 것이 좋다.

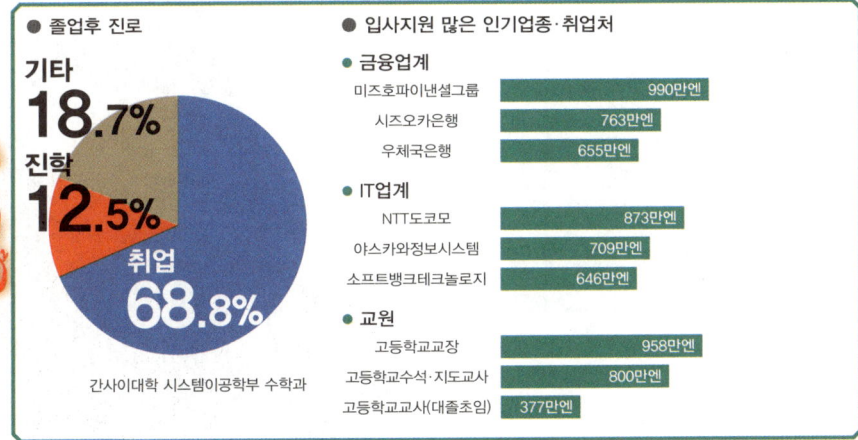

● **가까운 주변에서 수학 소재 만들기가 주특기**

애니메이션 영화의 명작 『썸머워즈』를 보면서 "초반의 그 계산 장면은 뭐였을까?"라며 아주 진지하게 물어보는 것이 수학과 학생이다. 주인공인 겐지가 도쿄대 이학부(아마도 수학과) 지원자여서 "저런 리얼충은 수학과에 없어"라며 비뚤어진 생각을 하는 것도 수학과 남학생의 특징인 것일까? 수학과 내에서 "주스 사 와", "몇 병?", "4!", "그래, 알았어. 근데, 정말 사 올 건데 후회 안 하지?" "미안, 농담이야"라고 하는 개그가 있다. '4!'는 4의 계승으로 4×3×2×1=24병이 된다는 결론이다. 이러한 수식을 일상화하는 수학과 학생들이지만, '계승'의 존재조차 잊어버린 문과 계통 학생들 입장에서 보면 의미를 알 수 없는 대화인 것이다. 여학생 비율은 10%대 후반인 대학이 많다.

일상 속에서도 엔트로피는 증가한다

물리학과

Physics

■ 유사학과
응용물리학과, 물리과학과, 우주지구물리학과 등

- **학비**(초년도 납부금)
  국립 : **81만7,800엔**
  사립 : 최저 **158만4,000엔** (고난대학)
  　　　최고 **181만3,350엔**
  　　　　　　　　　(게이오이기쥬쿠대학)

- **재학년수** : **4년**

- **남녀비율**
  남자 **84%** ／ 여자 **16%**
  간세이학원대학 이공학부 물리학과

- **인기자격증&검정시험**
  중학교교사 1종면허 (이과)
  고등학교교사 1종면허 (이과)
  도서관 사서·학교도서관 사서교사
  학예원

● **4년 동안에 20세기 전반 정도까지의 지식습득이 한계?**

　20세기 전반 정도까지의 물리학을 배우는 학과이다. 타 학과라면 "우리는 전 분야를 배운다"라든지 "최첨단을 배운다"며 선전하겠지만, 물리학과 교수는 "대규모 학교라도 전 분야를 배우는 건 무리야" "최첨단 물리? 학부생들은 20세기 전반 정도까지가 한계야"라며 진지하게 말하기도 한다. 사실이라고 하더라도 장삿속 없이 그지없다. 물리학문 영역을 아주 대략적으로 나누어 보면, 분야로는 소립자 (빛, 전자, 쿼크 등)와 물성, 계통으로는 이론과 실험으로 크게 나눌 수 있다. 이 2개 분야·2개 계통의 조합 중 하나가 기본이다. 굳이 말하자면, 이론 쪽이 수완가 그룹이며, 유카와 히데키 박사도 실험에는 서툴렀다는 것. 판서를 모두 노트에 적으면 외부인이 볼 때에는 의미를 알 수 없는 암호로 밖에 보이지 않는다.

● 보다 고도 지식을 습득하기 위해 대학원 진학이 목표인 학생이 다수

전문을 보다 깊게 파고들기 위해서는 대학원 진학이 필수. 여기서 전기(前記)의 분야가 운명의 갈림길이다. 물성은 '물체의 성질을 쫓는다'는 내용 때문에 석사·박사과정의 학생은 업체로부터 수요가 있다. 한편으로 소립자를 선택한 경우, 그 기초 연구가 '원자의 내부를 풀어내자'라는 이유에서 인지, 취업에서는 고전한다. 석사는 그렇다치고 박사과정까지 진학한 경우는 연구원이 되는 길 밖에 없지만, 공석이 그 만큼 많지 않아 먹고 살기에는 힘들 수도 있다. 학부 졸업으로 취업한다면 "물리학과와 취업은 다르다"라고 체념하고 취업활동을 한다면 순조롭게 취업이 될 것이다. 특히 국립대학이라면 우수함을 평가받아 대기업 매스컴 및 금융기관에 취업하는 학생도 흔치 않게 볼 수 있다.

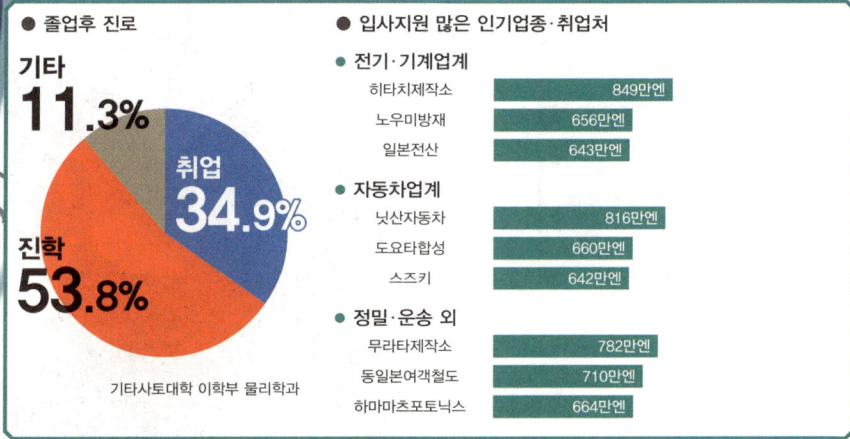

● 우주 연구를 꿈꾸는 학생도 많지만, 그 길은 멀고 험하다

엔트로피 강의 때, 교수는 '방이 지저분해진다'는 말을 소재로 사용하는 경우가 많다. 그 때문에 물리학과생은 방이 지저분하다고 지적을 받으면 "엔트로피가 증대해서 그래"라고 약속한 듯이 개그를 하게 되었다. 동일한 이학부 중에서도 화학이나 생물보다 여학생 비율이 낮다. 여학생은 입학한 자체만으로도 공주 대접을 받는다. 한편 남학생들은 타 학과 여학생들과 일반 교양 강의를 같이 들었다는 것만으로도 기분이 아주 좋아진다. 우주를 좋아해서 입학한 학생들도 많지만 실험이나 연습으로 방대한 양의 성과를 요구하므로 대부분은 좌절해 버린다. "우주란 멀리 있다고 생각되는 것"이라고 좌절한 학생의 경험담.

마법이 아닌, 화학을 사용하면 무엇이든 해결!

화학과

Chemistry

■ 유사학과
생명화학과, 생명분자화학과, 화학·생명화학과 등

- ● 학비(초년도 납부금)
  - 국립 : **81만7,800엔**
  - 사립 : 최저 **153만엔** (오카야마이과대학)
  - 　　　최고 **181만3,350엔**
  - 　　　　　　　(게이오기주쿠대학)

- ● 재학년수 : **4년**

- ● 남녀비율
  - 남자 **71.8%** ／ 여자 **28.2%**
  - 간세이학원대학 이공학부 화학과

- ● 인기자격증&검정시험
  - 중학교교사 1종면허 (이과)
  - 고등학교교사 1종면허 (이과)
  - 위험물취급자 (갑종)
  - 바이오기술자인정

● 수학과 작문의 모든 기량이 요구된다

센트럴사이언스라고 불리기도 하는 화학이지만, 이것은 자연과학의 각 분야를 이어주는 측면도 지닌다. 크게 분류하면 물리화학, 무기화학, 유기화학, 분석화학이 주된 분야로 여기에 더해 고분자화학, 생물화학 등의 분야를 배우는 대학도 있다. 이과 계통이면서 수학이 싫어서 화학과를 택하는 학생도 많지만, 말로만 "수학은 수학과에 비하면 적게 쓰는 편이야"라고 할 뿐, 실제는 물리 화학 등을 중심으로 꽤나 많이 수학을 이용한다. 수학을 이용하지 않는 분야라도 수학적인 발상이 요구되는 경우도 많다. 게다가 화학과의 특징상, 실험을 하고 그 내용을 보고해야 하는 리포트가 많다. 작문에 취약하다면 상당히 힘들겠지만 매주 제출하면서 익숙해진다. 당연히 실험을 좋아하고 이과를 좋아하는 학생들이 많다.

● 화학업계, 전기·전자부품 업체 등의 구인이 다수

국립대·난관문사립대에서는 대학원으로 진학하는 학생이 많아 석사·박사과정에서는 화학업체, 전기·전자 부품업체로부터의 구인이 많다. 단 모든 화학과생의 취업을 만족시킬 정도는 아니며, 그 중에는 학부졸업 시점에서 단념하고, IT·소매·유통 등 타 분야로 취업하는 학생도 많다. 최근에는 잇달아 학부학과 개편에서 어느 대학에 어떤 전공이 있는지 모르는 채용 담당자가 많다. 기술직·연구직 지원자라면 채용 담당자에게 전공·연구내용을 확실하게 전달해야 한다. 공익사단법인 일본화학회 도쿄지부 주최로 '화학계통 학생을 위한 기업 합동 설명회'(사무국은 주식회사 엘포트) 등이 개최되어 화학업체가 한 곳에 모인다.

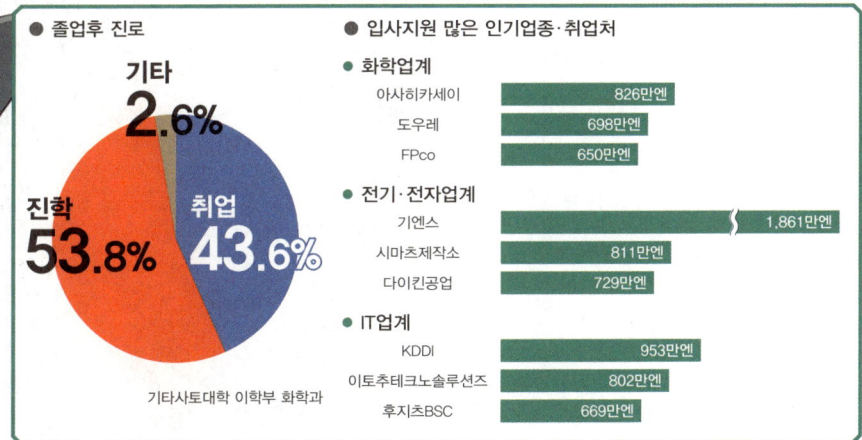

● 비커 세척이 일상이므로 핸드크림은 필수

이학부 계통의 학과치고는 여학생 비율이 높다. 다만 실험이 많아 비커 세척 등을 많이 해서 네일 케어를 할 수 없다고 한탄하는 여학생이 많다. 남학생들도 거칠어진 손에 신경 쓰이는 탓인지 화학과가 있는 대학생활 협동조합의 핸드크림 판매량은 호조를 보인다. 또한 실험시설·교실에 상비된 초음파 세척기로 안경을 깨끗이 닦는 학생도 많다. 기분전환으로 가라오케에 가서 Big echo의 가라오케 간판을 보면서 "CHO니깐 알데히드"라며 중얼거리거나, 홈센터에 가면 전혀 사용하지 않을 것 같은 농약이나 세제 코너에 가서 그 성분들을 살펴본다면 그들은 훌륭한 화학과생이다.

생물 사냥은 본래 나의 것

생물학과

Biology

■ 유사학과
생물과학과, 응용생물과학과, 생물화학과 등

- **학비**(초년도 납부금)
  - 국립 : 81만 7,800엔
  - 사립 : 최저 114만 3,200엔 (도카이대학)
  - 　　　최고 168만 6,600엔 (도호대학)

- **재학년수** : 4년

- **남녀비율**
  - 남자 58.3%　　여자 41.7%
  -
  - 고난대학 이공학부 생물학과

- **인기자격증&검정시험**
  - 중학교교사 1종면허 (이과)
  - 고등학교교사 1종면허 (이과)
  - 임상검사기사
  - 바이오기술인정시험(상급·중급)

● **생물의 세포, 형태, 분류 등의 기초 연구가 메인**

　이른바 생명체가 연구 대상이 되는 학과. 그에 비해 취업이 어렵다고 비판받는 경향이 있다. 이학 계통에서 '취업난'이 화제가 될 때, 그 이야기 뒤에는 생물학과의 존재가 숨겨져 있는 경우가 많다. 학문으로는 생물을 계통적으로 분류하는 분류학, 생물 내부의 기관 등을 연구하는 형태학, 세포의 본질을 연구하는 세포 생물학 등이 있으며 모두 기초 기반 연구이다. 응용기술의 습득에 이르기까지 어려운 점도 취업률에 영향을 미친 것일지도 모른다. 이학부 계통 중에서는 여학생 비율이 높아, 타 이공계 학과 남학생들이 이 점만은 부러워한다. 이과 계통이면서 수학을 싫어해서 진학한 학생들이 많은 것은 화학과와 마찬가지이다. 수많은 리포트 제출을 해야 하는 것도 똑같은데 어째서 취업에서 차이가 나는 것인지, 한탄하는 생물학과생이 다수이다.

● 생물 분야에 얽매이지 않고 취업하는 학생이 다수

사회에 나가서 바로 쓸모 있는 학문은 아니라는 것에 대해서는 대학교수도 인정할 정도이지만, 취업에서는 "생물학 전공을 살리지 않는다"라고 체념해 버리면 문제없다. 업체 종합직, IT, 금융, 소매, 유통 등 다양한 분야로 취업한다. 문제는 "생물학 전공을 살리고 싶다"고 하는 학생이다. 식품·제약회사, 바이오 관련기업 등의 연구직·기술직은 원래부터 구인이 적다. 더구나 약학과, 생명화학과, 농학부계통, 영양계통 학과의 학생과 경쟁하게 되므로 취업의 문은 더욱 좁아진다. 대학원에 박사 진학까지 한다면, 이제 연구자 외의 구인은 상당히 줄어든다. 그렇지만 연구자 자리는 적고 생존경쟁이다.

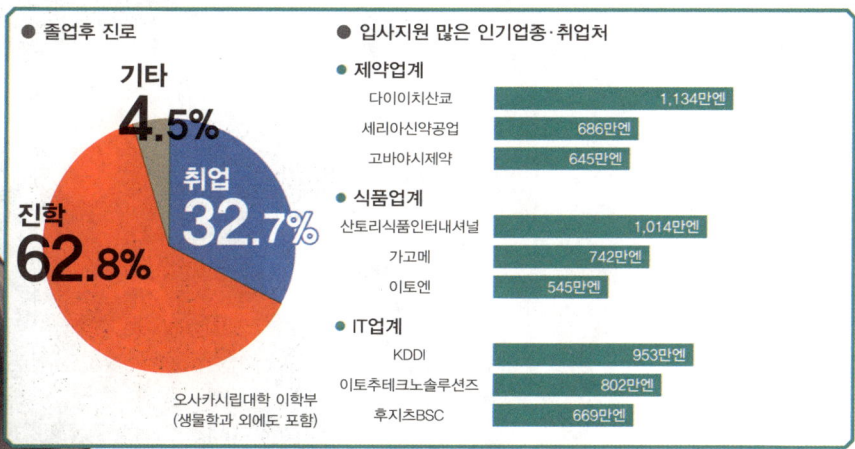

● 졸업후 진로
- 기타 4.5%
- 진학 62.8%
- 취업 32.7%

오사카시립대학 이학부
(생물학과 외에도 포함)

● 입사지원 많은 인기업종·취업처

● 제약업계
- 다이이치산쿄 1,134만엔
- 세리아신약공업 686만엔
- 고바야시제약 645만엔

● 식품업계
- 산토리식품인터내셔널 1,014만엔
- 가고메 742만엔
- 이토엔 545만엔

● IT업계
- KDDI 953만엔
- 이토추테크노솔루션즈 802만엔
- 후지츠BSC 669만엔

● 대학원 진학률이 높기는 하나, 그 실태는……

타 학과에 비해 대학교 교수가 터무니없이 대학원 진학을 추천하는 것도 생물학과의 특징일까? 타 학과(대학원이라면 연구과)의 경우 능력이 없는 학생이 와도 민폐(또 본인에게 도움이 되지 않음)라고 하는 반면, 생물학과라면 "피펫을 세척하는 잡일 요원" 수요가 있어서라는 의견도 있다. 인터넷상에서는 '피펫(ピペット)'과 '노예(奴隷)'의 합성어인 '피페도(ピペド)'라는 은어가 있을 정도. 생물학과 자체가 잘못된 것은 없으므로 진학하는 건 상관없다. 단 생물학을 살려 직업으로 삼겠다는 점에서는 상당한 어려움이 있으므로 학부 졸업에서 단념할 필요가 있다. 해외 유학을 하는 방법도 있지만, 뛰어난 영어실력과 비용이 필요하게 된다.

지구에 대한 깊은 학문, 그리고 세계를 동분서주한다

「지학과」

Earth Science

■ 유사학과
지구과학과, 지구혹성과학과, 지구혹성환경학과 등

- 학비(초년도 납부금)
  국립 : 81만7,800엔
  사립 : 최저 152만2,500엔 (교토산업대학)
  　　　최고 174만4,200엔 (도카이대학)

- 재학년수 : 4년

- 남녀비율
  남자 84.2% 　여자 15.8%
  지바대학 이학부 지구과학과

- 인기자격증&검정시험
  중학교교사 1종면허 (이과)
  고등학교교사 1종면허 (이과)
  기상캐스터
  측량사보

● 지구상의 모든 장소가 연구 대상

　지구 전체가 연구 대상이고, 지구상의 모든 장소가 필드워크 장소가 되는 학과. 지사학, 화산학 등이 있는 지질학이 핵심이다. 지질학 관련 분야로서 지구물리학, 자연지리학, 해양학, 응용지학, 기상학이 있으며, 이들을 종합하여 지구과학이라고 한다. 나아가 현재는 태양계 연구 및 자연재해 등과 종합하여 지구환경학이라고 하기도 한다. 교토대학, 야마가타대학, 구마모토대학 등은 이학과 안에 코스·학계로 설치. 필드워크에서 지방 산간지나 해외로 가는 대학도 많다. 대학 수험에서 지학은 마이너 과목이지만, 연구 내용은 만족한다는 학생이 많다. 여학생 비율은 낮다.

● 지학 지식을 활용한 취업의 문은 좁다

대학원 진학자가 다수. 생물학과·생명과학과 만큼은 아니라고 하더라도, 전문을 살려서 연구직·기술직을 지향한다면, 이 또한 경쟁이 치열하다. 지질 컨설턴트, 석유업체, 건설회사 등의 구인은 적기(원래 그렇게 수요가 많지 않다) 때문이다. 대학원으로 진학한 후의 연구자 루트 역시 경쟁률이 높다. 지진대책 강화의 흐름으로 생물·생명과학계통의 졸업생에 비하면 아직 자리는 많지만, 그렇다 하더라도 안정된 것은 아니다. 학부 졸업에서 단념하고, 딱히 관계없는 업계의 종합직을 지원하는 것이 현실적이다. 얼마나 빨리 깨닫는지에 따라서 조건은 크게 달라진다.

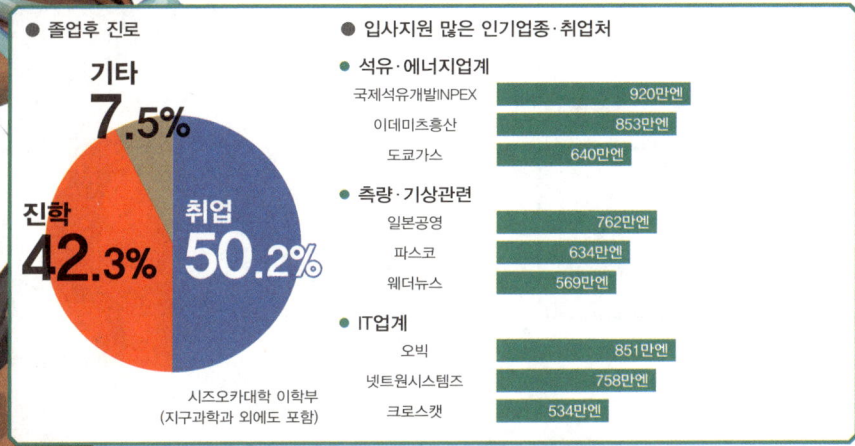

● 지학을 전공할 수 있는 대학은 많지 않으므로, 주의를 요한다

지학을 배우는 학생은 NHK의 자연과학계통 방송을 좋아한다. 센터시험의 이과계 4과목 중, 유일하게 과목명을 넣은 학과가 존재하지 않는 것이 지학이다. 당연히 관련학과 또한 4과목 중에서는 최소이다. 게다가 사립대라고 하면 더욱 감소한다. 지리학과(니혼대학, 나라대학), 물리학과(간사이학원대학)를 포함하여도 9개교 10개 학과. 이 중에서 유명한 곳이 니혼대학 문리학부 지구과학과이다. 1961년 개설된 응용지학과가 두번의 학과 변경을 거쳐 2016년에 현 학과명이 되었다. 기상을 전문으로 배우고 싶다면 문부과학성소관 외의 대학교(기상청소관)인 기상대학교도 선택지이다. 단 입시 영어의 난이도는 도쿄대 이상이라는 소문도 있다. 입학 후에는 기상청 직원 취급을 받는다. 학비가 무료인데다 국가 공무원이어서 급여도 지급된다.

유전자의 깊은 곳에 미래가 보인다

「생명과학과」

Life Science

■ 유사학과
생물학과, 생물과학과 등

● 학비(초년도 납부금)
  국립 : 81만7,800엔
  사립 : 최저 148만4,660엔
              (데이쿄과학대학)
         최고 177만7,000엔 (주오대학)

● 재학년수 : 4년

● 남녀비율
  남자 55.6%   여자 44.4%
              주오대학 이공학부 생명과학과

● 인기자격증&검정시험
  중학교교사 1종면허 (이과)
  고등학교교사 1종면허 (이과)
  위험물취급자 (갑종)
  바이오기술자인정시험 (상급·중급)

● 바이오 테크놀로지 관련의 연구가 압도적 인기

바이오 테크놀로지가 중심이 되는 학과. 이학으로서 생물학에 공업, 농업, 화학, 의료, 의학 등이 합쳐진 학제분야를 포함하는 영역의 총칭이 생명과학이다. 단 실질적으로는 바이오 테크놀로지가 인기여서 대학의 연구 내용도 그 중심이 된다. 생물과학과 마찬가지로 여학생 비율이 이학부계통 중에서는 높은 편이다. 이과 계통이면서 수학은 싫어하지만, 그래도 유전자 연구 등을 해 보고 싶다는 이유로 진학한 학생이 많다. 2014년의 STAP세포보도에서 관계자들이 오보카타 하루코 씨에게 기대를 했지만, 부정한 사실이 밝혀지자 침묵하게 되었다. 학생들은 NHK의 생명과학계 방송은 타이틀만 보고 일단 예약해버리는 스타일이다.

● 제약·바이오 관련 기업 지원자가 많기는 하지만……

생명과학과를 설치한 대학은 국립대의 난관문대가 많아 우수한 학생들이 몰려든다. 또한 교원이 피페토(상세는 생물학과 항목을 참조)를 확보하려는 의도도 있어 대학원 진학을 무턱대고 추천하여 대학원으로 진학하는 학생은 적잖이 있다. 하지만 생물학과와 마찬가지로 식품·제약회사, 바이오 관련 기업 등의 연구직·기술직은 타 학과의 졸업생과 경쟁하게 된다. 특히 제약회사는 약학과가 유리한 것이 현실이다. 연구직도 구인 수가 적어 치열한 경쟁을 해야 한다. 학부졸업에서 관련 없는 직종이라도 가능하다고 단념한다면 최근 매수자 시장에도 영향을 끼쳐 폭넓게 취업할 수 있다. 평가는 학생들이 예상하는 것 이상으로 높다.

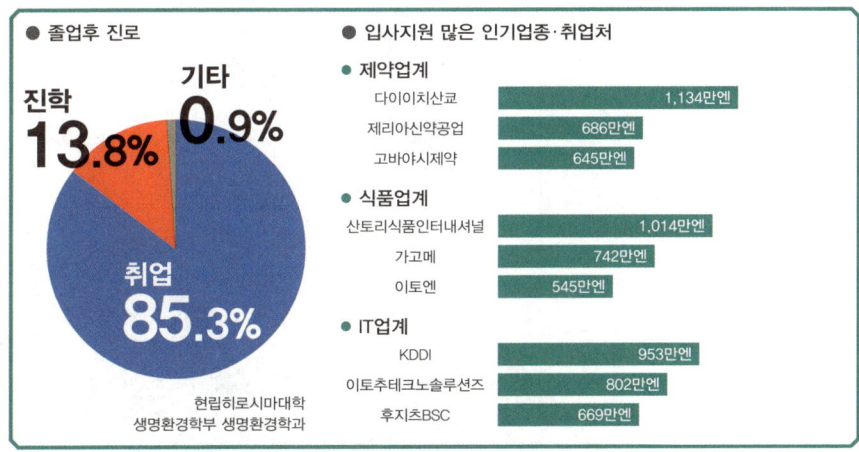

● 졸업후 진로
- 진학 13.8%
- 기타 0.9%
- 취업 85.3%

현립히로시마대학 생명환경학부 생명환경학과

● 입사지원 많은 인기업종·취업처

● 제약업계
- 다이이치산쿄　1,134만엔
- 제리아신약공업　686만엔
- 고바야시제약　645만엔

● 식품업계
- 산토리식품인터내셔널　1,014만엔
- 가고메　742만엔
- 이토엔　545만엔

● IT업계
- KDDI　953만엔
- 이토추테크노솔루션즈　802만엔
- 후지츠BSC　669만엔

● 바이오 관련이라면 의학부, 공학부라는 선택지도

바이오 테크놀로지의 시장 자체가 앞으로 확대될지 어떨지가 진학 동향에도 크게 영향을 미친다. 향후 게놈연구 등을 포함하여 확대된다는 의견과 그렇게 확대되지는 않을 것이라는 양방의 의견이 있다. 필자는 중립에 서있다고나 할까, 이러한 미래의 이야기를 전문가도 아닌데 알 리가 없다! 단지 객관적인 사실을 내놓자면, 바이오 테크놀로지는 생명과학뿐 아니라, 의학이나 공학 등 다른 분야 출신의 연구자도 있다. 바이오 연구를 하고 싶다면 생명과학과나 바이오계통 학과에만 고집하지 말고 의학부, 농학부, 공학부 등도 포함하여 검토하길 바란다.

환경문제를 깨닫고, 지구의 수호자가 된다

환경학과

Environmental

■ 유사학과

환경시스템학류, 환경과학과, 지구환경과학과, 환경생태학과 등

- **학비**(초년도 납부금)
  국립 : **81만7,800엔**
  사립 : -

- **재학년수** : **4년**

- **남녀비율**
  남자 62.3%　　여자 37.7%
  공립돗토리환경대학 환경학부 환경학과

- **인기자격증&검정시험**
  중학교교사 1종면허 (이과)
  고등학교교사 1종면허 (이과)
  공해방지관리자
  기술사(환경학부)

● 대학에 따라서 이과 성향과, 문과 성향으로 분류되는 학과

지학을 더욱 확대한 환경 과학을 축으로 한다. 환경문제는 본래, 이공계뿐 아니라, 사회학, 법학, 지리학 등 문과 계통 분야도 포함한다. 그 학제성에서 환경학 관련 학과는 대학에 따라 이과 성향인 경우와 문과 성향인 경우로 분류된다. 학제성이라는 점에서는 교양학과에 가깝다고도 할 수 있다. 환경학과라는 이름 그대로 학과를 개설한 곳은 공립 돗토리환경대학 환경학부뿐이다. 이 대학의 소속 교수 출신을 살펴보는 한에는 이과 성향이다. 2001년 개설 당시에는 환경정보학부 밖에 없어 이것이 문과 계통인지, 이과 계통인지 분명하지도 않았고, 공설 민영(요컨대 사립대)이라는 이유도 있어 미달 사태가 이어졌다. 그러나 2012년에 공립화하여 환경학부와 경영학부로 2개 학부로 분류된 후로는 안정되었다.

● 이과, 문과 성향에 따라서 학생들의 진로 희망도 크게 다르다

이과 성향의 대학이면서 국립대·난관문사립대에서는 대학원 진학자가 많다. 대학원 진학 후의 취업은 지학과와 동등한 수준이다. 반대로 문과 성향 및 지방공립대, 사립대라면, 대부분이 취업을 희망한다. 환경 관련의 업체 외에 소매, 유통, IT 등을 포함하여 실제로 다양한 분야로 취업한다. 환경이라는 개념이 넓어, 모 대학의 환경통계 학과에서는 운송업 드라이버 및 마트 판매직까지 환경 관련의 직종으로 소개한다. "아이들링을 철저하게 하여 배기가스를 줄입니다" "슈퍼에서 쓰레기 배출량을 줄였습니다"라며 소개한다. 필자는 이것이 대학 교육의 성과라면 대단하다고 생각하는 바이다.

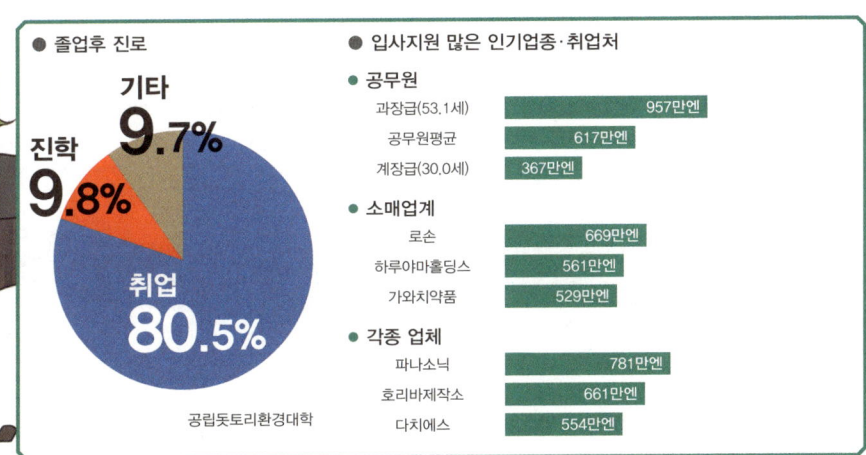

● 환경학과에 진학한다면 교수의 전문 분야를 반드시 체크

학과명에 환경이 들어 있는 대학은 어디든 "문리 융합" "원래 문과와 이과를 분류하는 것은 일본밖에 없다고 할 정도로 이상한 발상" "환경문제는 문과도 이과도 아닌 둘 다 배우는 것이 중요" 등의 선전을 한다. 그렇다 해도 취업활동을 할 때는 채용 담당자가 문과인지 이과인지 물을 것이며 그 때에 "문리 융합이니까요"라고 답한다면 취업활동이 잘 될 리 없다. 구분은 소속 교수의 전문 분야와 학위로 한다. 여기서 문과 장르가 많으면 문과 성향, 이과가 많으면 이과 성향이라고 판단할 수 있다. 동일한 이과 계통이라도 대학에 따라서는 토목공학, 농업공학이 중심이 되는 곳도 있으므로, 지망대학 후보로 하려면 반드시 확인해야 한다. 한때 유행으로 환경을 학과명에 사용했던 흔적이기도 하다.

이과계통 기타 학과

국제자원학과

● 학비
국립 : **81만7,800엔**
사립 : −
● 인기자격증&검정시험
측량사보
위험물취급자 (갑종)
TOEIC
실용영어능력검정

시가지 조성, 지방자치, 지방산업정책 등을 테마로 한 연구를 하게 된다. 다카사키경제대학, 아이치대학, 오사카경제대학에 설치되어 있다. 다카사키경제대학은 그 지역 출신의 아쿠타가와상 작가·이토야마 아키코를 강사로 맞이하여 인터뷰 실습을 실시하고 있다. 정보를 수집하고 다른 학생들과의 공유 기술을 익힌다.

정보과학과

● 학비
국립 : **81만7,800엔**
사립 : 최저 **132만2,200엔**
　　　　　　　　　　　　(도호쿠학원대학)
　　　　　최고 **178만5,500엔** (메이지대학)
● 인기자격증&검정시험
중학교교사 1종면허 (수학)
고등학교교사 1종면허 (수학, 정보)
학예원
TOEIC

도쿄대학, 도쿄이과대학 이공학부 등에 설치되어 있다. 학과명에 정보가 들어있으면 문과 성향·이과 성향으로 나누어지지만, 정보과학과는 당연히 후자이다. 정보이론, 알고리즘 등을 배운다. IT업계 취업자가 많으며, 대부분이 상급직이다. 당연히 높은 대우를 받을 것으로 예상된다.

바이오사이언스학과

● 학비
국립 : −
사립 : 최저 **159만660엔** (데이쿄대학))
　　　　최고 **162만9,500엔**
　　　　　　　　　　　　(교토학원대학)
● 인기자격증&검정시험
방사선취급주임자
위험물취급자 (갑종)
독물극물취급책임자
작업환경측정사

도쿄농업대학, 나가하마바이오대학 등 4개교가 설치. 생명현상을 유전자 레벨에서 해명하는 것을 지향한다. 바이오 기술이 주목받는 것에 비해 바이오 사이언스학과가 증가하지 않는 이유는 국립대에서 이 학부 생물학과가 너무 강력한 것이 원인일까?

현상수리학과

● 학비
국립 : −
사립 : **174만5,500엔** (메이지대학)
● 인기자격증&검정시험
중학교교사 1종면허 (수학)
고등학교교사 1종면허 (수학·정보)
닛쇼부기
정보처리기술사

메이지대학 종합수리학부에만 설치. 사회 및 경제 활동 등의 복잡한 현상의 수리 모델을 구축하여 그 해석에 따라서 현상을 해명하는 학문. IT업계, 금융업계의 금융엔지니어, 리스크 관리전문가(액추어리) 등에서 필요로 한다. 2016년도 졸업생의 진로를 살펴보면 업계별로는 IT보다 금융 쪽이 많아서 1위이다.

데이터사이언스학과

● 학비
국립 : **81만7,800엔**
사립 : -
● 인기자격증&검정시험
정보처리기술자
통계검정
품질관리검정
닛쇼부기

사가대학이 2017년에 설치. 2018년에는 요코하마 시립대학에도 설치될 예정. 커리큘럼을 살펴보면, 이과 계통 지식이 없다면 상당히 힘들 것이다. 정보학과, 빅데이터 등에 흥미가 있는 수험생이라면 적성에 딱 맞을 것이다

지구학류

● 학비
국립 : **81만7,800엔**
사립 : -
● 인기자격증&검정시험
중학교교사 1종면허 (사회, 이과)
고등학교교사 1종면허 (지리역사, 이과)
학예원
도서관사서·사서교사

츠쿠바대학만이 설치하였다. 지구환경학, 지구진학과로 2개의 전공이 있으며, 그중의 인문지리학 분야는 명칭대로 지리학을 배운다. 그로 인해 이과 계통 학부에 있으면서 문과 계통 과목을 알차게 배운다는 불가사의한 학과이다. 지구진화학 전공은 이학 그 자체이다.

해양환경과학과

● 학비
국립 : **81만7,800엔**
사립 : -
● 인기자격증&검정시험
고등학교교사 1종면허 (이과, 수산)
학예원
TOEIC
닛쇼부기

도쿄해양대학에만 설치되어 있는 학과로 2017년에 신설되었다. 해양 전체를 포괄하는 해양학이나 해양생물학 중 한 가지를 중점적으로 배운다. 도쿄해양대학은 도쿄수산대학과 도쿄상선대학(공히 국립)이 통합하여 탄생한 대학. 학제도 바다 일색.

우주물리·기상학과

● 학비
국립 : -
사립 : **152만2,500엔**
● 인기자격증&검정시험
중학교교사 1종면허 (이과)
고등학교교사 1종면허 (이과)
기상캐스터
이과검정

교토산업대학에만 설치. 2016년 개설. 교토산업대학은 문과 계통 종합대학이지만, 1965년 개설 당시의 학장이 우주물리학자였다. 그러한 이유도 있어 개학 당시부터 이학부를 설치하였다. 학내에는 가미야마천문대가 설치되어 있는 등 연구설비가 잘 구비되어 있다.

이학계통

column

이과에 관심이 있다면 '과학기술주간' & '사이언스카페'를 활용하자!

이 칼럼을 읽고 있는 당신은 이과를 기피하는 요즘 세태에 이과가 좋다고 하는 귀중한 분이시군요. 그럼 이과를 더욱 좋아하기 위한 정보를 제공하겠습니다.

이과를 좋아하는 당신들이 활용하길 바라는 이벤트는 매년 4월 중순에 개최되는 「과학기술주간」입니다. 1960년에 제정된 이후 계속 이어져오고 있으며, 일본 속의 과학 관련 시설을 일반 공개하는 이벤트입니다. 평소에 출입할 수 없는 시설도 공개됩니다. 특히 츠쿠바는 거리 이벤트를 실시. 평소에는 유료인 사이언스 투어버스를 무료로 이용 가능합니다. 츠쿠바는 여름방학 등 시즌에도 사이언스 투어버스가 운행되며 각 시설을 효율적으로 순회할 수 있습니다.

한 가지 더 활용하길 바라는 것은 사이언스 카페입니다. "과학 전문가와 일반인들이 비교적 소규모인 카페 등에서 커피를 마시면서 과학에 대해 가볍게 의견을 나누는 장소를 만들자는 시범"(일본학술회의 사이트)에서 요컨대 강연회에 가까운 것이라고 생각하면 좋을 듯합니다. 일본 각지의 이공계통 대학 및 과학관 등에서 개최됩니다. 최근 흥미 있는 내용의 사이언스 카페가 실시되고 있다면 참가해 보는 것은 어떨가요?

제 7 장 공학계통

- 기계공학과
- 전기전자공학과
- 토목공학과
- 건축공학과
- 응용화학과
- 선진섬유·감성공학과
- 항해공학과
- 항공우주공학과
- 경영공학과
- 디자인공학과
- 정보공학과
- 의용공학과
- 원자력공학과
- 첨단공학기초학과
- 전자광공학과
- 건축·환경디자인학과
- 홈일렉트로닉스개발학과
- 구미코미소프트웨어공학과
- 컴퓨터이공학과

일본의 모노즈쿠리를 뒷받침하는 메커니즘 마스터

기계공학과
Mechanical Engineering

■ 유사학과

기계시스템공학과, 교통기계공학과, 로보틱스학과, 기계항공공학과 등

● 학비(초년도 납부금)
국립 : 81만7,800엔
사립 : 최저 136만엔 (소조대학)
　　　최고 181만3,350엔
　　　　　　　　　(게이오기쥬쿠대학)

재학년수 : 4년

● 남녀비율
여자 4.3%
남자 95.7%
리츠메이칸대학 기계공학과

● 인기자격증&검정시험
중학교교사 1종면허 (수학)
고등학교교사 1종면허 (수학, 공업)
기술사·기술사보
자동차정비사3급

● **모든 기계에 정통하는 공학부의 장남격!**

　공학부의 '장남격'이다. 학과 관계자는 '원톱'을 주장하며, 실제로 다음 페이지에서 소개하는 전기전자공학과 이외에는 모두가 납득하는 주류이다. 학부생은 기계 기술자의 기초를 배운다. 보다 고도한 지식과 응용기술은 타 공학계통 학과와 마찬가지로 대학원 진학이 필요하다. 모든 기계·기기·장치가 연구 대상이며, 이 기계공학과와 관련 학과를 설치하지 않은 공학계통 학부는 거의 없다. 기계공학이라는 학과명으로는 학생이 모집이 되지 않아(확실히 여학생 모집률은 저조), 기계시스템공학과 등으로 명칭을 바꾸는 대학도 여기 저기에 보인다. 단 어떠한 방법을 동원하여도 여학생 지원자는 적으며, 90%가 남학생이다. 가끔 문과 계통 학부와 교양강의 수업을 함께 들을 때에는 여학생들이 너무 많아 공학과의 남학생뿐 아니라 여학생들조차 놀라기도 한다. 반대로 여학생들의 입장에서 보면 남학교에 팽겨쳐진 기분.

● **기술 지식은 역시 강하다! 기업에서 인기 많은 졸업생들**

호황, 불황에 상관없이 어느 사이인가 기업들로부터 러브콜이 들어온다. 최근 매수자 시장(학생 측이 유리)에서는 기술직·연구직 채용을 대학원 석사에서 학부 졸업생으로 폭을 넓히는 기업도 나타났다. 본래는 자동차 업계 등의 기계 관련 업체에 강하였지만, 최근 20년 정도 사이에 인프라 분야에 주력해 온 전기 업체가 기계공학과의 학생을 대거 채용하였다. 식품 업체도 공장 기술자로서 필요하며 기술계통 상사도 종합직(영업 등을 포함)으로 채용하겠다는 등 인기 만점이다. 전기 업체 등이 "우리 회사에 입사하면 반환하지 않아도 되는 장학금이 있다"고 선전하는 대상 학과인 경우도 많다. 국공립대·난관문 사립대 학생은 응용을 배우기 위해 대학원 진학이 기본이다. 사립대의 중견 이하는 학부 졸업으로 취업, 그것도 소매업 등이 증가한다.

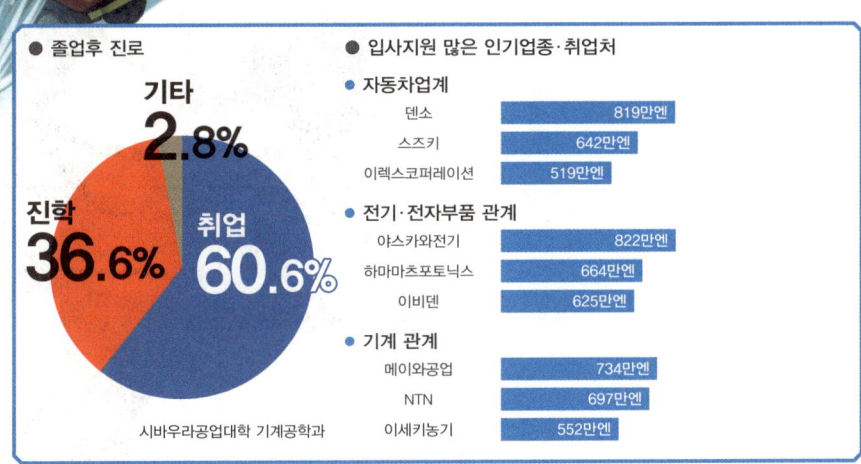

● 졸업후 진로
기타 2.8%
진학 36.6%
취업 60.6%

시바우라공업대학 기계공학과

● 입사지원 많은 인기업종·취업처
● 자동차업계
덴소 819만엔
스즈키 642만엔
이렉스코퍼레이션 519만엔
● 전기·전자부품 관계
야스카와전기 822만엔
하마마츠포토닉스 664만엔
이비덴 625만엔
● 기계 관계
메이와공업 734만엔
NTN 697만엔
이세키농기 552만엔

● **여성 기술자를 요구하는 기업이 다수! 여학생들도 반드시 진로 검토를**

여성 비율이 낮아서 기계공학과를 비롯한 공학부 계통의 진학을 망설이는 여학생이 많이 있다. 주저하는 기분은 모르지는 않지만, 그 이후의 취업 및 사회인의 생활을 생각한다면 추천하는 학과이다. 여성의 감성을 지닌 기술자를 어느 기업에서든 필요로 하고 있기 때문이다. 기계공학 출신의 여성은 학부와 대학원에서 남학생 및 교수와 함께 한만큼 커뮤니케이션 능력도 높다. 거기에 정부가 내세운 여성 종합직(기술직을 포함) 및 관리직의 수치 목표도 등에 업고 있다. 이공계 대학도 그 정도는 아는지, 오픈 캠퍼스에서 여학생 대상의 프로그램을 개최하는 변화를 꾀하고 있다. 모노즈쿠리에 관심이 있다면 주눅들지 말고 진학 후보로 생각하길 바란다.

공학계통

이제부터는 '기계'가 아닌 '전자'의 시대다!

전기전자공학과

Electronics

■ 유사학과
전기전자정보공학과, 정보통신공학과, 전자공학과 등등

- **학비** (초년도 납부금)
  - 국립 : **81만7,800엔**
  - 사립 : 최저 **144만5,000엔** (메이조대학)
  - 최고 **175만엔** (호세이대학)

- 재학년수 : **4년**

- **남녀비율**　　　　　　　　　여자 **4.5%**
  　　　　　　　남자 **95.5%**
  　　　　　　　　리츠메이칸대학 전기전자공학과

- **인기자격증&검정시험**
  중학교교사 1종면허 (수학, 이과, 기술)
  고등학교교사 1종면허
  (수학, 이과, 공업, 정보)
  제1급 육상특수무선기사
  전기통신주임기술자

● **기술혁신이 일취월장인 전자, 전기공학의 기초를 배운다**

　기계공학과와 나란히 하는 공학부의 주류이다. "원톱은 아니고 기계공학과와 함께 투톱이다"라는 지론이다. 전기공학은 에너지(전력)를, 전자공학은 정보통신·전기제어를 다룬다. 단 전기공학·전자공학 모두 기반은 동일하기 때문에 둘 다 다루는 대학이 대부분이다. 통신공학(하드웨어, 네트워크기술) 및 정보공학(소프트웨어, 인공지능 등)은 형제뻘 정도이지만, 이들의 전공이 전기전자공학과에 포함된 대학도 있고, 독립한 학과인 대학도 있다. 수험시에 반드시 확인하길 바란다. 기계공학과 마찬가지로 여학생 비율은 낮으며, 실질적으로는 남학교와도 같다는 목소리도 있다.

● **기계공학과 같이 기업에서의 러브콜이 많다**

국립대·난관문사립대의 경우 학생은 대부분 기본적으로 대학원에 진학한다. 학부 졸업 후의 취업생은 소수이다. 졸업생들은 본래 전력회사 및 전기업체로의 취업이 대부분이었지만, 자동차 업계도 전기전자공학과의 졸업생을 많이 채용하게 되었다. 그 이유는, 전자키, 파워 윈도우, 자동차 네비게이션 등의 장비로 인해 전기전자공학의 기술이 필요하게 되었기 때문이다. 때문에 기계공학과 전자공학과의 취업활동 생활을 둘러싸고 자동차와 전기 채용 담당자가 서로 자기네 세력권을 침범하지 말라며 비난 할 정도로 구인 수가 증가하였다. 기술계 상사 등 이공 계통 인재를 희망하는 기업도 그 대부분이 기계공학이나 전기전자공학을 선호한다는 조건을 내건다. 졸업생에게 유리한 매수자 시장을 반영한 탓인지 학부 졸업생이라도 기술직 채용을 하는 기업이 증가 중이다. 취업에서 손해를 보는 일은 우선 없을 것이다.

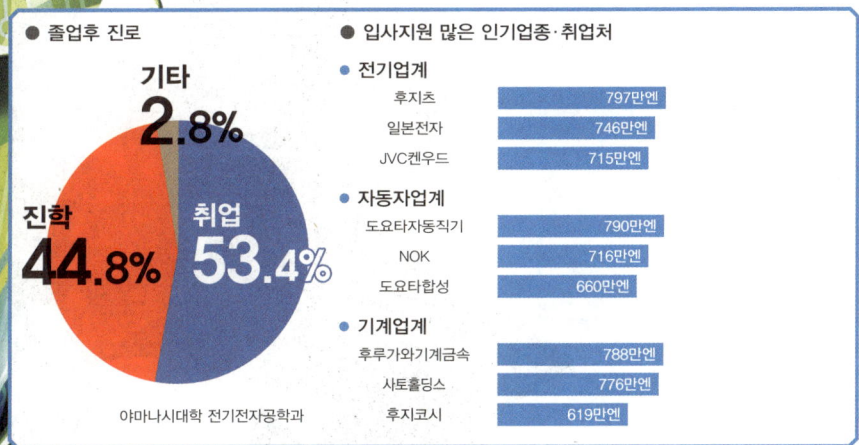

● **학비가 부담된다면 '기전계' 대상의 장학금 검토도**

전기전자공학과를 비롯하여 이공계 학부의 경우에는 대학원 진학이 기본인 경우도 많아 학생들에게는 학비 부담(장학금 이용)이 고민거리이다. 거기서 전기전자공학·기계공학 학생 및 대학원생을 대상으로 전기 업체를 중심으로 한 기업이 '급부형 장학금'을 마련해 놓고 있다. 합격하면 장학금이 지급되어 해당 기업 입사 후부터 규정년수를 채우게 되면 상환할 필요가 없다는 배짱이 두둑한 제도이다. 국립대·난관문사립대의 학생이 중심 대상이다. 대규모 공모가 있는 곳으로는 도요타 그룹의 이공계 전공 여대생 응원장학금이다. 이과 계통 학부·학과로 진학한 여학생을 지원하여 여자 엔지니어 육성을 한다는 목적이다. 기계공학과 전기전자공학은 아울러 '기전계'라고 하지만, 아무튼 취업활동에서는 인기 만점이다.

도로・다리・댐・항구…무엇이든 만든다

「토목공학과」

Civil Engineering

■ 유사학과
사회환경공학과, 환경토목공학과, 해양토목공학과, 도시시스템공학과 등

- **학비**(초년도 납부금)
  - 국립 : 81만7,800엔
  - 사립 : 최저 154만엔 (니혼대학 공학부)
  -       최고 173만엔 (니혼대학 이공학부)

- **재학년수** : 4년

- **남녀비율**
  - 남자 88.5% / 여자 11.5%
  - 시바우라공업대학 토목공학과

- **인기자격증&검정시험**
  - 토목시공관리기사(1급・2급)
  - 측량사보
  - 중학교교사 1종면허 (수학)
  - 고등학교교사 1종면허 (수학, 공업)

● 시설 건설, 인프라 정비, 국토개발, 무엇이든 가능하다

사회에서 필요로 하는 학문임에도 불구하고 설치 대학은 불과 7개교 밖에 없는 학과이다. '토목공학'으로는 수험생 모집이 되지 않는다고 판단한 대학 측이 학과명에 '환경' '사회' '도시' 등의 키워드를 여러 가지 덧붙였다. 그 후로 도쿄대학・사가대학은 '도시공학과', 교토대학은 '지구공학과', 고베대학은 '시민공학과' 등의 학과명으로 변경되어 멋있기는 하나 통일된 느낌이 없다. 어떠한 이유에서인지 니혼대학은 토목공학을 선호하여 '공학부・산업공학부・이공학부' 3개 학부에 모두 설치하였다. 국토개발, 항만・하천 정비 및 도로, 다리, 댐 건설 등 취급범위는 넓다. 특히 동일본 대지진 이후는 방재・감재가 주목받게 되었다. 국제 프로젝트도 다루는 등, 실은 숨겨진 국제파의 면도 있다.

● 노후화된 인프라 재정비 등 향후의 수요도 크다

국립대학이라면 대학원 진학자가 중심이다. 사립대라면 공무원, 토목·건설업체가 투톱이며, 대학원 진학, 컨설턴트, 운수·운송관련 기업 등이 뒤를 잇는다. 컨설턴트는 경영 컨설턴트 업무가 아닌 인프라 관련 컨설턴트이다. 토목·건설업체뿐 아니라, 운수·운반관련 기업이라도 토목직·기술직, 즉 인프라 정비의 전문지식이 요구되기 때문이다. 기업들의 채용 의지가 전혀 없지 않는 한, 도쿄 올림픽(2020년) 관련의 건설이 진행되는 현재로서는 학생에게 유리한 매수자 시장이다. 지금의 수험생이 졸업할 즈음에는 올림픽의 특수 수요는 끝났겠지만, 그 후에도 노후화된 사회 인프라 기반의 재구축 등이 급선무이다. 토목공학과의 채용 상황은 향후에도 매수자 시장으로 이어질 전망이다. 기전계만큼은 아니더라도 취직에는 유리하다.

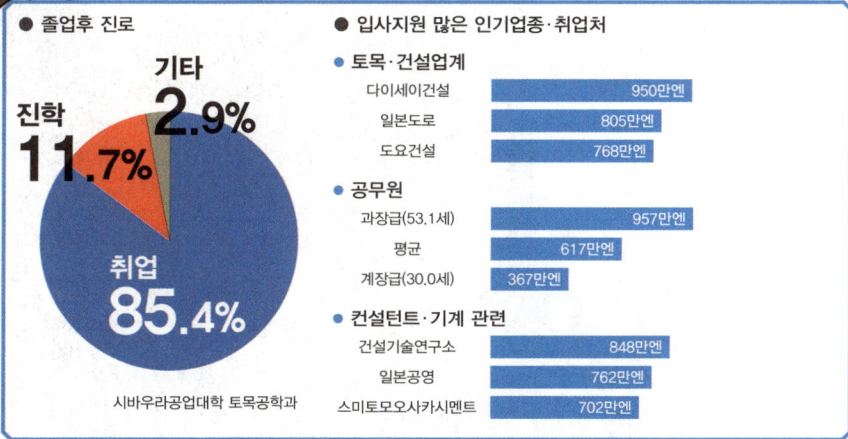

시바우라공업대학 토목공학과

● 민간 기업뿐만 아니라, 지방 자치 단체에도 필요한 인재

토목공학과 학생에 대해 민간 기업의 채용 의지는 강하지만, 그 이상으로 강한 것이 지방 자치 단체이다. 지방공무원의 기술직 채용 구분은 토목, 건축, 전기, 기계 등이다. 이 중 압도적으로 많은 것이 토목으로 2016년도 도쿄도 채용에서는 토목 195명(I류 A·B방식·신규방식의 합산, 이하동문)이며, 건축 18명, 전기 57명, 기계 60명이다. 지자체에 따라서는 건축·전기·기계의 구분 모집은 하지 않지만, 계속적으로 토목 채용만은 하기도 한다. 배율도 높아서 3~4배 정도이다. 대부분의 지자체는 2배가 안 되는 모양(도쿄도의 경우 I류 A가 1.7배, I류 B가 1.6배, I류 B신규방식이 2.1배)이다. 토목이라는 이름 때문인지 대우가 높은 것에 비해 인기가 없다.

안전·안심·튼튼함을 고집한다. 물론 웃는 얼굴로

「건축학과」

Architectural

■ 유사학과
건축디자인학과, 도시공학과, 건축도시디자인학과, 건축·환경디자인학과 등

- **학비**(초년도 납부금)
  - 국립 : 81만7,800엔
  - 사립 : 최저 136만엔 (소조대학)
  - 최고 182만9,000엔
  - (교토세이카대학)

- **재학년수** : 4년

- **남녀비율**
  - 남자 75.0%   여자 25.0%
  - 시바우라공업대학 건축학과

- **인기자격증&검정시험**
  - 1급건축사·2급건축사
  - 인테리어플래너
  - 중학교교사 1종면허 (수학)
  - 고등학교교사 1종면허 (수학, 공업)

● 아름다움과 튼튼함의 양면에서 건축을 생각한다

건축의 아름다움과 튼튼함의 양립을 생각하는 학과이다. 유럽에서는 미술계통 대학에 설치된 곳도 있지만, 일본은 대부분이 공학부 계통 내에 설치하였다. 그 이유는 유럽과 미국서는 양식미를 추구하지만, 일본에서는 지진대책부터 구조건설까지 생각해야 하는 사정이 반영되었기 때문이다. 한때 방송되었던 모 방송국의 집 만들기 방송에서 "기둥을 너무 많이 제거했어, 지진대책 대비가 안 되었잖아"라며 비판의견이 이상하게 많았다. 대학에 따라 토목공학과 같이 있는 학과나 미술계통 학부 안에 설치되어 있는 곳도 있다. 공학계통의 학과치고는 여학생 비율이 30~40% 정도로 높다. 미술계통 학부 안에 있는 경우라면 40~60% 정도이다. 다른 공학계통 학과 남학생들은 부러운걸까, 질투가 나는걸까.

● 대학원 진학과 건설관련 기업으로의 취업이 진로의 투톱

대학원 진학과 건설관련 기업으로의 취업이 진로의 투톱이며, 졸업생의 70~80%를 차지한다. 건설관련 기업 취업의 경우, 대형 종합건설 회사 및 주택업체가 중심이 된다. 대학원으로 진학하는 학생의 진로를 살펴보면, 공학계통 대학원으로 진학하는 학생도 있지만, 그 중에는 '미를 추구한다'라는 이유로 미술 계통 대학원에서 건축을 배우는 학생도 있다. 그 이외의 진로는 전력·가스 등의 인프라 기업, 공무원(기술직 건축 구분에서 채용), 전기설비 등의 업종에 취업하는 경우가 많다. 예상 외로 노리는 곳은 전기설비이다. 공공시설의 재건축 등도 포함하여 채용 의욕이 많은 것에 비해서 학생들은 알지 못 한 채로 취업활동을 끝내기도 한다. 전설설비 관련 기업으로, 미군시설 공사에서 업계 수위인 록코전기(본사·도쿄)는 채용한 학생들에게 대여장학금 변제를 대신 떠맡아 주는 제도를 도입했다.

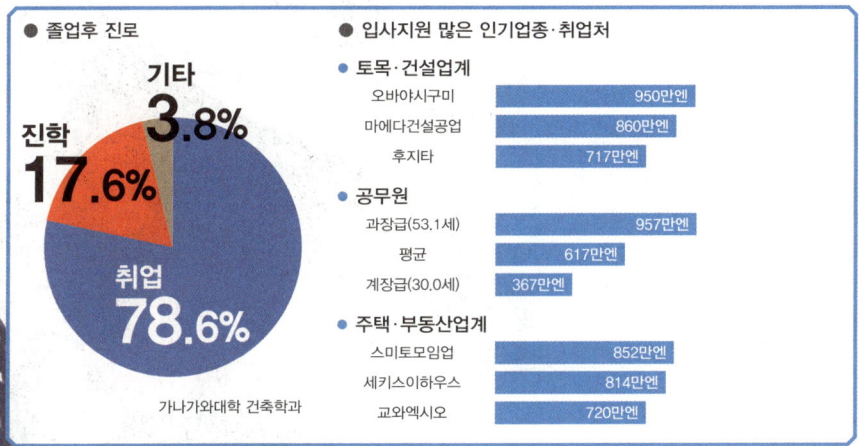

● 제도와 모형 작성, 너무나 힘든 과제뿐

건축학과라고 하면 제도 및 모형 작성 과제 제출을 떠올리는 사람이 많지 않을까? 사실 맞는 말이다. 게다가 과제 양이 넘쳐날 정도로 많아 '리얼 거주'(제도실에서 숙식) 하는 등의 은어가 학내에 난무한다. 제도실·세미나 연구실에는 숙식하는 학생용인 것인지, 밥솥·냉장고가 비치되어 있다. 공학부 학과로서는 시설·설비 비용이 드는 것 외에 일상에서도 모형 제작을 위한 재료비가 엄청난 부담이다. 미술계통 학생들과 함께 '세카이도'와 같은 문방구 전문점의 베이비 유저가 되기 십상이다. 선배 학생과 여학생의 대화에서 "아직 모형 제작이 안 끝나서"라는 말을 의역하면 "도와줄 거지? 설마 안 도와주지는 않겠지?"라는 의미가 된다. 지극히 권력적인 괴롭힘에 가깝다는 생각도 들지만, 후배들은 분위기 파악을 해야한다. 화이팅.

화학의 힘으로 세계를 변화시킨다!

응용화학과

Applied Chemistry

■ 유사학과
화학시스템공학과, 화학·바이오공학과,
화학생명공학과, 환경응용화학과 등

● 학비 (초년도 납부금)	
국립 : 81만7,800엔	
사립 : 최저 144만5,000엔 (메이조대학)	
최고 181만3,350엔 (게이오기쥬쿠대학)	
● 재학년수 : 4년	
● 남녀비율	
남자 69.3%	여자 30.7%
주오대학 응용화학과	
● 인기자격증&검정시험	
중학교교사 1종면허 (이과)	
고등학교교사 1종면허 (이과, 공업)	
위험물취급자 (갑종)	
화약류제조보안책임자	

● **최첨단 화학 테크놀로지를 배워 공업으로 연결시킨다**

화학을 더욱 발전시켜 공업에 활용하기 위한 지식을 배우는 학과이다. 이학부 화학과는 기초 연구가 중심이지만, 응용화학과는 유기화학, 무기화학, 고분자화학, 분석화학, 물리화학, 화학공학의 6개 분야를 중심으로 발전시켜 간다. 유기화학과 무기화학을 융합시킨 연구로 액상재료 및 유기EL소자 개발이라는 첨단기술을 추진하는 대학도 있다. 화학의 좋은 이미지 덕분인지, 공학계통 중에서는 여학생 비율이 30% 전후로 높다. 실험이 많아 거칠어진 손을 방지하기 위해 남녀 불문하고 핸드크림은 필수품이다. 나트륨 등을 섞어 스포츠 음료를 만드는 학생이 30% 정도 안팎이다. 착한 학생은 절대로 따라 하지 않기를 바란다. 이학부 화학과와 마찬가지로 수학을 싫어하는 학생들이 있기는 하지만, 물리화학 등에서 많이 쓰이게 된다.

● 대학원 진학률이 매우 높으며, 그중에는 80% 이상인 대학도

국공립대·난관문사립대에서는 대학원 진학이 50~80% 정도로 압도적이다. 취업은 화학관련 업체가 많지만, 제약, 전기, 자동차, 에너지, 인쇄 등 대부분의 업계에서 응용화학을 필요로 하기 때문에 다양한 업종에서 채용의 기회가 있다. 전기·자동차 등의 업계로부터 러브콜이 있는 이유는 금속가공에서 응용화학 지식이 요구되기 때문이다. 또한 화학산업에만 한정한다고 하더라도 화학은 제조업 산업별의 제품 출하액에서 2위(2014년 공업통계조사)의 시장을 보유하고 있어, 기계공학·전기전자공학만큼은 아니더라도 취업하는데 어려움은 일단 없다. 기술직·연구직 지원의 학생을 대상으로 화학업체가 한자리에 모인 '화학계통 학생을 위한 기업합동설명회'(공익사단법인 일본화학회 도쿄지부주최)가 개최되므로, 지원자는 반드시 확인하기를 바란다.

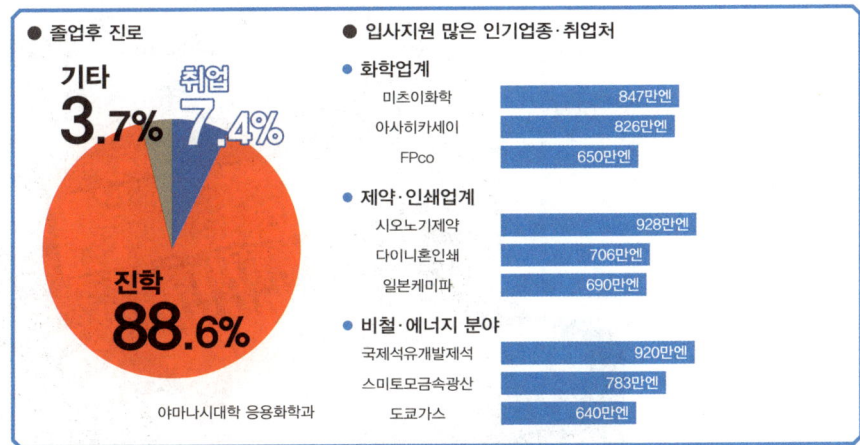

● 학과명·연구내용은 다양하므로 수험생은 요주의

응용화학 분야에서는 응용화학과를 독립적으로 설치한 대학이 많다(도쿄대학, 게이오기주쿠대학 등 29개교). 그 한편으로, 응용화학과 이외의 명칭이 되면 사분오열하여 학교 관계자 이외의 입장에서 보면 어느 대학에 어느 전공이 있는지 알기 어렵다는 이유로 평판이 나쁘다. 예를 들면, 도쿄농공업대학의 응용분자과학과·화학시스템공학과 정도는 아직 알기 쉽지만, 오카야마대학(공학부 화학생명계통, 환경이공학부 환경물질공학과), 고난대학(이공학부기능분자학과, 프런티어 사이언스학부 생명화학과) 등의 경우는 학부를 횡단화여 비슷한 학과가 존재하기 때문에 알기 어렵다. 도쿄이과대학은 공학부, 이공학부에 공업화학과를 설치하고, 2017년에 이공학부는 첨단화학과로 개칭되었다. 구체적으로 연구 내용이 어떻게 다른지, 무엇이 주된 분야인지 수험생 본인이 확실히 체크해 두기를 바란다.

섬유가 세계를 잇는다, 세계를 구한다

「선진섬유 · 감성공학과」

Fiber

■ 유사학과
생명물질과학역, 설계공학역, 물질·생명화학과, 기능고분자공학과 등

● 학비(초년도 납부금)
국립 : 81만7,800엔
사립 : -

● 재학년수 : 4년

● 남녀비율
남자 72.1%　여자 27.9%
　　　　신슈대학 섬유학부 전체의 수치

● 인기자격증&검정시험
중학교교사 1종면허 (이과)
고등학교교사 1종면허 (이과, 공업)
TOEIC
공업영어검정

● **섬유의 가능성은 이제부터 점점 확대된다**

　섬유를 축으로 한 과학, 공학 지식을 배우는 학과이다. 섬유공학은 이전에 야마가타대학, 도쿄농공대학, 야마나시대학, 후지이대학 등에도 설치되었지만, 차례 차례로 소멸되었다. 신슈대학과 교토공예섬유대학이 섬유학부를 유지하고 있었지만, 교토공예섬유대학은 2006년 공예학부와 통합하여 공예학부로 변경되었다. 학과명에 '섬유'가 들어가는 학부·학과는 신슈대학 만이 남게 되었다. 제2차세계대전 전의 우에다 산시전문학교가 대학의 전신이기 때문에 캠퍼스는 공학부가 있는 노무라시가 아닌 우에다시에 있다. 부지는 도쿄돔 2.7배의 넓이를 자랑한다. 섬유소재부터 제품 평가까지 폭넓게 배운다. 섬유는 어패럴뿐만 아니라 전지, 기계, 건축의 재료로도 이용되는 등 대 변동 중이며, 연구 범위도 상당히 넓어졌다.

● 어패럴, 섬유·화학 업계의 취업이 중심

신슈대학은 국립대학이기도 하지만, 대학원 진학은 예년 70% 전후를 차지한다. 학부졸업·대학원 수료자 모두 취업처는 도우레, 쿠라레, 닛신보홀딩스, 아디다스, 미즈노 등 섬유·어패럴 업체가 많다. 하지만 섬유를 소재로 이용하는 기계, 전기, 자동차, 운송 등의 각 업체로부터도 구인이 많다. 때문에 기술직·연구직에서 다양한 업계로 취업할 수 있다. 석사수료자의 취업인 경우에는 학부·학과명 보다 전공이 중요시된다. 애초에 채용 담당자는 신슈대학 섬유학부의 존재를 알고 있으며, 거기에서 무엇을 배우고 연구하는지까지도 파악하고 있다. 학생들이 생각하는 그 이상으로 취업에는 강하므로 자신의 강점을 확실히 파악해 두기를 바란다.

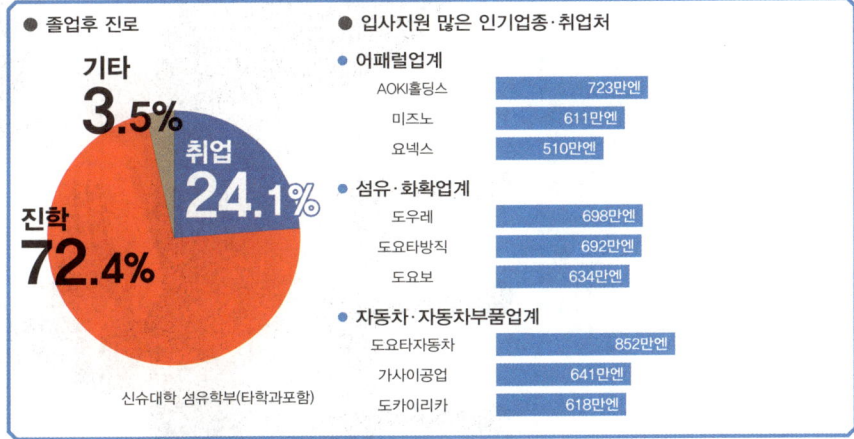

● 졸업후 진로
- 기타 3.5%
- 취업 24.1%
- 진학 72.4%

신슈대학 섬유학부(타학과포함)

● 입사지원 많은 인기업종·취업처
- ● 어패럴업계
  - AOKI홀딩스 723만엔
  - 미즈노 611만엔
  - 요넥스 510만엔
- ● 섬유·화학업계
  - 도우레 698만엔
  - 도요타방직 692만엔
  - 도요보 634만엔
- ● 자동차·자동차부품업계
  - 도요타자동차 852만엔
  - 가사이공업 641만엔
  - 도카이리카 618만엔

● 섬유공학 분야도 나날이 진화중

이 학과를 이해하는 좋은 예로, 닛신보홀딩스와 그 CM이다. 닛신보의 전신은 그 명칭 그대로 방적회사였다. 제2차세계대전 후에는 비섬유 사업에도 차례로 뛰어들어 현재는 섬유 이외에 일렉트로닉, 브레이크, 정밀기기 등의 사업이 핵심인 복합 대기업으로 성장하였다. 닛신보는 '환경 컴퍼니'를 목표로 내걸었지만, 당연히 평범한 지명도가 높아질리가 없었다. 그리하여 2016년부터 가수·패션모델의 캬리 파뮤파뮤를 CM캐릭터로 기용하였다. " ♪ 닛신보, 이름은 알지만, 닛신보~, 뭐 하는지는 몰라요~"라는 자학 CM으로 일약 유명세를 떨쳤다. 섬유공학의 연구도 진화 중이며, 시대에 뒤떨어지지는 않는다.

7대양이 일터

항해공학과

Marine Engineering

■ 유사학과
해양전자기계공학과, 마린엔지니어링학과, 지구종합공학과 등

● 학비(초년도 납부금)
국립 : 81만7,800엔
사립 : 최저 142만2,650엔
       (나가사키종합과학대학)
    최고 174만4,200엔 (도카이대학)
                ※ 관련학과포함

재학년수 : 4년

● 남녀비율
남자 99.7%　여자 0.3%
도쿄해양대학 해양전자기계공학과

● 인기자격증&검정시험
3급 해기사
제1급 해상특수무선기사
선박위생관리사
고등학교교사 1종면허 (상선, 공업)

● 압도적으로 높은 남학생 비율

　배를 만들 것인지, 대해로 나아갈 것인지, 또는 두 가지 모두를 지향하는 학과이다. 이전에는 선박공학과 명칭이 주류였지만, 최근에 이르기까지 선박업계의 침하, 선박공학과 자체의 인기가 없어져 차례 차례 개칭하게 되었다. 표제의 항해공학과는 도카이대학 해양학부에만 설치되어 있다. 선박공학계통 학과의 사립대학으로는 그 밖에 나가사키종합과학대학 공학과 선박공학코스가 이에 해당된다. 국공립대학에서도 도쿄해양대학(해양전자기계공학과), 오사카대학(지구종합공학과), 오사카부립대학(기계계통학류 해양시스템공학과정) 등 대학 마다 학과 명칭이 다양하다. 학생은 선박공학을 배워 조선 엔지니어의 길로 나아갈지, 대형선박의 항해사를 지향할지, 아무튼 도카이대학에는 2코스 모두가 설치되어 있다. 어느 선박공학계통 학과에도 여학생은 극히 드물며, 여학생이 0명인 곳도 드물지 않다.

● 승선을 꿈꾼다면 승선실습과로 진학하라!

졸업생의 진로는 사립대학 2개교에서는 대부분이 취업이며, 해운·선박업체의 해양 관련 분야로의 취업이 역시 많다. 한편으로 국립대에서는 진학자의 비율이 높지만, 여기서 타 학과와 크게 다른 점으로는, 대학원 진학뿐만 아니라, 승선실습과라는 길이 열려 있다는 점이다. 승선실습과를 수료하면 3급 해기사(항해 또는 기관)의 학과시험 중 필기시험이 면제되며 해운기업의 선원으로 채용된다. 예년 실적을 살펴보면, 대학원과 승선실습과에는 반반 정도의 비율로 진학을 한다고 한다. 또한 국립대학 선박공학계통 학과라면 기계공학과 전기전자공학의 지식을 쌓은 덕분에 자동차 및 기계 업체로부터의 구인도 있다.

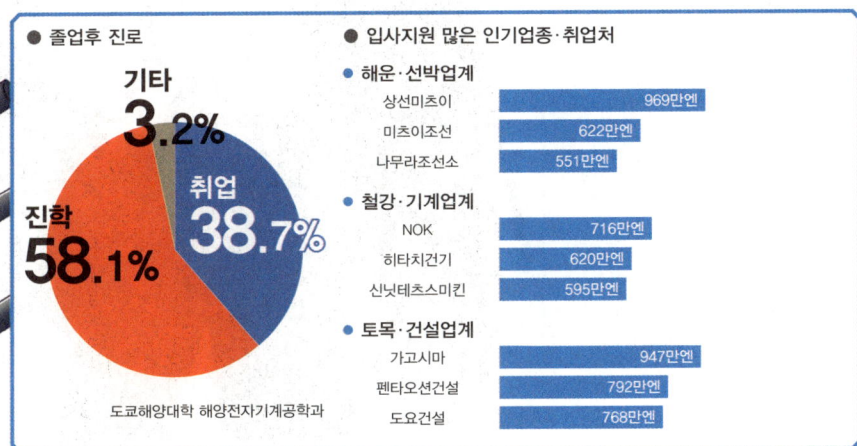

● 졸업후 진로
기타 3.2%
진학 58.1%
취업 38.7%
도쿄해양대학 해양전자기계공학과

● 입사지원 많은 인기업종·취업처
● 해운·선박업계
  상선미츠이 969만엔
  미츠이조선 622만엔
  나무라조선소 551만엔
● 철강·기계업계
  NOK 716만엔
  히타치건기 620만엔
  신닛테츠스미킨 595만엔
● 토목·건설업계
  가고시마 947만엔
  펜타오션건설 792만엔
  도요건설 768만엔

공학계통

● 바다를 지키는 해상보안대학교라는 선택도

도쿄해양대학은 2017년 여름의 TBS·MBS 계열 드라마 '정말로 항해합니다'(주연 : 이이토요 마리에, 다케다 레나)에 기술 협력을 하였다. 선박실습을 무대로 한 드라마의 영향으로 수험생 증가가 기대된다. 또한 문부과학성소관 외의 대학교이지만 선박관련 교육기관으로 해상보안대학교와 수산대학교로 2개교를 들 수 있다. 해상보안대학교는 해상보안청의 간부직원을 양성하기 위한 학교로 졸업 후에는 8개월간에 걸쳐 세계일주의 원양항해 실습을 한다. 해상보안대학교 학생은 채용(입학)과 동시에 국가공무원이 되며 재학 중에 급여가 지급된다는 것도 일반 대학과는 크게 다른 점이다. 수산대학교는 수산전문대학교(농림수산성소관)로 이 중의 해양기계공학과에서는 연습선을 이용한 실습으로 수산 지식을 지닌 해기사(항해)를 양성하고 있다.

대기권에서도, 대기권 밖에서도 날 수 있다!

항공우주공학과

Aerospace Engineering

■ 유사학과
기계학과·항공학과, 항공시스템학과, 우주항공시스템공학과, 물리공학과 등

● 학비(초년도 납부금)
　국립 : 81만7,800엔
　사립 : 최저　144만3,600엔
　　　　　　　　　　　　(니혼문리대학)
　　　　　최고　339만2,600엔
　　　　　　　　　　(데이쿄대학〈헬기조종사〉)

재학년수 : 4년

● 남녀비율
　　　　　　　　　　　　여자 10%
　　　남자 90%
　　　　　　　　　　데이쿄대학 항공우주공학과

● 인기자격증&검정시험
　항공특수무선기사
　이등항공정비사
　중학교교사 1종면허 (수학)
　고등학교교사 1종면허 (수학, 공업)

● 비행기 구조를 배우고 싶은가? 파일럿이 되고 싶은가?

　비행기·로켓 전문학과이다. 다만, 대학 및 전공에 따라서 배우는 내용은 크게 다르며 ①항공공학·우주공학 그 자체를 연구하는 대학(도쿄대학, 니혼대학이공학부 등) ②엔지니어에 필요한 항공공학 지식과 더불어 조종 기능도 양성하는 파일럿 코스(데이쿄대학 등) ③항공정비양성 코스(니혼문리대학 등)으로 나누어진다. 주된 곳은 ①로 이른바 항공공학에서는 항공기의 구조 등을 연구한다. 항공공학계통에 강한 대학으로 증명되는 것이 보잉사의 엑스턴십(Externship) 프로그램이다. 일본의 대학으로는 도쿄대학, 도호쿠대학, 나고야대학, 규슈대학으로 국립 4개교와 사립대학은 가나자와공업대학 1개교만 참가하는 프로그램이며 보잉사 사원이 상기 대학생에게 직접 강의 및 세미나를 실시하게 된다. 가나자와공업대학 항공시스템공학과는 교육뿐 아니라 연구도 높게 평가되는 명문대로 성장하였다. 일본 텔레비전 조류인간 콘테스트(인력 비행기)에서도 특수학교로 유명하다.

● 항공공학을 추구한다면 진학, 파일럿코스라면 취업

국립대, 와세다대학(기계과학·항공학과) 등에서는 대학원 진학이 다수이다. 니혼대학, 가나자와공업대학등도 대학원 진학이 30~40%를 차지한다. 항공·우주개발의 최신기술을 연구하기 위해서는 역시 대학원 진학이 필수이다. 그 이외의 대학에서는 진학은 적으며 학부 졸업 후에 취업이 중심이 된다. 파일럿·항공정비사 이외에는 역시 항공관련업계의 업체가 강하다. 졸업생들은 항공공학과 더불어 기계공학 및 전기전자공학을 포함하여 배우는 곳도 있어서 기업으로부터 인기 있는 학과이다. 여객기 파일럿 양성코스가 있는 대학에서는 항공회사로 취업하는 경우가 대부분이다. 졸업 후의 연봉은 상당히 높아 항공공학의 좌학과 조종기능 실천이라는 엄격한 수업과 비싼 학비를 견디어 낸 보람이 있다. 입사 후에도 훈련 및 비행 전의 음주 제한 등이 있다.

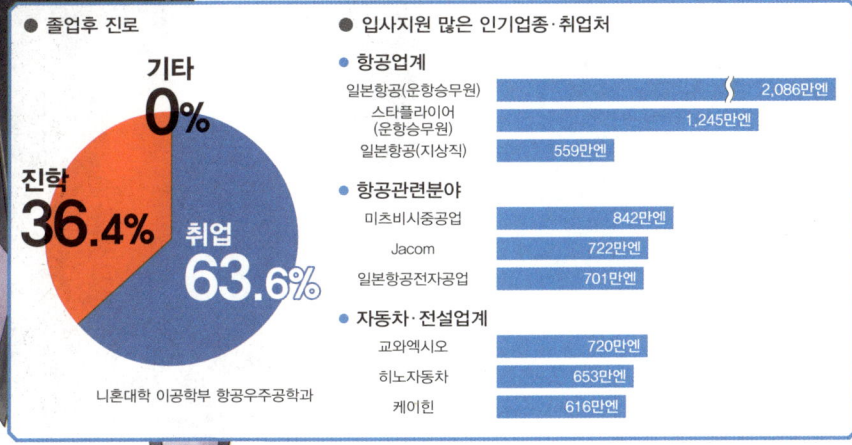

● 졸업후 진로
기타 0%
진학 36.4%
취업 63.6%
니혼대학 이공학부 항공우주공학과

● 입사지원 많은 인기업종·취업처
● 항공업계
일본항공(운항승무원) 2,086만엔
스타플라이어(운항승무원) 1,245만엔
일본항공(지상직) 559만엔

● 항공관련분야
미츠비시중공업 842만엔
Jacom 722만엔
일본항공전자공업 701만엔

● 자동차·전설업계
교와엑시오 720만엔
히노자동차 653만엔
케이힌 616만엔

● 파일럿을 꿈꾼다면 전문 코스가 있는 대학을 선택!

파일럿 양성코스는 데이쿄대학 외에 관련 학과까지 포함한다면 오비린대학, 다쿠쇼쿠대학, 도카이대학, 호세이대학, 가나가와공과대학, 소조대학 등에 설치되어 있다. 동일한 파일럿 양성이더라도 데이쿄대학에서는 헬기조종사를 양성한다. 도카이대학, 오비린대학에서는 사업용 조종사면허, 이른바 항공회사의 여객기 파일럿을 양성한다. 사업용 조종사면허 취득을 지향하는 대학에서는 미국유학을 거쳐야 하는 곳이 많아 4년간의 총 학비로 800~1,000만엔이 들어간다. 학비는 비싸지만, 여객기 파일럿 부족 현상으로 취업활동은 호조이다. 게다가 고연봉! 문제는 대부분의 대학 입학 시험에서 학력 이외에 신체검사증명을 요구한다. 여객기 파일럿의 제1종 항공신체검사에 적합한 조건을 만족시키지 못하면 합격으로부터 멀어지게 된다.

경영과제 해결에 이과계 두뇌는 불가결하다

「경영공학과」

Management Science

■ 유사학과
경영시스템공학과, 사회공학류, 관리공학과, 시스템디자인학과 등

- 학비(초년도 납부금)
  국립 : **81만7,800엔**
  사립 : 최저 **155만3,200엔** (가나가와대학)
       최고 **166만2,800엔** (도쿄이과대학))

- 재학년수 : **4년**

- 남녀비율
  남자 **89.4%** 여자 **10.6%**
  가나가와대학 경영공학과

- 인기자격증&검정시험
  중학교교사 1종면허 (수학)
  고등학교교사 1종면허 (수학, 공업)
  중소기업진단사
  TOEIC

● 경제 및 경영을 공학적인 수법으로 분석, 해결로 이끈다

경제·경영학과 공학이 융합한 학과. 본래는 기업 및 공장의 생산성을 향상시키기 위해 생겨난 학문으로 사람·물체·돈 이라는 경제 활동상의 요소를 공학적으로 분석하고, 해결로 이끌기 위한 길을 찾는다. 기업 및 공장의 생산 부문뿐만 아니라 현재는 회사경영 전반, 더 나아가 지자체를 비롯한 사회 전반까지도 연구 대상이 되어 사회공학도 가까운 분야가 된다. 빅데이터, 물류시스템 관리, 행동과학, 도시계획, 파이낸스의 최적화와 같은 테마에 대한 관심을 갖고 있다 보면 연구에 빠지게 되는 학생도 많다. '경영'이라고 칭하는 것 치고는 경영학과만큼 여학생 비율은 높지 않고, 타 공학계통 학과보다 높다고 해도 10~20% 정도이다. 경영공학 자체가 알려지지 않은 영향일까?

● 금융, IT업계로부터 인기 높은 졸업생들

국립대학에서는 대학원 진학이 다수이다. 사립대학의 졸업생은 진학과 IT 내지는 금융업계로의 취업이 중심이다. IT업계로의 취업 기업을 살펴보면, 졸업생들은 소위 상류 직종으로의 취업에 강한 듯하다. 주간지 등에서 블랙기업으로 거론되는 영세 IT기업으로의 취업은 적은 모양이다. 금융업계로의 취업 상황을 보면 문과계와 동일한 영업직의 채용이 아닌, 데이터 관리 및 시스템 구축 등의 요원으로 기대되는 양상을 보인다. IT, 금융 이외의 업종을 살펴보면 서비스 및 유통, 소매, 제조업 등 다양하다. 특히 빅데이터를 활용한 경영 전략이 필수인 서비스업, 소매업 등으로부터 구인이 조금씩 늘어나고 있는 모습이다.

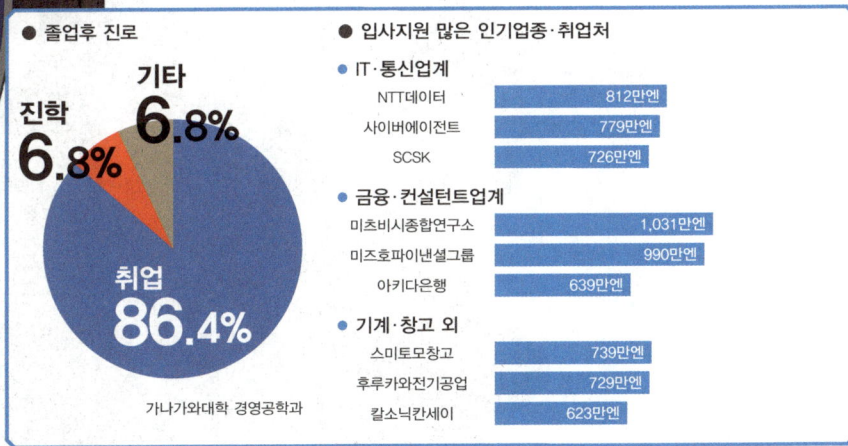

● 경영공학은 소위 일반적인 경영학과는 다르다

'경영'이라는 이름 때문에 경영공학과와 경영학과는 분명 사이가 좋을 거라고 생각하겠지만, 그렇지 않다. 경영공학과의 웹사이트 및 입시Q&A를 살펴보면 이른바 일반적인 경영학과의 비판(?)으로 보이는 코멘트가 달려있기도 한다. 그 요점을 정리하면, "경영학은 감(感)과 개인의 철학이 포함되어 있어 과학적이지 않다. 그런데 경영공학은 빅데이터 등을 사용하여 과학적으로 해결한다"라는 식이다. 문과계 경영학과 관계자가 본다면 분명 흥분할만한 내용이지만, 거센 항의로 이어졌다는 이야기는 거의 전무하다. 한편 경영학은 경영학이고, 경영공학에 대해 언급하는 대학은 거의 없다. 조금 더 사이좋게 지내기를 바라는 마음이 없는 것도 아니다.

디자이너와 엔지니어의 더블스킬

「디자인공학과」

Engineering and Design

■ 유사학과
시스템디자인공학과, 공업설계학과, 인간시스템공학과 등

- **학비**(초년도 납부금)
  - 국립 : 81만7,800엔
  - 사립 : 최저 163만1,800엔 (도쿄전기대학)
  - 최고 169만7,080엔
    (시바우라공업대학)

- 재학년수 : 4년

- **남녀비율**
  - 남자 70.7%   여자 29.3%
    시바우라공업대학 디자인공학부

- **인기자격증&검정시험**
  - 중학교교사 1종면허 (기술)
  - 고등학교교사 1종면허 (공업)
  - 기본정보기술자
  - 디지털기술검정

● 보다 나은 프로덕트를 위해 디자인도 배운다

　디자인·미술과 공학이 융합한 학과이다. 디자인의 본질을 배우는 미술계통 학과와는 달리, 예를 들면 공업제품 분야라면 디자인을 공업제품 라인에 올리기 위한 지식과 기술을 배우는 것이 디자인공학이다. 디자이너가 아닌, 디자인을 이해할 수 있는 엔지니어를 양성하는 학과라고 생각하면 좋다. 공업제품(프로덕트 계통)뿐 아니라 공간·환경(스페이스 계통), 일러스트 및 CG(비쥬얼 계통) 등의 코스도 마찬가지로 어디까지나 공학을 기본으로 하여 배운다. 편리함을 추구하는 인간공학 등을 포함하는 대학도 있다. 반대로 미술계통 학부에 있는 디자인 관련 학과는 미술·디자인의 본질이 주가 되며, 공업화·실용화를 지향하는 디자이너를 양성한다.

● 디자인을 이해하는 엔지니어, 그 수요는 높다

취업 기업으로는 자동차, 생활용품, 식품 등의 제조업 계통이 상위를 차지하고 있으며, 그것에 소프트웨어 등의 IT계가 뒤따르고 있다. 자동차와 식품에서는 업계가 전혀 다르지만, 어쨌든 졸업생은 '디자인을 이해하는 엔지니어'이며, 그 수요는 각 업계에서 높다는 평이다. 입사 후에는 디자이너 부문과 엔지니어 부문, 양쪽의 조정자로서 힘들겠지만,

그래도 어떤 직업이든 힘들지 않은 것은 없기 때문에 열심히 하도록 하자. 디자이너 감각을 보다 더 살린 직업을 찾아, 조명 등의 인테리어 관련 업계로 취직하는 학생도 볼 수 있다. 대학원 진학율도 그럭 저럭 높은 편으로, 동일한 디자인공학의 대학원이 많지만, 방향전환하여 미술계통의 대학으로 진학하는 학생도 있다.

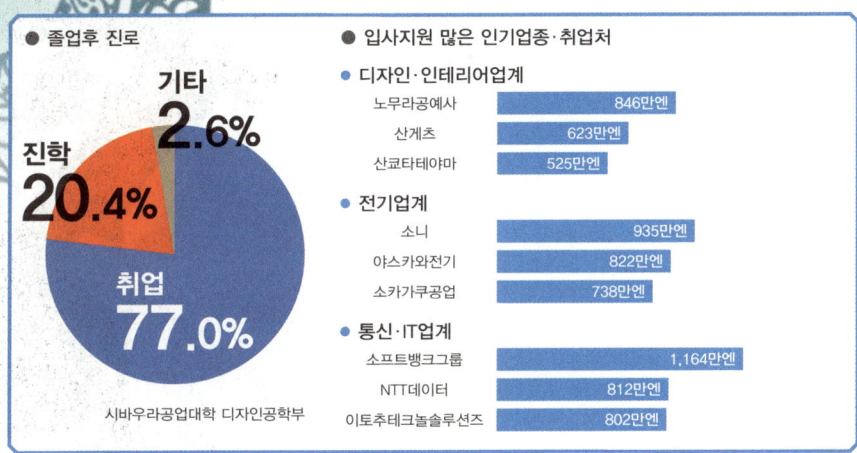

● 졸업후 진로
- 기타 2.6%
- 진학 20.4%
- 취업 77.0%

시바우라공업대학 디자인공학부

● 입사지원 많은 인기업종·취업처

디자인·인테리어업계
- 노무라공예사 846만엔
- 산게츠 623만엔
- 산쿄타테야마 525만엔

전기업계
- 소니 935만엔
- 야스카와전기 822만엔
- 소카가쿠공업 738만엔

통신·IT업계
- 소프트뱅크그룹 1,164만엔
- NTT데이터 812만엔
- 이토추테크놀루션즈 802만엔

● 디자인과 공학, 모두를 배우기 때문에 공부는 힘들다

1학년부터 공학과 함께 디자인 공부를 한다. 프로덕트 계통의 경우에는 PC에 의한 모델링, 공간계통의 경우에는 제도 등의 연습으로 점점 돌입한다. 그로 인해 공학계 학과 중에서는 건축학과의 학생에 뒤이어 문방구 전문점을 많이 다닌다. 미술계통 분야를 포함하는 만큼 여학생 비율은 건축학과와 마찬가지

로 높다. 사정을 모르는 타 학과의 남학생들은 부러워한다. 디자인공학과의 남학생들은 그렇다 해도 "처음에는 여학생이 많아 기뻤지만, 같은 학과 내의 여학생들이 과제 제작을 할 때면 당연한 듯 도와줘야 해서, 결국은 다른 학교나 학과의 여학생들과 사귀는 경우가 많다"라고 한다.

애니메이션과 SF의 세계를 현실적인 것으로

「정보공학과」

Computer Science

■ 유사학과
정보과학과, 전자정보공학과, 지능정보공학과, 기계정보공학과 등

● 학비(초년도 납부금)
국립 : 81만7,800엔
사립 : 최저 144만5,000엔 (메이죠대학)
　　　최고 181만3,350엔
　　　　　　　　(게이오기쥬쿠대학)

재학년수 : 4년

● 남녀비율
남자 83.0%　여자 17.0%
주오대학 정보공학과

● 인기자격증&검정시험
중학교교사 1종면허 (수학)
고등학교교사 1종면허 (수학, 정보, 공업)
IT패스포트
기본정보기술자

● **인공지능 및 뇌파제어 등의 최첨단 기술을 배운다**

　인공지능을 포함하는 정보기술을 공학적으로 이용하기 위한 학문분야이다. 생각보다 역사는 오래되었고, 국립대학에 정보관련 학과가 설립된 것은 1970년이다. 본래는 프로그래밍 언어 등의 소프트웨어 기술을 배우고 연구하는 것이 중심이었지만, 현재는 하드웨어, 인공지능 등 IT관련을 폭넓게 배우는 대학이 대부분이다. 뇌파제어기술 등도 정보공학과의 범주이며, 애니메이션 및 SF의 세계관을 현실적인 세계로 만들기 위한 학과라는 평가도 있다. 본래 전기전자공학, 통신공학과의 친화성이 높았지만, 현재는 자동차, 전지제품 등도 인터넷과 연동되는 IoT의 흐름이 가속화 되어 기계공학과도 사이 좋게 연계 내지는 동일 학과에 통합되는 움직임도 보여진다.

● IoT의 가속화에 의해 기계·자동차 업체로부터의 구인도 증가

IT업계로의 취업은 일반적인 프로그래머로서의 채용이라기 보다는 시스템 통합 업체(System Integrator)라고 불리는 소위 상류 직종의 채용이 중심인 듯하다. IoT의 흐름으로 기계·자동차 등의 업계로부터 구인도 늘어났다. 지방 국립대학이라면 학부졸업, 석사 수료자들도 수도권·간사이권의 대기업뿐아니라 지역의 IT기업(또는 대기업의 지방관련 기업)으로부터 러브콜도 많다. 어디든 학생에게 유리한 매수자 시장과 더불어 IoT의 흐름으로 졸업생에게 러브콜은 무수하게 많다. 앞으로 어떻게 되든 정보화 사회가 진행될 것은 틀림없기 때문에, 졸업생이 취업난을 겪는 일은 앞으로도 있기 어려울 듯하다.

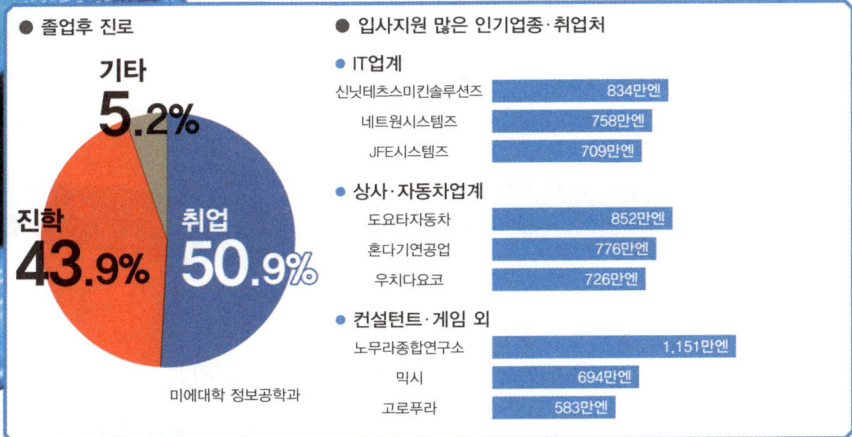

● 지방 공립대에도 유력학교, 실력학교가 다수!

정보공학 관련에서는 다음 페이지에서 소개하는 아이즈대학(컴퓨터 이공학부) 및 홋카이도의 공립하코다테미래대학(시스템정보과학부), 이와테현립대학(소프트웨어정보학부), 고치공과대학(정보학군) 등 지방 공립대의 건투가 눈에 띈다. 가나자와공업대학 정보공학과는 4학년이 제작한 Pepper부터 바리스타의 커피 내리기 데먼스트레이션을 오픈 캠퍼스에서 전시하고, 그 동영상은 웹사이트에 공개되어 있다. 4학년생의 연구라고 생각하지만 그렇지않다. 연구하는 사이에 짬을 내서 했다고 하니, 그 엄청난 호기심과 높은 기술력에 감탄한다.

공학계통 기타 학과

의용공학과

● 학비
국립 : −
사립 : 최저 **168만엔** (도쿄도시대학)
　　　 최고 **171만8,500엔** (긴키대학)

● 인기자격증&검정시험
임상공학기사
제1종·2종 ME기술자
중학교교사 1종면허 (수학, 이과)
고등학교교사 1종면허 (수학, 이과)

도쿄도시대학, 긴키대학 이공학부에 설치되어 있다. 관련 학과는 기타사토대학(의료공학과), 도카이대학(공학부 의용생체공학과) 등에도 있다. 의용공학은 의학과 공학에 걸쳐있는 분야이며, 의료기기 개발의 엔지니어 등을 양성한다.

원자력공학과

● 학비
국립 : −
사립 : 최저 **156만2,600엔**
　　　　　　　　　(후쿠이공업대학)
　　　 최고 **168만엔** (도쿄도시대학)

● 인기자격증&검정시험
제1종·제2종방사선취급주임자
기본정보기술자
중학교교사 1종면허 (이과)
고등학교교사 1종면허 (이과)

도카이대학 공학부에 설치되어 있다. 관련 학과는 후쿠이공업대학, 긴키대학 등에도 있다. 원자력발전소의 엔지니어를 양성하는 학과이지만, 요즘에는 탈원자력발전의 흐름으로 수험생 인기는 저하하였다. 폐로를 진행한다고 하더라도 십수 년이 걸린다고 하여 필요한 인재인데 말이다.

첨단공학기초학과

● 학비
국립 : −
사립 : **96만9,610엔** (도요타공업대학)

● 인기자격증&검정시험
기본정보기술자
공업영어능력검정
실용영어능력검정
TOEIC

도요타공업대학에만 설치되어 있다. 이 대학은 도요타자동차의 지원으로 개학한 학교이다. 1년간은 모든 학생이 기숙사제도(남학생만)로 사회인 학생과 공동생활을 보낸다. 장학금제도가 잘 마련되어 있으며, 학비는 국립대와 동등하게 이득이 많은 대학이다. 취업은 도요타계열이나 라이벌 회사도 포함하여 안정적이다.

전자광공학과

● 학비
국립 : −
사립 : **153만7,000엔** (지토세과학기술대학)

● 인기자격증&검정시험
제3종전기주임기술자
기본정보기술자
비즈니스회계검정
TOEIC

지토세과학기술대학에 설치되어 있다. 게이오키주쿠대학 이공학부 출신의 다수 교원을 모아서 1998년에 개학하였다. 빛의 성질 및 물질과의 상호작용 등을 연구하는 광공학을 배운다. 교육·연구 내용 수준은 높아 취업도 잘 되지만, 수험생 모집에는 어려움을 겪고 있다. 2017년 현재, 공립대학교로의 변경을 검토 중에 있다.

건축·환경디자인학과

● 학비
국립 : **81만7,800엔**
사립 : –
● 인기자격증&검정시험
1·2급 건축사
학예원
인테리어 플래너
1·2급 건축시공관리기술사검정

건축과 디자인을 모두 배우는 학과로 디자인을 토털 사이언스로 다루기 위한 지식, 교양을 익힌다. 나가오카조형대학에 설치되어 있다. 본래는 사립대였지만, 2014년에 공립대로 변경되었다. 해외 지향이 강한 교원이 재적하여 일정의 성과를 거두고 있다.

홈일렉트로닉스개발학과

● 학비
국립 : –
사립 : **156만8,000엔** (가나가와공과대학)
● 인기자격증&검정시험
제2종 전기공사사
가전제품 어드바이저·엔지니어
중하교교사 1종면허 (기술)
고등학교교사 1종면허 (공업)

가나가와공과대학에 설치되어 있는 학과로 가전을 중심으로 배운다. 전기업체 이외의 곳으로부터도 평가를 받아, 취업의 폭은 넓다. 이 대학에서는 오픈 캠퍼스의 무료 버스를 후쿠시마, 나가노, 시즈오카 등의 원거리까지 배차시켜 주므로, 해당 지역에서 관심이 있는 학생은 가 보는 것도 방법일 것이다.

구미코미소프트웨어공학과

● 학비
국립 : –
사립 : **166만3,200엔** (도카이대학)
● 인기자격증&검정시험
공업영어검정
닛케이TEST
기본정보기술자
TOEIC

도카이대학에 설치되어 있는 학과로 타 대학에서는 정보공학과에 가까운 존재이다. 구미코미소프트웨어는 스마트폰, 자동차, 가전제품 등 다양한 공업제품에 사용되는 소프트웨어이다. 취업은 상당히 잘 된다. 문제는 구미코미소프트웨어 자체가 알려지지 않아, 수험생 모집에 어려움이 따르는 것이다.

※ 구미코미: 組み込み(내장형)

컴퓨터이공학과

● 학비
국립 : **81만7,800엔**
사립 : –
● 인기자격증&검정시험
기본정보기술자
TOEIC
공업영어검정
닛케이TEST

1993년에 아이즈대학(공립)에서 설치한 학과이다. 영어교육을 중시(졸업논문은 영어)하여 외국인 교원이 절반 정도를 차지한다. 연구내용의 평가도 높아 'THE 세계대학랭킹 일본판'에서 23위에 올랐다. IT업계의 대기업이 아이즈대학을 표시할 정도로 취업에 만전을 기한다.

공학계통

column

공학계통 지원자는
학교 축제와 CEATEC를 반드시 체크!

공학계통 학과를 지원할 생각이라면 고등학생은 물론 중학생에게도 추천하는 것이 '공학계 대학교 축제'와 CEATEC JAPAN(씨텍재팬)입니다.

공학계의 대학교 축제는 문과계 대학교 축제와 달리, 어쨌든 연구실 전시에 힘을 쏟고 있습니다. 각 전시에는 연구실의 특징과 분위기를 엿볼 수 있어, 아무튼 재미있습니다.

▶ 대표적인 축제 일정

도쿄대학·오월 마츠리 (5~6월 경)
오사카대학·이쵸 마츠리 (4월)
오사카대학·마치카네 마츠리 (11월)
도쿄공업대학생명이공학부 (5월)
도쿄공업대학 (10월~11월)
전기통신대학 (11월)
와세다대학 이공전 (11월)
게이오기쥬쿠대학
이공학부·야가미 마츠리 (10월)
도쿄도시대학 TCU마츠리 (11월)
가나자와공업대학 (11월)

상기 일정을 반드시 체크해 보기 바랍니다. CEATEC JAPAN은 매년 10월경, 지바현·마쿠하리 멧세에서 개최되는 최첨단 IT·메커트로닉스의 견본 시입니다. IT 외에는 전자 디바이스 제품이 중심. 전자공학·메커트로닉스를 좋아하는 사람이라면 꼭 참가해야 할 이벤트입니다.

■ 기타 추천 견학 장소 & 이벤트
■ 도요타 박물관
■ 일본과학미래관
■ 도시바 미래과학관
■ 미츠비시 미나토미라이 기술관

제 8 장 농학계통

▼ 농학과
▼ 농업경제학과
▼ 수의학과
▼ 축산학과
▼ 수산학과
▼ 원예학과
▼ 삼림과학과
▼ 동물간호학과
▼ 농업환경공업과
▼ 해양자원과학과
▼ 생활생물학과
▼ 식품향장학과
▼ 와인과학특별코스
▼ 축산초지과학과
▼ 응용생명과학과정

밝은 농업이 밝은 미래를 만든다

농학과

Agriculture

■ 유사학과
생물생산학과, 응용생물과학과, 응용생명과학과, 농학생명과학과 등

- **학비**(초년도 납부금)
  - 국립 : 81만7,800엔
  - 사립 : 최저 152만3,400엔 (도쿄농업대학)
  - 　　　최고 177만5,500엔 (메이지대학)

- **재학년수** : 4년

- **남녀비율**
  - 남자 63.1%　　여자 36.9%
  - 메이지대학 농학과

- **인기자격증&검정시험**
  - 기술사보
  - 측량사보
  - 중학교교사 1종면허 (이과)
  - 고등학교교사 1종면허 (이과, 농업)

● **이론과 실습을 묶어서 농업에 필요한 기능을 모두 배운다**

농학에 전념하는 농학부의 본류이다. 농학과가 설치되어 있는 곳은 니이가타대학, 도쿄농업대학, 메이지대학으로 3개교뿐이다. 응용생물과학과(도쿄농공대학, 가가와대학 등 4개교), 생물환경과학과(아키타현립대학 등 3개교) 등, 농학분야의 학과명은 각 학교마다 조금씩 다르지만, 농학계통에 소속하는 학과라면 수업내용은 거의 동일하다. 학생들은 식물학 및 작물학, 나아가 곤충·해충학까지 농업관련을 폭넓게 배운다. 대부분의 강의와 농장실습을 같이 배울 수 있도록 묶어져 있으며, 실습 현장에서는 농가 출신 학생들과 도시 학생들과의 차이가 많이 난다. 곤충·해충학 실습에서 곤충채집을 하는 대학도 있으며 "곤충은 좋아하지만 전문으로 할 정도는 아니었어"라는 마일드한 팬들로부터 환영하는 의견도 있다.

● 진로에서 '기타'의 비율이 높은 이유는 가업을 이어받는 학생이 많기 때문

국립대학에서는 대학원 진학자가 많지만 사립대의 경우는 10~20% 정도이다. 졸업생의 대부분은 취업하며, 지방공무원, 식품관련 업계(식품, 기계, 종묘 등), 교원 등의 직종이 두드러진다. 지방공무원은 농업분야의 일반기술직 채용으로 농업진흥·기술보급·연구 등에 관련된 일을 한다. 식품업체는 농학과 졸업생 채용에 심혈을 기울여 농학부가 있는 대학에서 회사 설명회를 개최할 정도이다. 단 기술직·연구직이라기 보다는 종합직, 다시 말하면 영업직으로서의 채용이다. 이과 면허를 취득할 수도 있어 교원으로 방향전환 하는 학생도 있다. '기타' 카테고리의 비율은 높지만, 취업에 실패했다는 의미가 아니라 단순히 가업을 이어가는 학생들이 많기 때문이다.

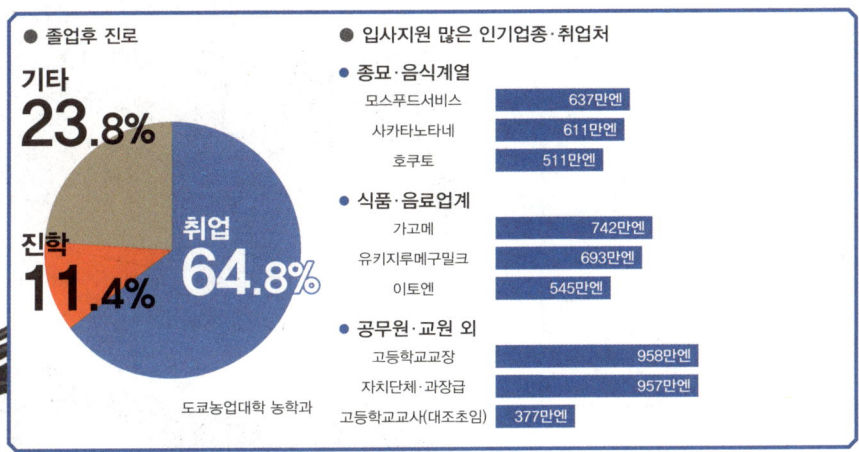

● 야채 즉석 판매가 있는 대학교 축제 및 오픈 캠퍼스가 대인기

최근에는 만화 및 라이트노벨의 소재로 많이 거론되는 농학부이다. 특히 『모야시몬』은 아직도 농학부생들 사이에서 인기가 높은 만화이다. 농학부 생활의 그림 사진에 대해서는 대부분의 농학부생들이 "우리도 그런 분위기야"라며 높은 평가를 한다. 한편으로는 귀여운 여자 캐릭터에 대해서는 다양한 의견이 있고, 농학부의 여학생들은 "농장실습은 먼지투성이고 누구한테 보여줄 것도 아니라서 화장도 안 하는 편이야. 입학 때에는 풀메이크업으로 잔뜩 의욕에 차 있던 학생도 5월~6월 정도가 되면 노메이크업으로 오는 학생들이 대부분"이라는 목소리를 내기도 한다. 농학부의 연구실은 대학원생뿐 아니라 학부생의 방도 넓으며, 연구실 단위로 밥을 먹는 대학이 다수이다. 대학 축제 및 오픈 캠퍼스의 야채 즉석 판매를 노린 이웃 주민들이 몰려들어 전쟁터가 된다. 원하는 야채를 손에 넣기 위해서는 길게 늘어선 행렬을 각오해야 한다.

돈이 모이는 농업을 생각한다

농업경제학과

Agricultural Economy

■ 유사학과
식료환경정책학과, 식료자원경제학과, 식료환경경제학과, 식품비즈니스학과 등

● 학비(초년도 납부금)
　국립 : 81만7,800엔
　사립 : 최저 134만4,000엔 (낙농학원대학)
　　　　최고 168만엔 (기비국제대학)
　　　　　　　　　　　　※ 관련학과포함

● 재학년수 : 4년

● 남녀비율
　남자 51.7%　여자 48.3%
　　　　우츠노미야대학 농업경제학과

● 인기자격증&검정시험
중학교교사 1종면허 (사회)
고등학교교사 1종면허
(지리·역사, 공민, 농업)
TOEIC
닛케이TEST

● **농업에 얽힌 경제활동의 모든 것을 연구한다**

농학과 경제학의 배합에서 탄생하였다. 농업을 경제적인 측면에서 연구하는 학문 분야이다. 자세히 말하면 돈이 벌리는 농업을 추구하는 학문이기도 하다. 농업경영, 농업시장, 농업정책 등을 연구 대상으로 하기 때문에 농업은 물론 경제학 및 경영학, 사회학이라는 문과 계통 과목에 대해서도 확실히 공부하게 된다. 다른 농학부 계통의 학과에 비해서는 좌학이 많지만, 당연히 농업 실습도 있으며 농촌·어촌을 조사하는 필드워크 실습을 하는 대학도 많아, 하는 일은 엄청나게 많다. 사립대학에는 도쿄농업대학 식료환경경제학과, 메이지대학 식료환경정책학과와 같은 유사학과도 있으며, 이러한 사립대학에서는 문과 계통 과목만으로 입학 시험을 보는 것도 가능하다.

● '농업'을 활용할지, '경제'를 활용할지에 따라 진로가 다르다

취업은 공무원, 금융업계, 식품업계가 상위에 있다. 국립대 출신의 경우는 공무원의 길을 걷는 졸업생이 많으며, 그 대부분은 지방공무원이다. 국가공무원 종합직·일반직으로의 취업도 있지만, 대부분은 농림수산성에 입성하는 듯하다. 사립대학 출신자는 금융과 식품관련 기업으로의 지원이 많다. 금융업계로의 취업자 수를 살펴보면, 농업과 관련이 있어서인지 JA의 채용이 많다. 그리고 다양한 지방은행의 취업이 메인이지만, 흥미로운 점으로는 일본정책금융공고 등 정부 계열의 금융기관으로 취업하는 사람도 일정 수 있다. 또한 농학부 일가의 일원인 덕분인지, 식품관련 기업으로의 취업도 잘 되는 편이다. IT 및 유통 등 타 업계의 경우 "무엇을 배우는 학과인지 들어주지를 않아서. 설명하려고 하면 할수록 어긋나 망쳐버렸어"라는 의견도 다수이다.

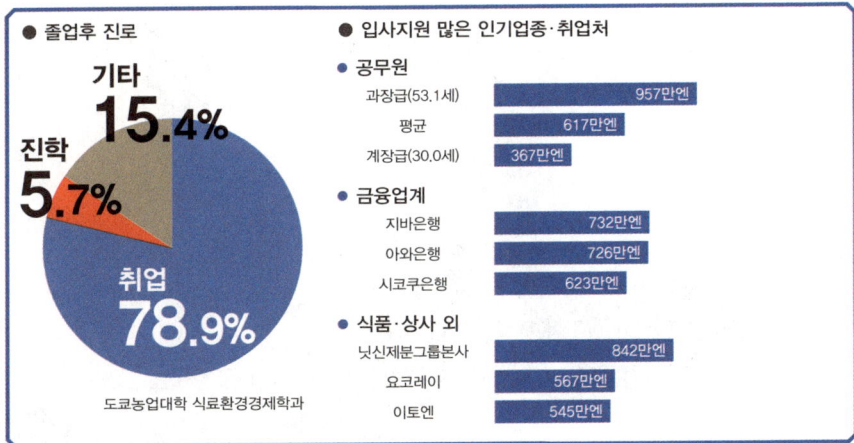

● 농업×경영학×경제학×사회학 = 공부로 꽉 차있다.

'경제'에 무게를 두고 입학한 학생들의 입장에서 보면 농림에 임하는 농촌 스테이 실습, 농림에서 조사하는 필드워크 등의 체험형 강의가 타 문과 계통 학과에 비해 많으므로 "농업경제를 선택하길 잘했어"라고 높이 평가하기도 한다. 한편으로는 '농업'을 중시하여 입학한 학생들은 "실험과 실습이 적어 기대 이하"라는 목소리도 나온다. 이전에 학점 취득이 느슨했던 시대에는 경제학부 보다도 수험 배율이 낮다는 이유로 입학한 학생도 있지만, 학점 취득이 엄격해진 요즘에는 전혀 해당되지 않는 이야기이다. 자신이 하고 싶은 공부가 무엇인지 신중히 생각하고 고민한 후에 입학하기 바란다.

동물들의 생명을 보호하고 싶다

수의학과

Veterinarian

■ 유사학과
공동수의학과, 공동수의학과정, 수의학류, 수의학과정

- ● 학비(초년도 납부금)
  국립 : 81만7,800엔
  사립 : 최저 233만4,000엔 (기타사토대학)
  　　　최고 263만1,000엔
  　　　　　　 (일본수의생명과학대학)

- ● 재학년수 : 4년

- ● 남녀비율
  남자 38.9%　여자 61.1%

  가고시마대학 수의학과

- ● 인기자격증&검정시험
  수의사
  가축인공수정사
  중학교교사 1종면허 (이과)
  고등학교교사 1종면허 (이과, 농업)

● **수의사가 되기 위한 전문지식을 6년에 걸쳐 익힌다**

"좋아하는 동물과 같이 있고 싶어" "동물들의 생명을 지키고, 보호하고 싶어"라고 생각하는 학생들이 많은 학과이다. 수의사 자격증을 따기 위해 공부와 실습을 지속적으로 하는 '6년제 동물전문학교'이다. 6학년 겨울은 '졸업논문 마감→졸업논문 발표→수의사 국가시험→발표'로 매우 바쁜 나날을 보내게 된다. 만일, 수의사면허 국가시험에 불합격하게 된다면 동물병원의 일부, 그리고 공무원직의 대부분은 내정

을 취소하는 사태가 일어나므로 주의를 요한다. 그러한 경우에는 연구생 등의 명목으로 대학에 잔류하는 지경에 이른다. 30년 전의 수의학부 만화『동물병원 선생님』(하쿠센사, 사사키 노리코)은 너무나도 잘 알려진 명작이다. 모델이 된 홋카이도대학뿐 아니라 어느 수의학과의 연구실에도 얼마든지 있다. 홋카이도대학은『동물병원 선생님』을 읽고 지원한 학생과 입학 후에 읽은 학생이 반반 정도.

● 졸업생의 대부분은 동물병원의 수의사로 취업

졸업 후의 진로는 임상수의사가 다수이며, 강아지나 고양이 등의 애완 동물을 대상으로 한 수의사로, 그중에는 졸업 후에 바로 동물병원을 개업하는 학생도 있다. 단 도시부에서는 동물병원의 난입상태가 장기적으로 지속되고 있어 경쟁이 격화되고 있다. 다음으로 많은 것이 공중위수의사(또한 공무원수의사)로, 각 지자체의 가축보건위생소 및 보건소, 식육검사소 등에 근무하는 공무원을 말한다. 지방자치단체의 수의직은 어디에서나 부족하고 수요는 많다. 단 뒤에서 서술하는 것처럼 조건이 좋다고는 말하기 어렵다. 그 밖에 제약회사 등 민간기업에 취업하는 학생도 있다. 동물실험 관리요원으로서의 채용도 있고, 미생물·혈액·화학물질 평가 등의 연구와 조사가 많아 동물과는 관계없는 기업·직종도 있다. 후자의 경우는 수의사 면허는 딱히 필요로 하지 않는다. 대학원 진학자는 소수이다.

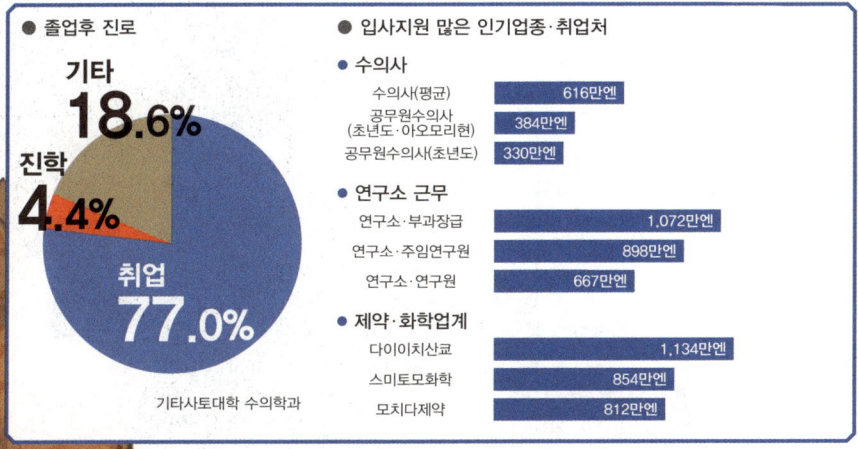

● 지방자치단체가 수의사 확보에 고군분투하고 있는 것은 사실

뉴스로 시끄러웠던 가케가쿠엔(대학) 문제에서의 초점은 공무원수의사 공급에 대한 것이었다. 방역·질병예방 등에서 이 직종이 필요하지만, 애당초 학생모집 자체가 적어 어느 지자체에서도 인원 확보에 고전하고 있다. 아오모리현에서는 현청에 입사 후 15년간, 월급 수당을 증액(총액 675만엔/그 외 4년차부터의 수학자금제도 있음)하는 등의 우대책을 내세웠다. 그렇다고는 하나, 동일한 6년제 의사, 그것도 공무원 의사에 비해 조건이 나쁘다는 것에는 변함이 없으며, 같은 보건소의 대졸 신입 사원끼리 비교해도 수의사의 급여는 의사의 반 정도인 곳도 있다. 아오모리현의 높은 대우를 뒤집어 생각해보면, 지금까지의 대우가 얼마나 안 좋았는가 하는 것이다. 또한 농림수산성·후생노동성에 근무하는 수의사도 의사에 비하면 정책입안 등에 깊이 관여할 수 없다. 미국·유럽에서는 농업관료 엘리트의 일각을 차지할 만큼 지위가 높지만, 일본에서는 어떻게 변화할지 불분명하다.

동물과 인간을 이어주는 가교가 된다

「축산학과」

Animal husbandry

■ 유사학과
축산과학과(과정), 동물과학과, 동물자원과학과, 생물산업과학과 등

- **학비**(초년도 납부금)
  국립 : 81만7,800엔
  사립 : 최저 134만4,000엔 (낙농학원대학)
  　　　최고 182만4,660엔 (아자부대학)
  　　　　　※ 관련학과포함

- **재학년수** : 4년

- **남녀비율**
  남자 41.9%　　여자 58.1%
  　　　　　　　　　도쿄농업대학

- **인기자격증&검정시험**
  실험동물1급기술자
  가축인공수정사
  사료제조관리자
  고등학교교사 1종면허 (이과, 축산)

● 축산업뿐 아니라 동물의 생물학 및 심리학 등도 배운다

　사람과 동물의 관계를 배운다. 본래는 축산산업의 발전을 목적(생산과학)으로 한 학문이었지만, 현재는 그 밖에 생명학(생물학에 가까움), 공생과학(동물심리학, 행동·생태학, 자원학 등)을 더한 3개의 분야에 주력하고 있다. 축산학과는 도쿄농업대학에 설치되어 있다. 거의 동일한 교육내용으로는 축산과학과의 홋카이도대학, 축산과학과정의 오비히로축산대학 등이 있다. 오비히로축산대학은 국립대학에서 유일한 축산전문대학으로 홋카이도 오비히로시의 도카치 평야에 입지하고 있다. 홋카이도의 대학이지만, 지역 출신의 학생은 전체의 30%정도로 전국으로부터 축산학을 배우고 싶어하는 젊은 사람들이 모인다. 축산계통 학과는 어느 대학에서도 수 많은 축산관련의 실습·실험 때문에 여학생들은 농학과 이상으로 화장기 없이 다닌다. 학교 밖에서는 제대로 화장을 하고 다녀서 남학생들과 학교 밖에서 마주치더라도 전혀 못 알아볼 정도로 눈치를 채지 못 하는 경우가 많다고 한다.

● 지식을 발휘할 수 있는 식육, 사료·비료 관련 분야로 취업이 많다

식품관련 기업으로의 취업이 많다. 그것도 역시 축산·식육업계가 많으며 학창시절에 배웠던 것을 살려 기술직으로 활약이 기대된다. 그 밖에도 축산학과만의 지식은 사료·비료 관련 업체 및 JA 등의 농업단체로부터도 요구되어, 취업처로서는 굳건하게 인기를 지키고 있다. 의외로 취업이 많은 곳으로는 제약회사 등 의료관련 기업이다. 이들은 동물실험과 화학평가, 품질관리 등에서의 능력 발휘가 요구된다. 공무원의 길을 가는 졸업생들도 일정 수 있으며, 국가공무원, 지방공무원들도 동물검역소 등에서 일하는 축산직이 주류이다. 졸업후 진로에서 '기타'가 많은 이유는 농학과와 마찬가지로 가업을 이어가는 학생이 나름대로 있기 때문이다.

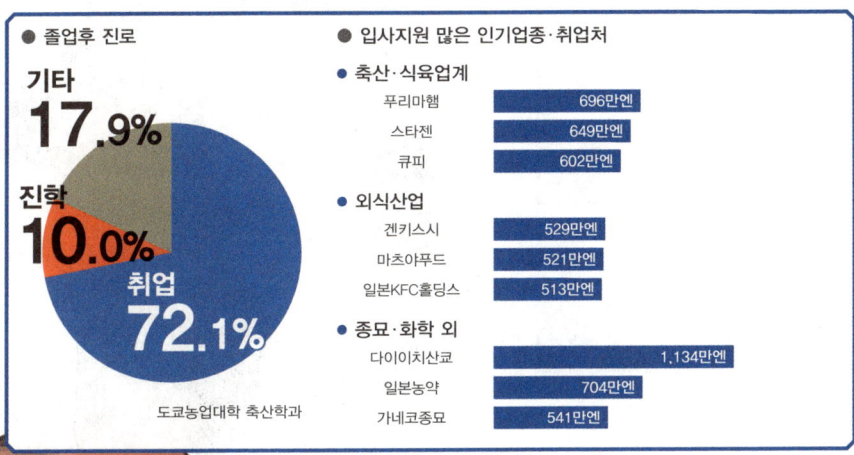

● 졸업후 진로
- 기타 17.9%
- 진학 10.0%
- 취업 72.1%

도쿄농업대학 축산학과

● 입사지원 많은 인기업종·취업처

축산·식육업계
- 푸리마햄 696만엔
- 스타젠 649만엔
- 큐피 602만엔

외식산업
- 겐키스시 529만엔
- 마츠야푸드 521만엔
- 일본KFC홀딩스 513만엔

종묘·화학 외
- 다이이치산쿄 1,134만엔
- 일본농약 704만엔
- 가네코종묘 541만엔

● 수의학과와 마찬가지로 동물해부 실습이 있다

축산학과에서는 수의학과와 마찬가지로 동물해부 강의가 있다. 살아있는 동물을 해부하는 것은 아니라 하더라도 충격을 받는 학생들이 조금씩 있다. 동물실험과 해부 자체는 동물복지학의 관점에서도 축소하는 경향이지만, 수의학과 및 축산학과라고 하는 동물과 깊숙이 관여된 학문을 배움에 있어서 동물실험·해부를 전혀 하지 않는다는 것은 어쩌면 불가능한 일이다. 충격을 받아 중퇴하는 학생도 전혀 없는 것은 아니다. 이러한 점들을 생각하여 신중하게 진로를 선택하기를 바란다. 축산학과 지원학생은 원래부터 동물을 좋아한다는 이유로 '생물'이 특기 과목인 경우가 많다. 그 반면, 같은 이과라도 '화학'에 부진한 학생도 있지만, 사료와 비료 연구를 할 때에는 적어도 고등학교 화학 레벨의 지식이 필요하다. 또한 제약회사와 같은 연구직에서는 어떻게든 화학이 따라붙으므로 열심히 공부하기를 바란다.

바다에게 배우고, 바다를 키운다

수산학과

Fisheries

■ 유사학과
해양생물과학과, 해양자원과학과, 해양생물자원학과 등

- **학비**(초년도 납부금)
  - 국립 : 81만7,800엔
  - 사립 : 최저 171만6,500엔 (긴키대학)
  - 　　　최고 174만4,200엔 (도카이대학)

- **재학년수** : 4년

- **남녀비율**
  - 남자 80.0%　　여자 20.0%
  - 긴키대학 수산학과

- **인기자격증&검정시험**
  - 소형승선조종사 2급
  - 기술사
  - 식품위생관리자
  - 고등학교교사 1종면허 (수산)

● **양식기술로 세계의 TOP을 달리는 일본의 연구실**

　어류를 보는 것도 먹는 것도 좋아하는 학생이 많은 학과이다. 농학부 계통에 들어가고, 원래는 수생 생물의 증식 및 가공, 유통의 수산업 전체를 연구하는 학문 분야였지만, 지금은 해양생태학 등의 생물학적인 연구를 하는 측면이 강하다. 어구·어선 개발의 물리학·공학 분야, 수산유통 연구에서는 경제 분야도 함께 배워야 하므로 광범위한 범위이다. 1970년부터 연구를 시작하여 2002년에 세계 최초로 참다랭이의 완전 양식에 성공한 곳이 긴키대학 농학부 수산학과이다. 이른바 '긴키대학 마구로'라고 불리는 것으로, 수산자원의 보호와 식량문제의 쌍방을 해결로 이끈 획기적인 기술이었다. 수산자원의 획득과 보호의 밸런스에 대해서는 국제적으로도 논의가 되고 있으며, 향후 점점 양식기술에 대한 주목은 높아질 것이다.

● **제조업, 상사, 유통관련 기업으로의 취업은 대부분 수산관계**

수산관련 업체 및 상사, 유통기업으로의 취업이 압도적으로 많다. 수산가공 식품회사가 상위에 있다는 것은 알겠지만, 자세히 보면 애완동물 푸드업체로의 취업자도 많다. 고양이용 통조림은 생선을 사용하기 때문에 당연하다고 할 수도 있겠지만, 수산·바다와 관련되어서인지, 선박관련 업체 및 해양토목 기업으로 취업하는 학생들도 볼 수 있다. 어류생태에 대한 지식이 있다고 하여 수족관 취업을 희망하는 학생들도 많지만, 학예원 자격증의 유무에 관계 없이 극히 드문 구인으로 취업의 문은 상당히 좁다. 만약 수족관 취업을 희망할 경우, 전국 어디서라도 구인이 있다면 무조건 지원해 보도록 하자. 그리고 최악의 아르바이트도 받아들인다는 자세로 임할 정도로 각오가 필요하다. 교사면허는 취득할 수 있지만, 수산만으로는 역시 교사 모집이 적으며, 교직에서 일하는 졸업생들은 거의 없다. 대학원 진학자는 10% 전후이지만, 국립대학의 경우 60% 이상을 차지하는 곳도 있다.

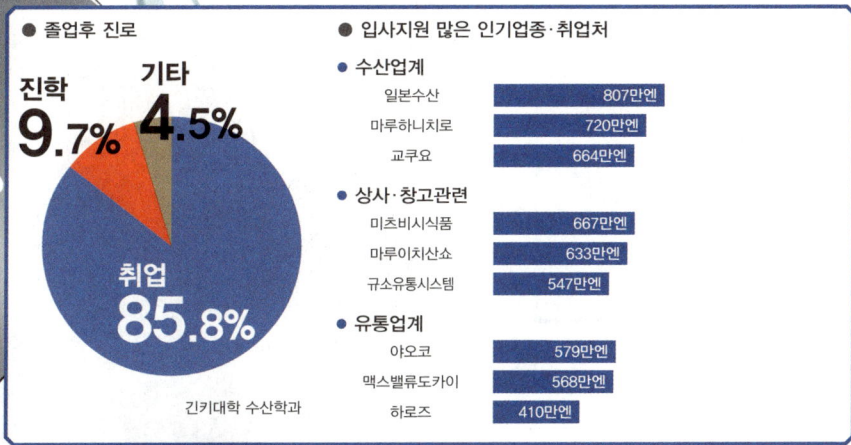

● 졸업후 진로
진학 9.7%
기타 4.5%
취업 85.8%
긴키대학 수산학과

● 입사지원 많은 인기업종·취업처
● 수산업계
일본수산 807만엔
마루하니치로 720만엔
교쿠요 664만엔

● 상사·창고관련
미츠비시식품 667만엔
마루이치산쇼 633만엔
규소유통시스템 547만엔

● 유통업계
야오코 579만엔
맥스밸류도카이 568만엔
하로즈 410만엔

● **수산학부의 학교 축제는 미식·진미가 가득!**

수산학부를 설치한 대학은 홋카이도대학, 나가사키대학, 가고시마대학이다. 1888년 설립된 수산전습소는 제2차세계대전 후에 도쿄수산대학과 농림수산성 소관의 수산대학교로 분리되었다. 수산대학교는 문부과학성 소관 외의 대학이지만, 방위대학교처럼 학생은 공무원 취급을 받지는 않기 때문에 실질적으로는 국립대와 동일하다. 수산학과가 있는 대학은 오픈 캠퍼스와 대학 축제 등에서 해산물 특매가 열리므로 주변 주민들로 붐빈다. 학생과 대학의 연구성과를 반영하는 대학 브랜드 상품은 수산학과의 장점이다. 수산대학교는 고래 간장·복어 젓갈·성게알 젓갈, 가고시마대학은 '다네가시마 생선간장 도비우오노시즈쿠'를 개발하였다. 도쿄 및 오사카 등의 판매회에 학생이 참여하는 경우도 있다.

야채와 꽃들로 사람들을 행복하게

원예학과

Gardening

■ 유사학과
생물생산학과, 생물생산과학과, 응용생물과학과 등

- 학비(초년도 납부금)
  국립 : 81만7,800엔
  사립 : 최저 132만 (벳부대학)
  　　　최고 188만9,000엔 (도쿄약과대학)
  ※ 관련학과포함

- 재학년수 : 4년

- 남녀비율
  남자 51.0%　여자 49.0%
  지바대학 원예학부

- 인기자격증&검정시험
  중학교교사 1종면허 (이과)
  고등학교교사 1종면허 (이과, 농업)
  식품위생관리자
  위험물취급자 (갑종)

● **과수·야채·꽃의 육성과 품종개량을 배운다**

농학 중에서도 원예학에 특화된 학과이다. 과수, 야채, 꽃의 육성 및 품종개량 등의 지식과 기술 습득이 주된 내용이지만, 지금까지는 식품의 안전성, 조원 및 원예산업, 더 나아가서는 도시녹화 시가지 조성 등도 연구 대상에 포함된다. 지바대학 원예학부는 국립대학에서 유일한 원예전문학부로, 재배·육종학 프로그램과 생물생산환경학 프로그램으로 2개의 코스가 마련되어 있다. 전자는 원예작물 및 약초의 생산·관리 외, 유전자 조작기술 등의 최첨단 식견을 배울 수 있다. 다른 대학의 경우 생물생산학과, 응용생물과학과, 또는 농학과 등에서 원예학 습득이 가능하다.

● 대학원 졸업도 학부 졸업도 지방공무원으로의 취업자가 대부분

지바대학의 경우는 국립대이기도 하여 대학원 진학자가 40% 정도이다. 유사학과가 있는 다른 대학에서도 진학자는 30% 전후를 차지하고 있으며 농학계통의 학과로는 많은 편이다. 석사과정 수료자도 학부 졸업자도 지방공무원으로의 취업이 많다. 농학계통의 기술계공무원 채용이 많으며 장래에는 공원설치계획부터 관리운영, 마을 녹화정책 등의 시책에도 종사할 수 있는 가능성이 있다. 일반기업으로는 식품·종묘관련, 화학공업, 토목·환경관련 업종이 두드러진다. 민간기업으로는 기술직 및 연구직이 많지만, 종합직을 지원하기도 한다. 업계에 구애받지 않는다면 취업 폭은 넓다. 그 밖에 가업을 이어가거나, 농업 벤처를 설립하기도 한다.

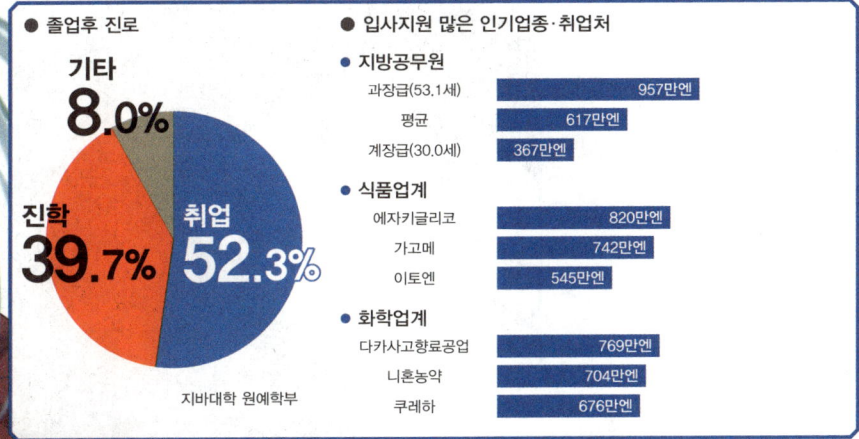

● 졸업후 진로
기타 8.0%
진학 39.7%
취업 52.3%
지바대학 원예학부

● 입사지원 많은 인기업종·취업처
● 지방공무원
　과장급(53.1세) 957만엔
　평균 617만엔
　계장급(30.0세) 367만엔
● 식품업계
　에자키글리코 820만엔
　가고메 742만엔
　이토엔 545만엔
● 화학업계
　다카사고향료공업 769만엔
　니혼농약 704만엔
　쿠레하 676만엔

● 지역 명산품을 연구하는 것도 원예학과의 일

농학부가 아니더라도 원예를 공부할 수 있는 대학은 도쿄의 게이센여학원대학이다. 그리스트교계 대학이며, 건학정신은 '성서, 국제, 원예'인 관계로 전학년 공통 필수과목으로 '생활원예'가 있다. 학생들은 교육농장에서 12종의 꽃·야채를 재배한다. 그건 그렇다치고, 원예학과 역시 지역 명산품과 강한 유대가 있다. 오카야마대학 과수원예학 유닛은 복숭아와 포도를 중심으로 연구한다. 가고시마대학(과수원예학 연구실)은 뽕깡과 아세로라, 미야자키대학(과수원예학 교육연구분야)은 망고와 휴우가나츠(미야자키에서 생산하는 여름 귤)를 연구하는 방식이다. 참고로 귤에 대해서는 수확량 전국 3위의 시즈오카현에 있는 시즈오카대학(과수원예학연구실)이 지속적인 연구를 하고 있는 한편, 아이치대학(아이치현은 2위)은 감귤학 연구실을 폐지하였다. 이대로라면 '감귤 현'의 이름은 시즈오카 현이될지?

일본 기술로 삼림대국·일본의 대지를 지킨다

삼림과학과

Forestry

■ 유사학과
아열대농림환경과학과, 삼림자원과학과, 농림자원환경과학과, 녹지환경학과 등

● 학비 (초년도 납부금)
　국립 : **81만7,800엔**
　사립 : 최저 **149만3,400엔** (도쿄농업대학)
　　　　최고 **166만엔** (니혼대학)
　　　　　　　　　　　※ 관련학과포함

● 재학년수 : **4년**

● 남녀비율
　남자 **56.2%**　　여자 **43.8%**
　　　　　　　이와테대학 삼림과학과

● 인기자격증&검정시험
　수목의보
　삼림정보사
　중학교교사 1종면허 (이과)
　고등학교교사 1종면허 (이과, 기술)

● 삼림대국·일본의 수목을 보호하고 살린다

　수목 girl, 수목 boy가 집결한다. 이전에는 임학과라고 칭한 적도 많았다. 그 중에서도 삼림학과는 홋카이도대학, 이와테대학, 우츠노미야대학, 교토대학, 교토부립대학의 5개교에 설치. 삼림과학은 자연과학, 공학, 인문·사회과학이 융합하였으며 자연과학 성향이라면 삼림생명학과. 공학 성향이라면 삼림환경과학 및 목질재료과학. 사회과학 성향이라면 삼림자원과학으로 각 코스가 세분화되어 있다. 일본은 국토의 67%가 삼림이며, 삼림이용기술도 상당히 발전되어 있다. 특히 최근에는 토사재해를 방지하는 방재, 감재라는 관점에서도 이 분야의 지식과 기술을 지닌 인재 수요가 있다. 사립대학으로는 도쿄도시대학(환경학부 환경창생학과), 도쿄농업대학(지역환경과학부 삼림종합학과), 니혼대학(생물자원과학부 삼림자원화학과)의 3개교가 해당된다.

● 졸업생의 절반 정도가 공무원 취업, 농림수산성·임야청으로의 취업

졸업생의 진로를 살펴보면, 공무원 취업이 40~50%로 대부분을 차지한다. 지방공무원이 압도적으로 많아 국가공무원에서는 농림수산성·임야청으로의 취업이 두드러진다. 지방공무원은 임학 구분의 취업이 대부분이며, 삼림관리 등의 일에 종사한다. 대학 측이 공무원 시험 대책 전반에 대하여 열심히 씨름한 결과인 것인지, 같은 공무원이라도 임학이 아닌 경찰로 진로를 바꾸는 경우도 있다. 공무원 다음으로 많은 것은 대학원 진학으로 30% 전후를 차지한다. 민간기업으로 취업하는 학생은 소수이다. 민간기업에 취업할 수 없다는 의미가 아닌, 임학이라는 학문이 공무원에서 활용하기 쉬우며 학생도 대학도 공무원 취업을 주류로 생각한다는 것이 크게 영향을 끼쳤다. 일반기업 취업으로는 목재·공무소·주택·토목 등의 업종이 많다.

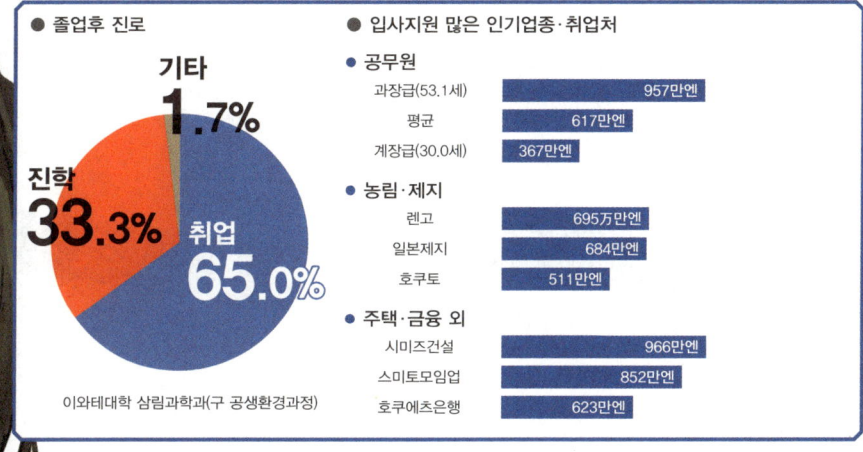

● 방재·감재의 관점에서도 임학 전문가는 필요하지만

일본은 삼림대국이어서 나라도 지자체도 삼림 관리·경영은 방재의 관점에서 매우 중요하다고 생각하고 있다. 그럼에도 불구하고 임업 자체는 쇠퇴하는 경향이다. 임학과가 삼림과학과 등의 명칭으로 개칭된 것도 수험생이 계속 줄어들었기 때문이다. 임학과 보다도 규모가 큰 임학부는 이전에 류큐대학에 설치되어 있었다. 학위는 물론 임학사이다. 1951년에 설치되었지만, 1954년에 농학부로 재편하였다. 1972년에 오키나와가 일본에 반환되어 동 대학도 국립대학으로 승격하였지만, 임학과는 그대로 농학부 소속인 채로 현재에 이르렀다. 다마가와대학은 이전에 임업연구실을 설치하여 현재에도 가나가와현 하코네마치와 홋카이도·마슈호 주변에 연습림을 보유하고 있으며, 학생이 실습에 이용하고 있다.

농학계통 기타 학과

동물간호학과

● 학비
국립 : -
사립 : 최저 **164만엔** (야마자키학원대학)
　　　최고 **172만5,000엔**
　　　　　　　　　(일본수의생명과학대학)

● 인기자격증&검정시험
인정동물간호사
애니멀·헬스·테크니션
펫영양관리사
실험동물기술자

동물병원에서 일하는 동물간호사를 양성하는 학과. 취업할 곳은 있지만 동물간호사 자체가 발전도상의 직업이며 길게 지속될지 어떨지는 향후의 추이를 내다볼 필요가 있을 것 같다. 야마자키학원대학에 설치되어 있으며, 그 밖에 낙농학원대학 일본수의생명과학대학 등에도 유사학과가 설치되어있다.

농업환경공학과

● 학비
국립 : **81만7,800엔**
사립 : -

● 인기자격증&검정시험
고등학교교사 1종면허 (농업)
측량보사
2급 바이오토프관리사
TOEIC

우츠노미야대학 농학부에 설치되어 있는 학과. 본래는 농업공학에서 관개와 간척 등을 연구하는 농업토목학과 생산기계 등을 연구하는 농업기계학 모두를 배운다. 이전에는 농학부에 농업공학과가 설치되어 있는 경우가 많았지만, 최근에는 학과 재편으로 명칭이 제각각이다.

해양자원과학과

● 학비
국립 : **81만7,800엔**
사립 : -

● 인기자격증&검정시험
중학교교사 1종면허 (이과)
고등학교교사 1종면허 (이과, 수산)
학예원
TOEIC

수산학과와 동일, 수산학을 중심으로 배우는 학과로 양식기술 연구도 포함된다. 최근 긴키대학농학부 수산학과의 양식 참치, 양식 메기가 큰 성공을 거둔 것은 앞에서 설명한 대로이다. 홋카이도대학 수산학부, 고치대학에 설치되어 있다.

생활생물학과

● 학비
국립 : -
사립 : **166만엔** (니혼대학)

● 인기자격증&검정시험
상·중급바이오기술자
자연재생사보
등록랜드스케이프아키텍트
학예원

2015년에 니혼대학의 생물자원과학부가 설치한 신진기예의 학과. '생활의 바이오' '동물이 있는 생활' 등 5개의 영역으로 나누어 배운다. 연구 영역은 생물자원학, 영양과학, 원예학, 시가지 조성학 등 폭넓다. 분야가 광범위하여 '생활생물학과'인 것일까.

식품향장학과

● 학비
국립 : －
사립 : **161만3,400엔** (도쿄농업대학)
● 인기자격증&검정시험
식품위생관리자
위험물취급자 (갑종)
중학교교사 1종면허 (이과)
고등학교교사 1종면허 (이과)

향료와 향기의 기능성, 안정성 등을 연구하여 그 기능을 활용한 제품의 개발을 지향하는 학과. 도쿄농업대학 생물생산학부에 설치되어 있으며, 학생들은 광대한 홋카이도 오호츠크캠퍼스(아바시리 시)에서 공부하게 된다.

와인과학특별코스

● 학비
국립 : **81만7,800엔**
사립 : －
● 인기자격증&검정시험
야마나시대학와인과학사
제1종위생관리자
위험물취급자 (갑종)
고등학교교사 1종면허 (농업)

야마나시대학의 지역식물과학과가 설치되어 있는 실질적인 와인학과. 학부·석사를 합쳐 6년간에 걸친 와인공부를 하게 된다. 포도와 와인에 관한 고도한 전문지식과 기술을 지닌 스페셜리스트의 육성을 지향하여 현내의 와이너리에서의 실습도 한다.

축산초지과학과

● 학비
국립 : **81만7,800엔**
사립 : －
● 인기자격증&검정시험
실험동물 1급기술자
사료제조관리자
가축인공수정사
고등학교교사 1종면허 (이과, 농업)

미야자키대학이 설치. 가축생산과 초지학의 양면에서 축산을 배우는 유니크한 학과. 스미요시 필드(목장)에서의 실습이 있으며 생산된 육우, 생유의 일부는 '미야자키대학 Beef·Milk'로 시판되고 있다. 식품·농업·사료업체 및 농협, 지방공무원 등으로의 취업자가 많다.

응용생명과학과정

● 학비
국립 : **81만7,800엔**
사립 : －
● 인기자격증&검정시험
중학교교사 1종면허 (이과)
고등학교교사 1종면허 (이과, 농업)
TOEIC
이과검정

도쿄대학이 설치. 6개가 마련되어 있는 전공 중, 수권생물과학 전공은 수권의 생명현상에 대해 모든 각도에서 연구한다. 예년 5월 말~6월 초순 개최되는 5월 마츠리(고마바 캠퍼스)에서는 '장어덮밥'이 제공되어 행렬이 이어질 정도로 인기이다.

농학계통

column

농업·환경에 관심이 있다면 '에코프로'에 가자

매년 12월 초순, 도쿄 빅사이트에서 개최되는 환경·에너지의 종합견본시 이벤트가 '에코프로'(구 에코프로덕츠)입니다. 해마다 그 규모는 확대되고 있으며 환경기기뿐 아니라 환경문제를 의식한 기업, NPO법인, 지자체 및 대학 등도 출전하고 있습니다.

견본시 이벤트는 본래 전문분야의 사회인에게 새로운 기술·제품을 펼치는 것이 목적입니다. 이 에코프로도 그러한 것이지만, 다른 견본시 이벤트와 다른 점은 초·중·고등학생이 찾아올 정도라고 생각됩니다. 도요타 연료전지차 'MIRAI' 등의 친환경 자동차 승차체험 및 친환경 잡화제작 등의 체험 코너도 마련되어있기 때문에 환경에 관심이 있는 중·고등학생이라면 매우 즐거울 것입니다.

또한 온난화 방지 등을 배우는 초·중학생 대상의 투어 프로그램 등도 마련되어 있어 가족 동반으로 방문하는 것도 좋을 것입니다.

참고로, 방문하는 사람들을 살펴보면 농업·환경에 관심이 없어 보이는 사회인도 상당히 많은 듯합니다. 목적은 업체 샘플 배부이겠죠? 이러한 즐길거리도 있지만, 하루 종일 질리지 않는 이벤트임에는 틀림 없습니다.

■ 기타 추천 견학 장소 & 이벤트

■ **농학계통 대학 축제·오픈 캠퍼스**
연구 전시가 다수이며 중학생이라도 즐길 수 있다. 특히, 도쿄농업대학, 도쿄농공대학, 니혼대학 생물자원과학부 등의 규모가 크다.

■ **도호쿠대학 가타히라 마츠리**
홀수년에 개최. 환경 관련 연구소도 다수 공개한다.

■ **국립과학박물관**
도쿄·우에노에 있는 박물관으로, 생물계 전시가 다수이다.

■ **환경에너지관**
요코하마시에 있는 도쿄가스의 기업박물관이며, 환경 관련의 전시도 한다.

■ **아이치대학 뮤지엄**
생명과학에 관련된 전시가 다수이다. 곤충 표본의 전시도 풍부하다.

제 9 장 의치약·의료계통

- 의학과
- 치학과
- 약학과
- 간호학과
- 방사선학과
- 이학요법학과
- 작업요법학과
- 언어청각요법학과
- 임상검사학과
- 구강보건학과
- 침구학과
- 진료방사선학과
- 임상공학과
- 시기능요법학과
- 유도정복학과
- 신약과학과
- 보건의료경영학과

생명과 미소를 지키고 싶다

의학과

Medical Science

■ 유사학과
　의학류

- 학비(초년도 납부금)
  국립: **81만7,800엔**
  사립: 최저 **209만엔** (준텐도대학)
  　　　최고 **1,100만엔** (가나자와의과대학)

- 재학년수: **6년**

- 남녀비율
  남자 **76.2%** ／ 여자 **23.8%**
  게이오기쥬쿠대학 의학부

- 인기자격증&검정시험
  의사
  TOEIC

● 의료의 기초, 전문과목, 임상실습을 6년에 걸쳐서 배운다

　일본 의료의 방파제라고 불린다. 의사가 되기 위한 교육을 6년간 받는다. 1~2년의 전반기에는 교양교육. 고문 등도 공부하기 때문에, 듣던 거와는 다르다고 느끼는 학생도 있다. 쇼와대학에서는 1학년 때에 야마나시·후지요시다 캠퍼스에서 치·약·보건의료의 학과생들과 공동 기숙사 생활을 한다. 다른 학부의 학생과 함께 시설, 병원 실습에 참여함으로써 팀 의료 마인드를 기르는 것이 목적이다. 어느 대학이라도 2학년 후기, 또한 3학년부터 전공 과목을 배우고, 임상실습은 5학년부터 한다. 다만 임상실습에 참여하기 위해서는 4학년 때에 '전국공용시험'을 돌파해야 한다. 6학년 후기에 졸업시험, 의사국가시험을 치러야 하고, 모두 합격하면 밝은 모습으로 졸업을 하게 된다. 의사 인력부족은 2000년대부터 지적받았던 것으로 2016년에 도호쿠의과약과대학(미야자키현 센다이시), 2017년에 국제의료복지대학(지바현 나리타시)에서 의학과를 신설하였다. 그래도 아직 부족하다는 의견과 반대로 공급과잉이라고 염려하는 의견이 대립하고 있다.

● 졸업 후에 2년간의 임상연수를 거쳐, 당당하게 의사로

의사가 되려면, 졸업 후에 2년간의 임상연수가 의무화되어 있다. 대부분의 모든 졸업생이 임상연수의의 길로 들어선다. 대학원 진학자는 전국 의학과 졸업생을 모두 합쳐도 10~20명 정도 밖에 되지 않는다. 이전에는 출신 대학의 의국에 입국하여 적당한 시기에 대학원으로 진학, 박사호를 따는 것이 일반적이었다. 그러나 2004년에 임상연수가 필수화되자 진학자가 격감하였다. 임상연수를 받지 않은 채로 4년이나 현장을 떠나 있는 것에 대한 불안감과 대학원에서 기초연구를 한 후의 커리어에 대한 불투명함 등이 큰 이유이다. 대학원에 따라서는 전문의료를 연구하거나 전문의 양성코스를 개설하기도 하지만, 그 보다도 기술을 습득하기 용이한 도시부의 큰 병원, 전문성이 높은 사립병원에서의 임상연수를 바라는 졸업생들이 많다. 그 밖에 졸업 후 진로는 제약회사의 연구직 및 후생노동성 의계기관 등의 진출도 있지만 이러한 선택을 하는 경우는 거의 없다.

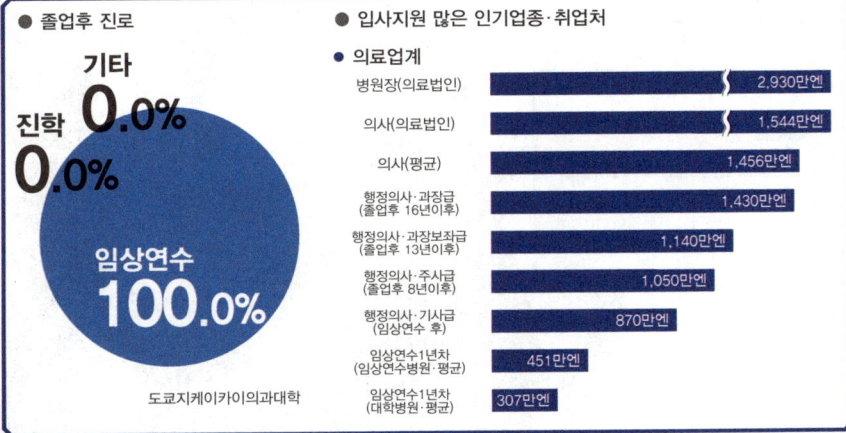

● 사회인 입학 희망자를 어디까지 받아들여야 할까

의학부에서 때때로 화제가 되는 문제가 사회인 입학자를 어디까지 받을 것인지라는 것이다. 이것은 각 대학 대응에 온도차가 있다. 그중에는 "사회인을 경험한 입학자는 공부를 열심히 하고 시야가 넓어 한자 커뮤니케이션 능력도 높다"라는 등의 이유로 환영하는 대학도 있으며, 이러한 곳에서는 사회인 입학에 일정한 틀을 마련해 놓기도 한다. 그 한편으로는 의학부에서는 통상 6년간, 더 나아가서는 의사 국가시험 수험과 임상연구 등을 거쳐 자립하기까지 약 10년, 합계 16년이라는 기간을 요한다. 인재 육성에 드는 비용과 독립 후의 짧은 생애 노동시간을 이유로 사회인 입학에 부정적인 의학부도 있다. 최근 20년 사이의 움직이라면 가나자와대학(55세) 및 구마모토대학(66세) 등이 중장년 층의 입학자를 받아들였다. 그 반면 군마대학은 55세 여성의 입학을 거부하여 소송이 걸렸지만 여성의 패소로 끝났다. 어느 쪽의 선택이 맞는지에 대해서는 의견이 분분하다.

충치 치료가 전부는 아니다!

치학과

Dentistry

■ 유사학과
구강치학과, 생명치학과

- **학비**(초년도 납부금)
  국립 : **81만7,800엔**
  사립 : 최저 **298만엔** (마츠모토치과대학)
      최고 **945만7,000엔** (도쿄치과대학)

- **재학년수** : **6년**

- **남녀비율**
  남자 50.3%   여자 49.7%
                  도쿄치과대학

- **인기자격증&검정시험**
  치과의사
  TOEIC

● 6년간 구강의료 지식과 기술을 익힌다

치아를 보호하는 학과로서 치의학이라고 하면 충치 치료를 제일 먼저 떠올리겠지만, 그 외에도 치주질환 및 부정교합치료 등 입안의 전체를 케어하기 위한 지식과 기술을 익힌다. 의학부와 마찬가지로 6년제이며 처음 1~2학년은 교양교육을 받는다. 2학년 후반부터 전공과목을 배우고 5학년부터는 임상실습을 한다. 4학년에 '전국공용시험'을 수험하는 것도 의학부와 동일하며, 여기에 합격하지 못하면 임상실습에 참여할 수 없다. 6학년 후기에 졸업시험, 의사국가시험을 치르게 되며, 모두 합격하면 졸업하게 된다. 졸업 후의 임상연수는 1년간으로 이것을 통과하면 순조롭게 치과의사가 된다. 의학부보다도 들어가기 쉽다는 이유로 치학부 학생은 의학부생에 대한 콤플렉스를 느끼는 경향이 있다. 실제로 의학부에 낙방하여 치학부를 선택한 학생들이 있기도 하지만, 어쩔 수 없는 선택일지도 모른다. 참고로 남녀 비율은 거의 반반 정도이다.

● **1년간의 임상연수를 거쳐 병원근무, 내지는 대학원으로**

국가시험에 합격하고 졸업한 후에는 임상연수 1년간이 필수로 되어있다(2006년부터). 한 명의 치과 의사로 태어나기 위해서는 조금 더 참을성이 필요하다. 임상연수가 끝나면 병원·진료소의 근무의가 되거나 대학원(4년간)에 진학하여 더 깊은 전문성을 기르게 된다. 단 각 대학들에서도 대학원 진학자는 예년 극소수이다. 대부분의 졸업생은 근무의로서 연찬을 겸하면서 미래를 위한 개업도 포함한 향후의 로드맵을 그려나가게 될 것이다. 한편 학부 졸업생들의 진로를 살펴보면, 후생노동성의 의계지관, 지방자치단체의 공무원 등으로 취업하는 예도 볼 수 있다. 치과 의사직 채용으로 보건사업에 종사하기도 한다. 민간 기업이라면 치과 의료 관련 내지는 제약회사의 연구직으로 취업하게 되지만 그 어느 쪽도 소수에 그친다.

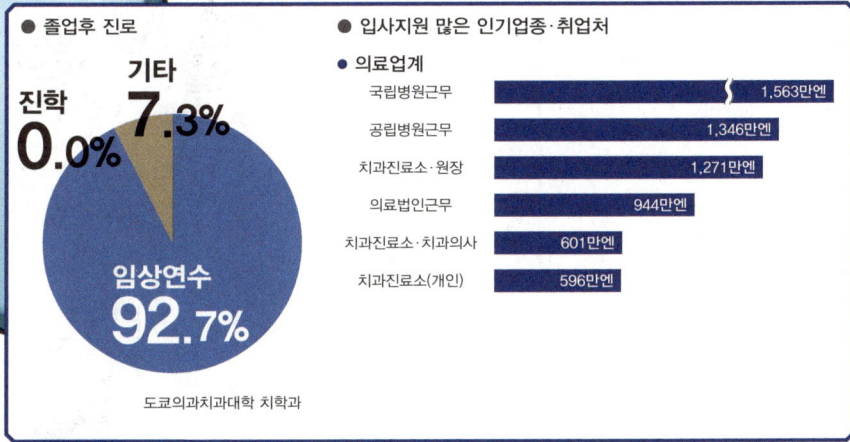

● 졸업후 진로
- 진학 0.0%
- 기타 7.3%
- 임상연수 92.7%

도쿄의과치과대학 치학과

● 입사지원 많은 인기업종·취업처
● 의료업계
- 국립병원근무 1,563만엔
- 공립병원근무 1,346만엔
- 치과진료소·원장 1,271만엔
- 의료법인근무 944만엔
- 치과진료소·치과의사 601만엔
- 치과진료소(개인) 596만엔

● **편의점 수 보다 많은 치과의원의 장래성은?**

전국의 치과의원 수는 실은 편의점 전체 점포 수보다도 많다. 때문에 치과의사로 경험을 쌓아 개업한다고 하더라도 근처의 치과의사와 환자를 서로 빼앗으려고 하는 등 경쟁이 격화되었다. 그 중에는 경영이 힘들어진 의원이 나타나기도 하고, 치학과는 "장래성을 생각하면 비용 대비 효과가 나쁜 학과"라고 하는 시기도 있었다. 그러나 2010년대부터 치아 환자가 뇌경색, 심근경색 등에도 영향을 미친다고 세간에 알려지게 되면서 거기에 수반되는 예방 및 관리를 목적으로 하는 환자의 내원 수가 증가하였다. 치아 관리가 몸 전체의 건강 유지에도 도움이 된다는 인식이 국민에게 알려져 정착하면서 향후의 치과의사의 중요성은 더욱 증가할 가능성이 높다.

약 하나 하나에 모든 정성을 담아

약학과

Pharmacy

■ 유사학과
임상약학과, 의료약학과, 의료위생약학과등

- 학비(초년도 납부금)
  국립 : 81만7,800엔
  사립 : 최저 170만엔 (홋카이도약과대학)
  　　　최고 263만4,000엔 (죠사이대학)

- 재학년수 : 6년

- 남녀비율
  남자 47.7%　　여자 52.3%
  　　　　　　　　　　도쿄약과대학 약학부

- 인기자격증&검정시험
  약제사
  독극물취급책임자
  위험물취급자 (갑종)
  건축물환경위생관리기술자

● 약제사 수험자격을 가질 수 있는 것은 6년제 약학과뿐

　약을 제조하는 학과라는 설명으로는 너무 간략할지도 모르지만, 예컨대 약제사가 되기 위한 전문지식과 기능습득을 지향하는 학과이다. 예전에는 4년제에서 약제사 자격증(정확하게는 국가시험 수험 자격)을 취득할 수도 있었기에 학비 대비 효과가 높다(가성비 좋은 학부)고 하였지만, 2006년에 6년제로 이행되었다. 한편으로 4년제도 기초약학연구 등을 목적으로 병립하고 있으며 약과학과와 창약학과와 같은 명칭으로 설치되었다. 6년제 학위는 학사(약학)이며, 4년제 학위는 학사(약과학)이다. 4년제 학과를 졸업해서 석사과정으로 진학하더라도 약제사 국가시험 수험자격은 얻을 수 없으므로 약제사를 지향한다면 6년제인 약학과를 선택하도록 하자. 2000년대에 들어서 신설이 잇달았지만, 6년제로의 이행과 더불어 과잉이 예상되어 인기는 저하하였다. 사립대학의 30%가 정원 미달이다. 의학부, 치학부 다음으로 학비가 비싸다.

● 대부분의 취업은 병원과 약국이지만, 그중에는 마약단속관도 있다

취업의 투톱은 병원, 약국이다. 약국은 조제약국, 드러그스토어를 포함한다. 2009년의 약사법 개정에 의해 등록판매자 제도의 도입으로 시험 합격자는 약사 자격이 없더라도 일반용 의약품 판매가 가능하게 되어 드러그스토어에서의 약사 수요는 격감할 것이라고 예측하였다. 그러나 실제로는 각 드러그스토어 체인이 조제 약국을 병설하게 되면서 약제사 채용은 오히려 과열된 상황이다. 학생에게 유리한 매수자 시장인 채로 현재에 이르렀다. 제약회사로의 취업도 많지만, 이것은 연구직뿐 아니라 MR(의약정보담당자) 채용도 있는 듯하다. MR은 사실상 영업직이다. 공무원 취업도 일정 수 있어 공해연구소·위생시험소 등의 전문직으로 일한다. 의외의 곳으로는 마약 단속과(후생노동성 소속)라는 진로도 있다. 국가 공무원이며, 봉급은 공안직(경찰)이 아닌 행정직(추가 특별수당)으로 분류된다.

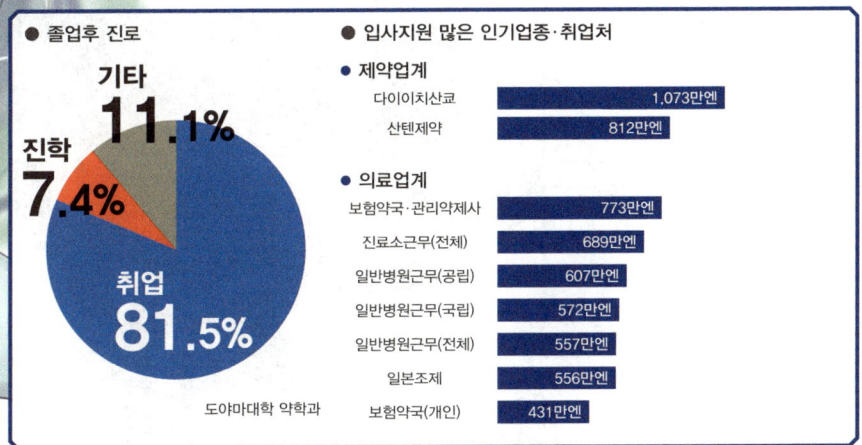

● 1학년부터 강의와 실습으로 매일 매일이 '약'과의 전쟁

학과 관계자는 '약제사 전문학교'라고 자조할 정도로 1학년부터 강의·실습이 많다. 가정교사 등 시급이 높은 아르바이트를 선택하지 않으면 일과 공부의 양립은 좀처럼 어려워질 것이다. 애초에 문과 계통 학부생과 동일하게 아르바이트를 하는 것은 거의 불가능하다. 통학 가방은 평상시에도 교과서와 노트로 가득하기 때문에 입학하였을 때에 구입한 가방을 1학년 때에 다시 사는 학생이 40%정도 된다고 한다. 오픈 캠퍼스에서 "대학에 들어가면 놀 수 있다"라고 눈을 반짝이는 고등학생들에게 진실을 말해야 할지 말지 고민 중이지만, 여기서 확실히 말해 두도록 하자. 약학과 공부는 매우 힘들다! 여학생 비율은 높지만, 이들은 자신의 미래를 확실하게 내다보고 있기 때문에, 기가 쎈 경향이 있는 듯하다. 약학과 남학생들은 점점 여학생의 기에 눌린 채로 졸업하는 패턴도 자주 있다.

천사가 아닌 환자를 지키는 수호신!

간호학과

Nursing

■ 유사학과
간호학류, 보건학과, 보건간호학과, 인간간호학과, 인간건강과학과 등

● 학비 (초년도 납부금)
　국립 : 81만7,800엔
　사립 : 최저　140만엔
　　　　　　　　(아오모리중앙학원대학)
　　　　　최고　265만7,720엔 (세이도쿠대학)

● 재학년수 : 4년

● 남녀비율
　남자 5.1%　　　여자 94.9%
　　　　　　　　　　　덴시대학 간호학과

● 인기자격증&검정시험
　간호사
　보건사
　조산사
　양호교사 1종면허·2종면허

● 간호사 자격 취득을 지향하면서 미래의 길을 찾는다

　간호사 양성은 원래 전문학교·단기대학이 중심이었지만, 현재는 대학으로 이행하였다. 간호교육 자체는 어느 대학이나 대부분 동일하다. 간호사로서 필요한 의료 지론과 실천을 배우고 인간성도 포함한 질 높은 간호 제공자를 지향한다. 대학에 따라서는 보건사, 양호교사, 조산사 자격증 취득도 가능하다. 한마디로 간호사라고 하더라도 다양한 선택지가 있다. 또한 대학에 따라서는 독립성을 내세우기 위한 프로그램이 마련되어 있다. 예를 들면, 세이루카국제대학(구·세이루카간호대학)은 캐나다·맥길대학과 협력하여 '영어집중프로그램'을 실시하고 있다. 이것은 간호·의료 영어를 실천적으로 배우기 위한 단기유학 프로그램으로 장래적인 면에서 해외에서 커리어를 쌓고 싶어 하는 학생에게 인기이다. 참고로 국립간호대학교(도쿄도)는 후생노동성이 소관하는 대학교에서 국립 고도 전문의료센터에 근무할 간호사를 양성한다. 학비는 비싸기는 하지만, 국립대학과 거의 비슷한 정도이다.

● 졸업생 대부분은 간호사로서 의료현장으로

취업 빙하기였던 2000년대 중반부터 '초(超)'가 붙을 정도로 매수자 시장에서 그대로 현재에 이르렀다. 일손 부족인데다 침대 개수 당 배치 인원수가 규정되어 크게 영향을 미쳤다. 이로 인해 간호학과 대상의 합동 설명회는 우대받고 있으며, 지방에서 설명회장까지 무료 버스, 교통비 지급, 친구 소개 등의 특전이 당연하듯 마련되어 있다. 그뿐 아니라 병원 측도 우수한 간호사를 확보해 두고 싶은 것이다. 졸업생 취업은 당연히 병원이 주류이지만, 공무원 간호사로서 보건소 등을 선택하기도 한다. 최근에는 대학원 진학이 증가하는 추세로, 전문성을 지닌 간호사로서 활약하는 모습을 볼 수 있다. 또한 일단 퇴직하더라도 금방 복직하기 쉽다는 이유에서 해외 청년협력대에 참가하기도 한다.

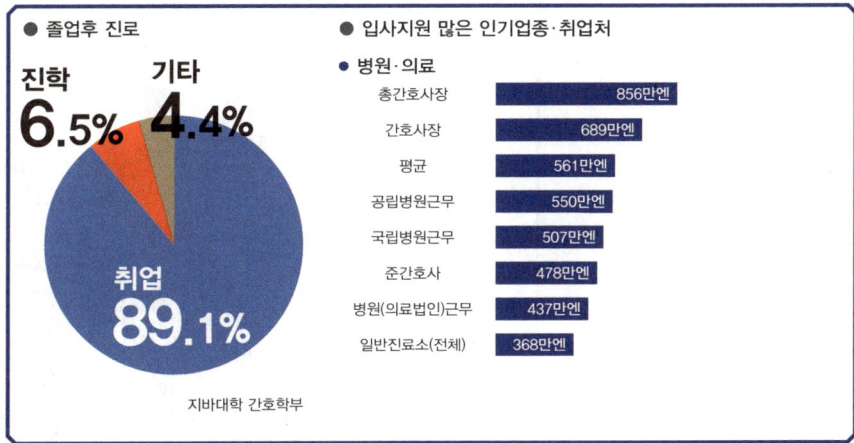

● 졸업후 진로
진학 6.5%
기타 4.4%
취업 89.1%
지바대학 간호학부

● 입사지원 많은 인기업종·취업처
● 병원·의료
총간호사장 856만엔
간호사장 689만엔
평균 561만엔
공립병원근무 550만엔
국립병원근무 507만엔
준간호사 478만엔
병원(의료법인)근무 437만엔
일반진료소(전체) 368만엔

● 간호사 양성은 단기대학·전문학교에서 대학으로 이행 중

같은 '간호사'를 꿈꾼다고 하더라도 배우는 길은 단기대학인지, 전문학교인지, 또는 대학이라는 길에서 고민하게 된다. 정리하여 말하자면, 단기대학·전문학교는 기술습득이 중심이고, 대학은 지식 중심이다. 다만, 단기대학·전문학교가 기술중심이라고 해도 결코 지식을 괄시할 리는 없고, 리포트의 양도 방대하다. 대학은 4년제이지만, 단기대학·전문학교는 3년제라서 단기대학·전문학교 학생들은 그만큼 바쁘다. 요령이 좋은 편이어서 어떻게 해서라도 학비가 저렴한 쪽이 좋다고 한다면 단기대학·전문학교를 추천한다. 그렇지 않다면 대학 진학을 추천한다. 무엇보다 간호사 일은 바쁘고, 그 자질은 학창시절에도 요구되므로 대학생이라고 할지라도 좋은 요령은 평소에도 신경 쓰는 것이 좋다. 남학생은 극히 소수이며 여학교에 가까운 분위기이다.

그림자에 숨은 병마도 반드시 찾아낸다

방사선학과

Radiology

■ 유사학과
진료방사선학과, 진료방사선기술학과, 방사선기술과학과 등

● 학비(초년도 납부금)
  국립 : 81만7,800엔
  사립 : 최저 155만엔 (군마패스대학)
        최고 179만6,000엔
                (후지타보건위생대학)

● 재학년수 : 4년

● 남녀비율
  남자 55.6%   여자 44.4%
        후지타보건위생대학 방사선학과

● 인기자격증&검정시험
  진료방사선기사
  방사선취급주임자
  작업환경측정사
  X-선작업주임자

● 방사선의 힘으로 질병 발견과 치료를 하는 전문직

진료방사선기사를 양성하는 학과이다. 정확하게는 '진료방사선기사'와 '진료X선기사'는 별개이지만, 대부분이 동시에 취득한다. 방사선·X선에 의한 인체조직의 검사 및 의사지시 하에 방사선 치료를 하는 전문직을 양성한다. 방사선 치료의 기술은 일취월장하여 의료기기도 나날이 고도화되고 기술혁신의 스피드에 대응할 수 있는 인재가 요구된다. 재학 4년 동안 생리학 및 병리학 등의 의학 지식과 전기공학 및 방사선 물리학 등의 이공지식을 지속적으로 배우고 실습을 겸하면서 기사로서의 토대를 만들어 나간다. 졸업 후에 국가시험에 합격하면 정식으로 진료방사선기사 자격증을 취득하게 된다. 국가시험 합격률은 예년 80% 전후이다.

● 간호사만큼의 수요는 아니지만, 취업 분야는 비교적 안정

졸업생 대부분이 병원에 취직한다. 진료방사선기사는 원래 남자 중심의 직종으로 결혼·출산 등으로 그만두는 사람이 그다지 없다. 또한 정원 설치기준이 없어(극단적으로 말하면 적어도 상관없다), 대학에서 양성학교가 증가하여 포화상태가 되는 등의 사정으로 인해 간호사만큼 취업하기 쉬운 상황은 아니다. 그렇다고 해도 재학 중에 제1종 방사선취급주임자 등의 자격증을 제대로 취득하여 공부와 취업활동을 차분히 해 나간다면 문제없이 취직 자리를 찾을 것이다. 또한 국공립대학에서는 대학원 진학자가 증가하는 추세로, 대학원에 진학한 졸업생들은 그 후에 의료관련 업체에서 기술직 및 연구직으로 근무하게 된다. 단 이러한 의료업체로의 취업은 대학이 선전하는 만큼 많지 않아, 성적 상위권의 일부 학생 정도에게만 기회가 주어진다고 생각하는 편이 좋다.

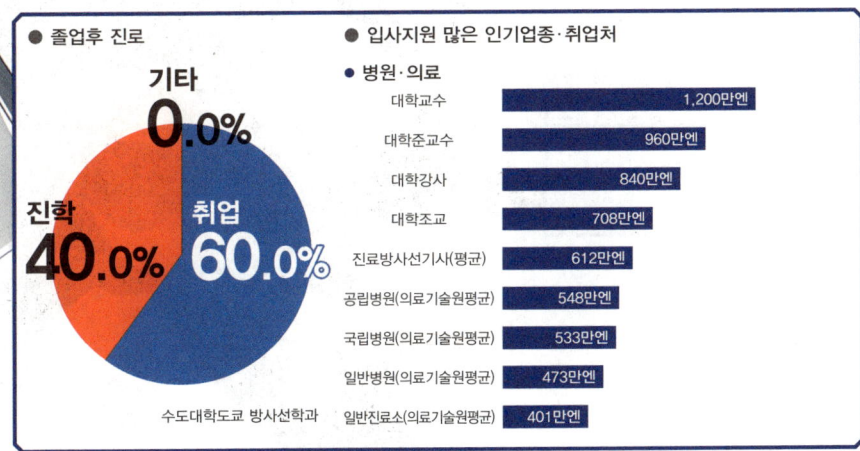

● 대학 및 전문학교의 국가시험 합격률을 비교해 볼 것

진료방사선기사는 방사선을 이용한다는 이미지가 강하여 예전에는 여학생들이 기피하는 경향이었지만, 현재는 여학생 비율이 높아졌다. 물론, 방사선에 의한 피폭위험은 있지만, 방사선기사의 위험 컨트롤은 법률에 의해 엄격하게 규정되어 있기 때문에 안전기준에 엄밀하게 입각하여 업무에 착수한다. 이 정도의 안전성이 인지되기 시작한 것도 여학생 증가로 이어졌을 것이다. 진료방사선 기사를 양성하는 대학은 30개교 정도이며 양성학교로는 아직 전문학교의 수가 많다. 다만, 다른 의료직과 마찬가지로 기사양성은 전문학교에서 대학으로 이행하고 있는 중이다. 국가시험 합격률은 국공립대학 및 기타사토대학, 후지타보건위생대학 등 전통있는 학교가 높다. 수험시에는 반드시 국가시험 합격률을 체크하기를 바란다.

열과 전기의 힘으로 몸에 활력을!

이학요법학과

Physical Therapy

■ 유사학과
보건학과, 보건학류, 재활학과등

- 학비(초년도 납부금)
  국립 : 81만7,800엔
  사립 : 최저 142만엔 (홋카이도 의료대학)
  　　　최고 219만6,300엔 (고베학원대학)

- 재학년수 : 4년

- 남녀비율
  남자 53.1%　　여자 46.9%
  　　　　　현립히로시마대학 이학요법학과

- 인기자격증&검정시험
  이학요법사
  애슬레틱 트레이너

● 재활전문가인 이학요법사를 양성한다

　이학요법이란, 질병이나 상처, 또는 노화 등으로 신체기능이 저하된 환자에게 운동기능의 유지·개선을 도모하기 위한 치료법이다. 그렇기 때문에 이학요법학과는 신체기능을 회복시키는 재활전문가를 양성하는 학과라고 생각해도 좋다. 이학요법이란, 물리요법이라고도 하며 물리적인 자극을 환부에 대어 치료를 한다. 구체적으로는 빛·열·전기, 즉 전기자극 및 온열 등의 물리적 수단을 환부에 작용시킴으로서 환자의 운동기능 회복을 도모한다. 이학요법사 양성기관으로는 원래 전문학교가 교육의 중심이었지만, 현재는 대학으로 이행되고 있으며 지금도 잇달아 개설되고 있다. 현재라도 전문학교에서 국가시험 수험자격을 얻을 수는 있지만, 이학요법사 양성코스는 2년제가 아닌 3년제임에 주의하도록 하자.

● 이학요법사의 국가시험 합격률은 예년 70~80%대

이학요법사가 되기 위해서는 국가시험에 합격해야 한다. 합격률은 예년 70~80%대로 추이하고 있지만, 2017년은 90.3%로 매우 높았다. 합격자 다수의 의견에 귀를 기울여보면 열심히 공부한다면 합격하는 데는 그렇게 어렵지 않다고 한다. 이학요법사 자격증을 취득한 졸업생들은 역시 대부분이 병원 및 치료원에 취업한다. 복지시설에서의 수요도 있지만 취업희망자는 그다지 많지 않은 것이 현실이다. 국공립대학 및 사립대학의 전통 있는 학교라면 국가 또는 현 등의 공립병원에 근무하는 공무원 의료직 취업이 사립대학(특히 중견이하)에 비해서 현격히 증가한다. 그 밖에는 스포츠팀의 스포츠트레이너로서 취업하는 학생도 있다. 사회에서 바로 쓸 수 있는 지식과 기능을 지녀서인지 대학원 진학을 하려는 학생은 적다.

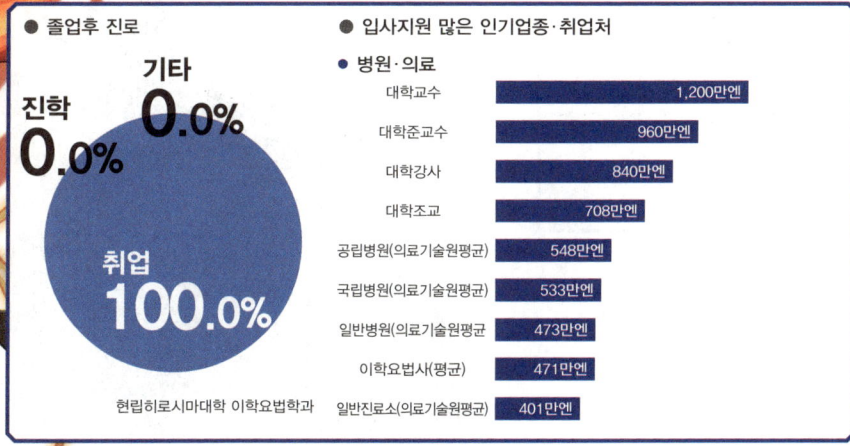

● 대학 선택시에는 국가시험 합격률을 반드시 체크

이학요법사 양성 대학들이 2000년대 중반부터 잇달아 증설하여, 최근에는 조금 난립한 분위기이다. 그 때문에 고등학교 교사들이 끊임없이 염려하고 있는 부분은 대학 교육내용의 질적 보장, 졸업 후의 취업난 등이다. 취업 상황은 학교가 이만큼 늘어났는데도 불구하고 취업난에는 빠지지 않는다. 간호사만큼의 버블 상태는 아니지만 복지시설 및 병원에서의 재활환자 증가 등이 이학요법사의 수요를 끌어올려 준 것일지도 모른다. 대학을 선택할 때에 한 가지 주의할 사항이, 바로 국가시험 합격률이다. 대학마다 합격률은 크게 다르며 2017년의 대학 전체의 평균은 90% 전후로 거의 전원 합격하는 대학도 드물지 않았다. 그러한 가운데 평균을 크게 밑도는 대학도 있는데 그러한 대학의 교육 내용에는 의문을 가지지 않을 수 없다.

환자가 일상생활로 돌아갈 수 있도록

작업요법학과

Occupational Therapy

■ 유사학과
보건학과, 보건학류, 재활학과 등

- **학비**(초년도 납부금)
  국립 : **81만7,800엔**
  사립 : 최저 **142만엔** (홋카이도 의료대학)
  　　　최고 **219만6,300엔** (고베학원대학)

- **재학년수** : **4년**

- **남녀비율**
  남자 **25.7%**　　여자 **74.3%**
  　　　　　　　　　현립히로시마대학

- **인기자격증&검정시험**
  작업요법사
  복지주환경 코디네이터검정

● 환자의 마음과 몸을 받드는 작업요법을 배운다

　재활 전문가를 양성하는 이학요법학과와 같다고 생각될 수도 있지만, 이학요법과 다른 점은 신체뿐 아니라 '마음과 몸의 재활'을 담당한다는 점이다. 신체적인 면에서의 기능회복을 주 목적으로 하는 스포츠 및 예술이라는 '작업'을 통하여 신체나 정신 장애를 안고 있는 환자의 사회 적응능력을 회복시키는 것이 목적이다. 때문에 이학요법처럼 재활에 전기의료기구를 이용하지는 않는다. 세면이나 양치 등의 일상 동작을 통한 재활이 많으며, 그런 다음에 환자의 정신적인 면을 지지하는 요소도 필연적으로 높아진다. 작업요법사에게 필요한 자질로 커뮤니케이션 능력 및 심리학 지식 등이 요구되는 이유이다. 고령자 환자가 많아 복지의 측면도 지니고 있다.

● 병원 및 사회복지 시설에서의 구인이 다수

작업요법사가 되기 위해서는 국가시험 합격이 필요하다. 2017년 합격률은 83.7%로 예년 70~80%대이다. 이 정도의 합격률 수준은 이학요법사와 비슷한 추이라고 할 수 있을 것이다. 작업요법사의 취업은 병원·치료원, 사회복지시설이 역시 많다. 마음과 몸의 양면에서 환자를 케어하는 일이므로 질병이나 상처 후유증으로 고민하고 있는 사람, 태어나면서부터 장애를 가지고 있는 사람, 치매를 앓고 있는 고령자 등 모든 연령대·성별의 환자와 마주하게 된다. 그러한 다양한 케이스의 환자를 의사나 간호사, 이학요법사들과 팀을 꾸려 재활을 해 나가게 된다. 그 밖의 진로로 국공립대학 및 사립대 전통 대학 졸업생 중에서는 공무원 의료직 취업이 10~20% 정도이다. 대학원 진학이 그런대로 많은 것도 특징일까?

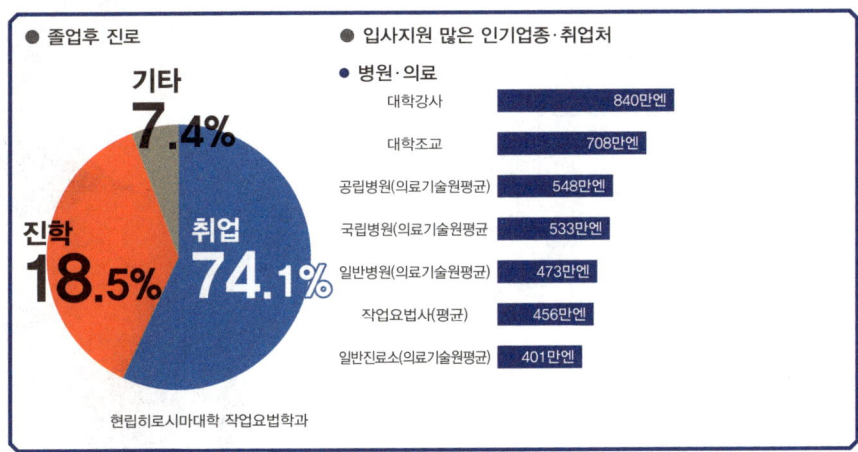

● 졸업후 진로
기타 7.4%
진학 18.5%
취업 74.1%
현립히로시마대학 작업요법학과

● 입사지원 많은 인기업종·취업처
● 병원·의료
대학강사 840만엔
대학조교 708만엔
공립병원(의료기술원평균) 548만엔
국립병원(의료기술원평균) 533만엔
일반병원(의료기술원평균) 473만엔
작업요법사(평균) 456만엔
일반진료소(의료기술원평균) 401만엔

● 국가시험 합격률이 높은 대학을 선호

이학요법사와 마찬가지로 원래는 전문학교가 교육의 중심이었지만, 이들도 현재는 대학으로 이행하는 중이다. 단 이것도 이학요법과 동일하지만, 국가시험 합격률이 매우 낮은 대학도 있으므로, 대학 선택 시에는 주의가 필요하다. 이학요법·작업요법 모두 국공립대학 및 사립대학 전통 대학이라면 소수정예의 교육이 이루어지므로 교육의 질이 보장된다. 또한 신설교라도 전신이 교육기관으로 전통 있는 전문학교·단기대학이거나, 병원·의료법인이 설립한 대학이라면 안심할 수는 있다. 수험생들에게 인기가 높은 것에 비해 교육의 질이라는 점에서는 불안감이 남기도 한다. 졸업생의 실적이 나오기까지는 신중한 검토가 필요하다.

말하고, 듣고, 먹는 것은 매우 중요하니깐

언어청각요법학과

Speech-Language-Hearing

■ 유사학과
보건학과, 재활학과, 의료공헌학과, 감각교정학과 등

- **학비**(초년도 납부금)
  - 국립: –
  - 사립: 최저 **142만엔** (홋카이도의료대학)
  - 최고 **185만3,300엔** (히메지돗쿄대학)

- **재학년수**: 4년

- **남녀비율**
  - 여자 **83.1%**
  - 남자 **16.9%**
  - 니이가타의료복지대학 언어청각학과

- **인기자격증&검정시험**
  - 언어청각사

● 말하고 듣고 먹는 것을 지원하는 스페셜리트스

언어청각사를 양성하는 학과이다. 언어청각사란 언어 및 청각, 삼키기(연하) 등에 장애를 지닌 사람에게 재활을 실시, 지원하는 직업이다. 언어장애, 청각장애로 인해 말하는데 어려움이 있는 사람, 고령으로 인한 뇌경색 후유증으로 실어증이 된 사람들을 돕는다. 말하자면 언어 재활 전문가이다. 환자가 안고 있는 장애의 원인 및 메커니즘을 해명하여 대처법을 찾아내고 훈련 및 조언을 실시하기 위한 지식과 기능을 습득한다. 태어날 때부터 장애로 인해 곤란한 환자도 있지만, 질병이나 사고가 원인인 사람, 더 나아가 나이가 들어가면서 불편하게 된 사람 등 환자는 남녀노소를 불문한다. 말하는데 어려움이 있는 환자에게 섬세한 케어를 할 수 있는 인간성도 요구된다.

● 재활과가 있는 병원 및 노인홈으로의 취업자가 많다

언어청각사의 국가시험 합격률은 대개 60% 전후로 추이하고 있다. 동일한 재활관련의 자격으로 먼저 소개한 이학요법사 및 작업요법사와 비교하면 합격률은 조금 낮은 편이다. 자격증 취득자는 재활과가 있는 병원 내지는 노인홈 등의 사회복지시설을 중심으로 취업한다. 언어청각장애 담당자의 배치가 의무화되어 있다. 난청 유아원 시설 및 언어장애자 후생시설 등으로의 취업도 그런대로 있는 듯하다. 간호사만큼 채용자 수가 많지 않다는 사정 때문인지 지방공무원 의료직은 적다. '예상되는 진로·취업처'에 기재된 대학이라도 실제로는 취업 실적이 없는 경우도 많다. 대학원 진학자는 거의 전무하다.

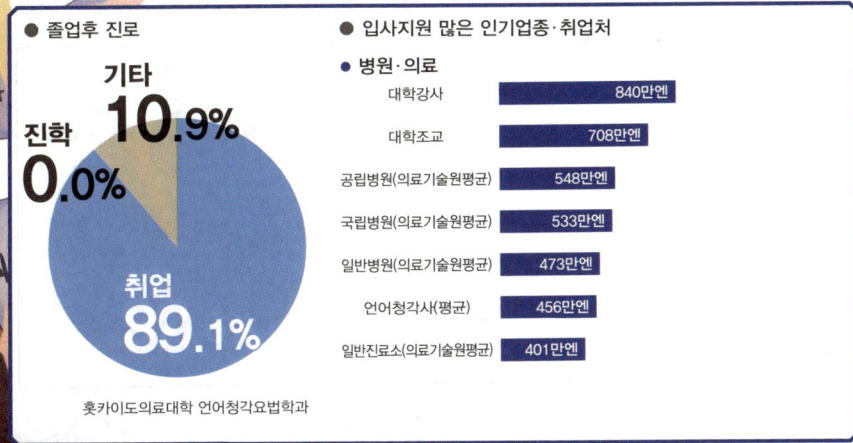

● 졸업후 진로
- 기타 10.9%
- 진학 0.0%
- 취업 89.1%

홋카이도의료대학 언어청각요법학과

● 입사지원 많은 인기업종·취업처
- 병원·의료
  - 대학강사 840만엔
  - 대학조교 708만엔
  - 공립병원(의료기술원평균) 548만엔
  - 국립병원(의료기술원평균) 533만엔
  - 일반병원(의료기술원평균) 473만엔
  - 언어청각사(평균) 456만엔
  - 일반진료소(의료기술원평균) 401만엔

● 국가자격이 된지 아직 20년 정도인 언어청각사, 장래성은?

언어청각사는 1997년에 국가자격으로 인정된 직종이며, 제1회 시험은 1999년으로 아직 역사가 짧다. 이름이 알려졌다고 할 정도의 직종이 아니어서 장래성을 불안해하는 고등학교 교원 및 보호자가 많다. 그러면서도 '언어' 및 '듣기'에 대해 장애를 가진 사람은 전국에 약 600만 명 정도이다. 이 600만 명에 대해 언어청각사는 약 2.9만 명에 머물러 압도적으로 인재가 부족하다는 결론에 도달하며, 향후의 수요가 많을 것이라고 하는 설치대학·전문학교 측의 주장이다. 수요가 있다고 하더라도 언어청각사로서의 리더가 어느 정도인지, 불명료한 부분이 많은 것도 사실이다. 향후의 수요 예측 등을 포함하여 신중히 검토할 필요가 있다.

혈액, 뇌파, 세포…등등 무엇이든 궁굼하다

임상검사학과

Laboratory Medicine

■ 유사학과
임상기술학과, 임상검사기술학과, 임상생명과학과 등

- **학비(초년도 납부금)**
  국립 : –
  사립 : 최저 **176만엔**
  　　　　　(나가사키의료복지대학)
  　　　 최고 **195만9,000엔**
  　　　　　(모리노미야의료대학)

- **재학년수 : 4년**

- **남녀비율**
  남자 51.3%　여자 48.7%
  　　　　　　덴리의료대학 임상검사학과

- **인기자격증&검정시험**
  임상검사기사
  건강식품관리사
  유전자분석과학인정사 (초급)
  제1종 위생관리자

● **혈액, 소변, 대변, 뇌파, 심전도, 무엇이든 검사하는 스페셜리스트**

　조사하기를 좋아하는 학생이 모이는 학과이며 임상검사기사를 양성한다. 혈액검사, 소변검사, 뇌파측정 등, 대략 검사라고 일컫는 모든 것을 담당한다. 환자의 혈액 등을 검사하여 질병 예방, 치료에 필요한 과학적인 근거를 의사에게 제출한다. 임상검사에는 검체를 분석하는 검체검사, 신체에 직접 기기를 장착하여 알아보는 생리기능검사가 있다. 병원에서는 임상검사기사로서 검사 담당 외에도 당뇨병 요양지도, 수술시 모니터링, 배아세포배양 등도 업무 범위 내이다. 화려함은 전혀 없지만, 오로지 검사만 해도 고통스럽게 느끼지 않는다면 적성에 맞을 것이다.

● 임상검사기사 외에 의료업체 연구직으로서의 길도

다른 의료직 양성 학과와 마찬가지로 임상검사기사가 되려면 국가시험에 합격해야 한다. 합격률은 대개 70% 전후로, 자격증 취득자는 대부분이 그대로 임상검사기사로 취업한다. 병원 취업이 압도적으로 많으며, 그 밖에 제약·의료업체 연구직, 공무원 의료직(공립병원)도 일정 수 있다. 세포분석 기술이 있다면 바이오 기업의 연구직 채용도 기대할 수 있다. 대학원 진학은 간호학과만큼은 아니지만, 다른 의료직 양성학과에 비해 적은 수 이기는 하나, 많은 편이다. 대학원으로 진학한 학생은 졸업 후에 제약·의료업체 등의 연구직으로 채용되는 경우도 많다. 요즘에는 검사기기의 진화에 따른 검사 자동화가 비약적으로 발전되어 장래적으로는 기사에게 요구되는 소양에도 변화가 올 지 모른다.

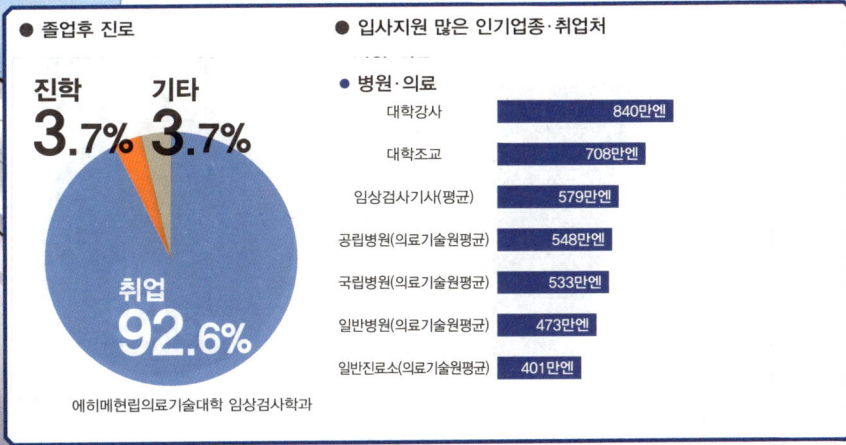

에히메현립의료기술대학 임상검사학과

● 인공심폐 등 생명유지장치의 조작은 임상공학기사

임상검사기사와 동일한 '임상'을 칭하는 직종으로 자주 혼동되는 것이 임상공학기사와 임상심리사이다. 임상공학기사는 인공심폐 등 생명유지관리장치를 조작하는 전문직이다. 수술에도 참관하고, 만성 신장질환 환자에게 인공투석을 시행하는 것도 임상공학기사의 일이다. 한편, 임상심리사는 임상심리학 지식을 바탕으로 상담 업무를 담당한다. 스쿨 카운슬러 자격증 보유자는 80% 이상을 차지한다. 임상검사기사와 임상공학기사는 국가자격이지만, 임상심리사는 지금까지 민간자격증이었던 것이 2018년부터는 국가자격 공인심리사로 스타트하게 되었다.

의치약·의료계통 기타 학과

구강보건학과

● 학비
국립 : **81만7,800엔**
사립 : 최저 **112만1,100엔**
　　　　　　　(규슈간호복지대학)
　　　 최고 **166만6,640엔**
　　　　　　　(도쿠시마문리대학)

● 인기자격증&검정시험
치과위생사
양호교사 1종·2종

도쿄의치과대학, 오사카치과대학 등 7개 대학이 설치. 관련 학과로는 히로시마대학(구강건강과학과), 니이가타대학(구강생명복지학과) 등이 있다. 치과 위생사를 양성하는 학과로 지금까지 전문학교 중심이었던 치과 위생사의 양성을 대학으로 이행하는 것일까? 근무 조건 등 신중한 검토가 필요하다.

침구학과

● 학비
국립 : －
사립 : 최저 **130만엔**
　　　　　　　(스즈카의료과학대학)
　　　 최고 **197만6,300엔**
　　　　　　　(데이쿄헤이세대학)

● 인기자격증&검정시험
침술사·뜸사
안마마사지 지압사
중학교교사 1종면허 (보건체육)
고등학교교사 1종면허 (보건체육)

메이지국제의료대학 등 6개교가 설치한 학과로 침구사를 양성한다. 엄밀하게 말하면 침술사·뜸사, 안마마사지사로 나누어지며, 다수의 학생이 동시에 취득한다. 최근에는 규제 완화 등으로 인해 침구사의 수는 증가하고 있어 과당경쟁이라는 소문과 향후 수요가 클 것이라는 소문으로 나누어진다.

진료방사선학과

● 학비
국립 : **81만7,800엔**
사립 : 최저 **162만5,370엔**
　　　　　　　(데이쿄대학·후쿠오카의료기술)
　　　 최고 **189만3,370엔**
　　　　　　　(츠쿠바국제대학)

● 인기자격증&검정시험
진료방사선기사
제1종·제2종 방사선취급주임자

진료방사선기사를 양성하는 학과로 군마현립현민건강과학대학 등 10개교가 설치. 의사의 지시하에 방사선치료를 한다. 피폭 위험을 관리하는 능력이 요구되기 때문에 의료계 직종 중에서는 고연봉이다. 피폭 위험은 법률에 의해 안전 기준이 있다.

임상공학과

● 학비
국립 : －
사립 : **167만8,000엔** (가나가와공과대학)

● 인기자격증&검정시험
임상공학기사
제1종 위생관리자
ME기술실력검정
의료기기정보 커뮤니케이터

가나가와공과대학 공학부가 설치. 관련 학과는 기타사토대학, 오사카전기통신대학, 오카야마이과대학 등에도 있다. 인공심폐 등 생명유지관리장치를 조작하는 전문직, 임상공학기사를 양성한다. 인공투석을 시행하는 것도 이 자격증 보유자이다.

시기능요법학과

● 학비
국립 : −
사립 : 최저　**163만엔** (국제의료복지대학)
　　　 최고　**179만6,000엔**
　　　　　　　　　　　　(규슈보건복지대학)

● 인기자격증&검정시험
시능훈련사
동행원호종업자

시각장애를 가진 환자의 재활·훈련·치료에 해당하는 시능훈련사를 양성하기 위한 학과. 국제의료복지대학(보건의료학부)와 규슈보건복지대학이 설치. 관련 학과는 기타사토대학(재활학과) 및 가와사키의료복지대학에도 있다.

유도정복학과

● 학비
국립 : −
사립 : 최저　**177만2,590엔**
　　　　　　　　　　　　(데이쿄대학)
　　　 최고　**217만5,000엔**
　　　　　　　　　　　　(도쿄아리아케의료대학)

● 인기자격증&검정시험
유도정복사
애슬레틱트레이너
중학교교사 1종면허 (보건)
고등학교교사 1종면허 (보건)

접골원·정골원에서 염좌·탈구 등에 대한 치료를 하는 전문직으로 유도정복사를 양성한다. 침구·안마마사지사와는 다르며 유도정복 치료의 경우에는 건강보험이 적용된다. 그중에는 스포츠 트레이너로 직업을 바꾸는 사람도 있다. 데이쿄대학, 도쿄아리아케의료대학 등이 설치.

신약과학과

● 학비
국립 : **81만7,800엔**
사립 : 최저　**170만8,500엔** (긴키대학)
　　　 최고　**210만650엔** (호시약과대학)

● 인기자격증&검정시험
임상검사기사
제1종·제2종 방사선취급주임자
중학교교사 1종면허 (보건)
고등학교교사 1종면허 (보건)

약에 관한 지식을 습득하는 학과로 약제사의 수험 자격증을 취득할 수 있는 약학과는 6년제이고, 이들은 4년제로 수험 자격은 취득할 수 없다. 제약회사 등으로 취업한다. 도호쿠대학 및 규슈대학 등이 설치. 관련학과로는 생명신약과학과, 약과학과 등이 있다.

보건의료경영학과

● 학비
국립 : −
사립 : **118만4,660엔** (보건의료경영대학)

● 인기자격증&검정시험
진료정보관리사
의료비서
의업경영관리기능검정
닛쇼부기

보건의료경영대학이 2008년에 설치. 성마리아병원 그룹이 지원하고 있다. 병원 내에서 경영적인 역할을 하는 사무직원의 인재 양성을 내걸고 있다. 이 '사무직원'이라는 부분이 오해를 불러일으키는 탓인지, 잇달아 정원 미달이 되고 있지만, 취업에서는 병원을 중심으로 상당한 호조를 보인다. .

의치약·의료계통

column

반드시 알아야 할 의료직 선택 방법

의료계통 학과에 진학할 경우, 타 학과와 달리 기본적으로 그 학과에 관련한 전문직으로 취업하게 됩니다. 직업으로 바꾸는 것은 좀처럼 어렵다고 할 수 있겠죠. 거기서 고등학생에게는 어느 대학에 수험할 것인지의 문제 이전에, 어느 학과(전문직)를 택할 것인지가 문제입니다. 최종적인 결단은 고등학생 본인의 몫이지만, 여기서는 선택 방법에 대해 설명하고자 합니다.

1 : 수업연한
의학과, 치학과, 약학과는 6년제. 그 외는 4년제입니다. 6년제인 경우, 그만큼 학비가 더 들어가게 됩니다.

2 : 학비
국공립대학이라면 저렴하겠지만, 사립대학이라면 역시 비용이 올라갑니다. 그리고 의료계통 학과는 실험·실습으로 바쁘기 때문에 장시간의 아르바이트로 생활비를 충당한다는 것은 현실적으로 매우 힘들 것이라는 사실을 알아두기 바랍니다.

3 : 업종의 년수·대우
같은 4년제라도 고연봉을 기대할 수 있는 의료직과 그렇지 않은 의료직으로 나누어집니다. 수입은 역시 중요하기 때문에 미래를 내다보고 사전에 확인하기 바랍니다

4 : 직능단체
전문직의 관련 단체로써 단체의 영향력이 강하면 강할수록 그만큼 정부나 지자체에 요구하기 쉽다고 알려져 있습니다. 규모가 큰 의료직으로는 일본의사회, 일본치과의사회, 일본간호협회(간호사), 일본제약사회 등이 있습니다.

5 : 장래성
주간지 등에서 자주 특집으로 나오지만, 현재의 의료현장 상황 및 향후의 기술혁신에 의해 동일한 의료직이라도 장래성이 크게 변할 가능성이 있습니다. 5년, 10년이라고 긴 기간으로 보기에는 어려운 부분도 있지만.

6 : 대학과의 매칭
이것만은 반드시 본인이 오픈 캠퍼스 등에 가서 확인하는 방법 밖에 없습니다. 예비 조사에 만전을 기하기를 바랍니다.

제10장

가정학 계통

- ▼ 가정학과
- ▼ 관리영양학과
- ▼ 피복학과
- ▼ 건강영양학과
- ▼ 도시생활학과
- ▼ 식안전매니지먼트학과
- ▼ 화장패션학과
- ▼ 심리어린이학과
- ▼ 가정경제학과
- ▼ 패션사회학과
- ▼ 정보의류환경학과

거실과 부엌에서부터 세상을 바꾸고 싶다

「가정학과」

Home Economics

■ 유사학과
생활과학과, 인간생활학과, 생활문화학과, 생활환경학과 등

● 학비(초년도 납부금)
  국립 : –
  사립 : 최저 **125만4,916엔**
       (도쿄생활문화대학)
       최고 **147만1,160엔**
       (아이치가쿠센대학)

● 재학년수 : **4년**

● 남녀비율
  남자 **20%**   여자 **80%**
       아이치가쿠센대학 가정학부

● 인기자격증&검정시험
  중학교교사 1종면허 (가정)
  고등학교교사 1종면허 (가정)
  학예원
  인테리어 플래너

● 강의내용과 취득 가능한 자격증은 대학에 따라서 상당히 다르다

　의식주, 생활 전반의 질적 향상을 지향하는 학과이다. 대부분은 여자대학에 설치되어 있으며 남녀공학에서 가정학과를 설치한 곳은 도쿄쿠생활문화대학, 아이치가쿠센대학(가정학과), 교토부립대학(환경디자인학과), 간토학원대학(공생디자인학과) 등 극히 소수에 한정되어 있다. 어디나 대부분은 여학생이 차지한다. 뒤에서 다루게 되는 영양학과, 피복학과의 요소를 지닌 대학도 있으며 주거학(건축학에 가깝다)을 배우는 대학도 있다. 그러므로 동일한 가정학과라도 대학에 따라서 취득할 수 있는 자격증은 크게 다르다. 학과명만으로는 무엇을 배울 수 있는지, 어떠한 자격증을 취득할 수 있는지는 판별이 불가능하므로, 전공·코스 및 강의내용, 취득 가능한 자격증 등을 사전에 체크하기 바란다.

● **배움은 '가정'이지만 똑 부러지게 밖에서 일하는 졸업생들**

주로 유통·소매업계, 서비스업 그리고 교원 등으로 취업을 하게 된다. 붙임성 좋은 학생들이 유통·소매, 서비스 관련 기업으로 취업하는 패턴이다. 최근 매수자 시장을 반영하듯 일반직(사무작업 등의 보조업무)뿐 아니라 종합직 채용의 여학생들도 증가하고 있다. 여기서 큰 벽이 되는 것이 의외로 가족(특히 엄마)다. "여자 아니깐 무리해서 종합직에 취직 안 해도…"라는 말에 단념해 버리는 경우도 드물지 않다. 이 외에 졸업생의 진로를 살펴보면, 식품 및 주택회사의 종합직에서 채용되는 경우도 볼 수 있으므로, 억척같이 일하고 싶은 여학생들은 열심히 취업활동을 하기 바란다. 교직에 일하는 사람도 많지만, 교원시험대책을 부지런히 공부하는 길밖에 없으며, 고등학교에서 학급임원을 맡았을 때와 같은 초지관철의 성격이 적성에 맞는다.

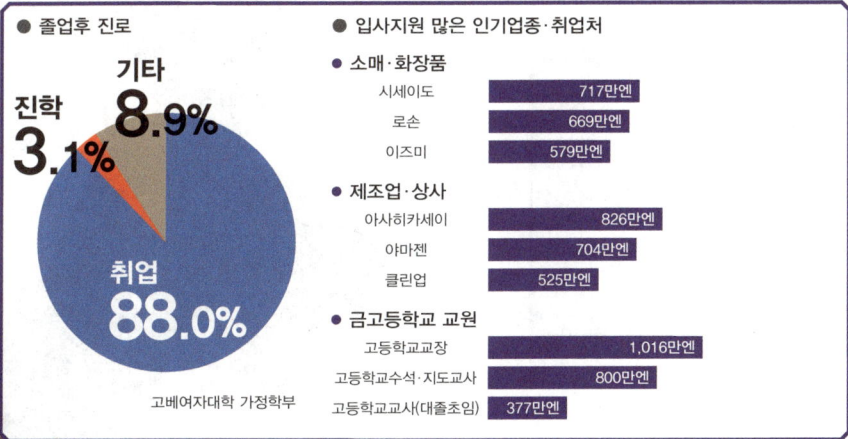

● 졸업후 진로
- 진학 3.1%
- 기타 8.9%
- 취업 88.0%

고베여자대학 가정학부

● 입사지원 많은 인기업종·취업처
- 소매·화장품
  - 시세이도 717만엔
  - 로손 669만엔
  - 이즈미 579만엔
- 제조업·상사
  - 아사히카세이 826만엔
  - 야마젠 704만엔
  - 클린업 525만엔
- 금고등학교 교원
  - 고등학교교장 1,016만엔
  - 고등학교수석·지도교사 800만엔
  - 고등학교교사(대졸초임) 377만엔

● **학과명의 트렌드는 '가정'에서 '생활'로**

1990년대부터 가정학과는 '생활'이라는 이름이 들어가는 학과명으로 옷을 갈아입은 대학이 속출했다. 1992년에 오차노미즈대학이 생활과학부, 2014년에는 나라여자대학이 생활환경학부로 국립여자대학의 투톱이 함께 '가정'이라는 이름을 버린 것이 흐름을 만들었다. 차녀격이었을 영양계통 학과가 독립한 것도 장녀인 가정학과 입장에서 보면 재미있지 않다(고 한다). 주거학을 포함하여 일단 가정계통 학과로 분류되어 있는 곳이 도호쿠공업대학의 안전안심생활디자인학과 이다. '안전 안심'이라는 명칭을 사용하는 유니크한 학과이지만, 애초에 공업계 대학의 학부라서 여학생 비율은 낮으며, 가정계통 학과에서만은 이례적으로 30% 정도이다. 가정학과에 지원하는 남학생에게는 지망 후보가 될까?

건강한 몸은 식사가 만든다

관리영양학과

Nutrition

■ 유사학과
건강영양학과, 식물영양학과, 영양학과, 식물학과 등

- 학비(초년도 납부금)
  국립 : 81만7,800엔
  사립 : 최저 133만9,010엔
  　　　　　　　(나고야경제대학)
  　　　최고 166만1,660엔
  　　　　　　　(도쿄세이에이대학)

- 재학년수 : 4년

- 남녀비율
  여자 87.1%
  남자 12.9%
  　　　　　　간토학원대학 영양학부

- 인기자격증&검정시험
  영양사·관리영양사
  영양교사 1종면허
  푸드스페셜리스트
  당뇨병요양지도사

● 관리영양사 취득을 목표로 학생들은 공부에 전념

별명은 '공부 스파르타 학과'다. 본래는 영양사 취득이 목표인 학과로 건강을 유지하는 식사의 영양에 관한 지식과 기능을 습득한다. 영양사의 상급직인 관리영양사가 1990년대 후반부터 주목받기 시작하여 수요도 확대되었다. 현재로는 영양계통 학과의 대부분이 이 관리영양사 양성과정을 설치하였다. 관리영양사는 국가자격증으로 시험의 출제범위가 매우 광범위하므로, 대학에 들어가면 오로지 공부만 하게 된다. 영양학은 물론 생리학 및 식품학, 화학 등의 공부도 해야하기 때문에 학생들 중에는 "고등학교 시절보다 대학 수험보다도 지금이 공부를 가장 많이 해"라며 푸념을 늘어놓는 사람이 있을 정도이다. 대학에 들어가면 여유있게 캠퍼스 생활을 할 것이라는 가벼운 마음으로 입학한 학생은 눈 앞에 닥친 현실에 경악할 수도 있으므로 마음의 준비를 단단히 하기 바란다. 학생 남녀 비율은 여학생이 대부분을 차지하지만, 남녀공학에서는 남학생의 모습도 드문드문 볼 수 있다.

● 최근에는 드러그스토어의 구인이 급증

졸업생은 관리영양사 자격증을 취득하여 급식시설, 의료복지시설, 식품 관련업체로 취업하는 것이 통례였지만, 2010년대 후반부터는 드러그스토어 채용이 급증하였다. 앞에서 언급한 3개 업종에 드러그스토어를 더해 4개 업종이 주를 이루고, 현재의 주된 취업 분야가 되었다. 드러그스토어는 매장에 방문하는 고객에게 영양지도·어드바이스를 함으로써 고객 만족도를 향상시키는 목적으로 영양학에 대한 식견이 있는 학생 채용을 늘리고 있다. 의료복지 및 급식시설에 취업한 졸업생들에게 들어보면 "의료복지시설에서의 근무는 식단을 생각하는 본래의 일이고 보람있다"라는 목소리가 있는 한편, "급식시설은 식단 만들기 보다 조리 중심이고, 여자들뿐인 직장의 인간관계는 피곤하다"라고 하는 목소리도 있다. 이 밖에 프로 스포츠팀 및 피트니스클럽, 식관련·의약품 업체 등으로도 일정 수 취업하고 있다.

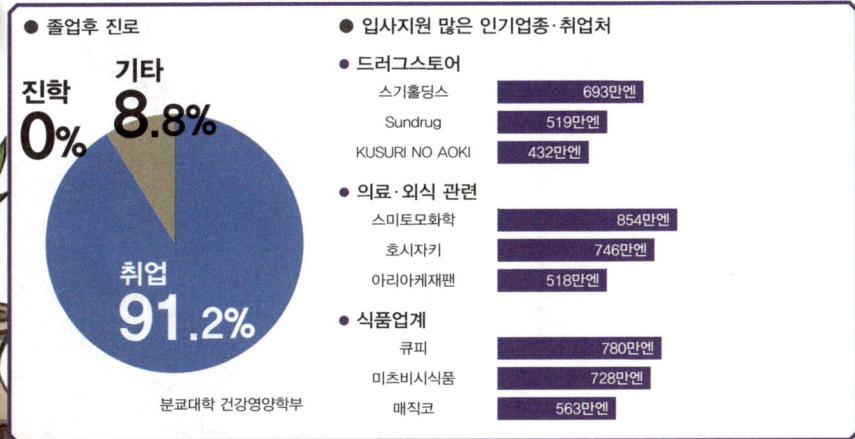

● 관리영양사의 합격률은 해마다 상승하고 있지만, 그럼에도 54.6%

영양관리사 양성 학과가 너무 많이 증가하여 시장 수요에 비해 인재 공급과잉이라는 견해가 있다. 실제로 영양관리사의 시험 합격률은 2004년이 15.6%였던 것에 비해 2016년은 54.6%(수험자 수는 약 1.9만 명)까지 늘어나, 자격증 취득자는 매년 상당수 증가하였다. 단 앞에서 언급한 바와 같이 최근에는 드러그스토어의 채용이 급증하는 등 시장이 확대되고 있다. 또한 관리영양사는 본래 여성이 많아 결혼 및 출산 더 나아가서는 배우자의 전근 등을 계기로 일에서 멀어지는 사람이 많다. 이러한 이유로 관리영양사 양성학과가 늘어난 현재도 절묘한 밸런스로 인원 신진대사 사이클이 돌아가고 있다는 불가사의한 업계이기도 하다. 드러그스토어 채용은 한때의 버블이 아니라 향후에도 지속될 전망이다. 그만큼 건강산업이 주목받는 시대임을 나타내는 것이다.

멋진 패션과 멋진 코디네이터를

피복학과

Clothing

■ 유사학과
생활디자인학과, 인간생활학과, 환경디자인학과, 생활환경학과 등

● 학비(초년도 납부금)
국립 : 81만7,800엔
사립 : 최저 136만엔 (교리츠여자대학)
　　　최고 148만2,650엔
　　　　　　　(오츠마여자대학)

● 재학년수 : 4년

● 남녀비율
　　　　여자 100%
남자 0%　　　　교리츠여자대학 피복학과

● 인기자격증&검정시험
　의료관리사 1급
　중학교교사 1종면허 (가정)
　고등학교교사 1종면허 (가정)
　학예원

● 디자인을 배운다면 '학비+α'의 지출을 각오

　이름 그대로 패션 관련의 지식과 기능을 배우는 학과이다. 대학에 따라서는 코스가 더욱 세분화되어 디자인이 메인인 실기중심 코스, 심리학 및 비즈니스의 관점에서 피복을 연구하는 코스 등이 설치되어 있다. 실기중심 코스인 경우, 예술계통 학부 디자인학과와 분위기가 가깝다. 당연히 미싱은 필수품이며 학비 외에도 실습에서 사용하는 재료비 등에 상당한 비용이 들어간다. 그 연간비용을 학비에 더하면 의학부 또는 약학부 다음으로 학비가 비싸게 되는 것은 아닌가라는 지적이 있다. 심리학·비즈니스 등의 관점에서 접근하는 코스라면 비즈니스 플랜을 학생으로부터 제안하는 실습이 있다.

● 매일 매일의 수련과 연찬이 디자이너로의 길을 연다

어패럴 소매 및 제조업을 지원하는 학생이 많다. 학과와의 관련성이 높기 때문에 소매업의 판매직에서 일하는 사람도 많지만, 여성만의 직장에서 잘 해 나가는 사람과 인간관계가 귀찮아서 퇴직하는 사람, 이렇게 두 분류로 나누어진다. 조건도 그만큼 까다롭지는 않다. 판매직이 아닌 종합직 및 연구직, 디자이너 등의 업종에서 일하고 싶은 경우는 대학 시절에 착실히 공부하여 전문성이 높은 지식과 기술을 습득할지, 그게 아니라면 꾸준히 취업활동·기업 연구가 필요하다. 후자에 관해 말한다면 시마세이키, 야기, 데시마를 아는지 모르는지가 기준이 된다. 어느 쪽이든 어패럴계의 거장이라 말할 수 있는 기업이다. 좋은 조건의 기업은 국공립대학, 사립대학 전문학교로부터 취업자가 많다. 금융기관으로 취업하는 학생도 그런대로 많지만, 이것은 학과의 전문성과는 관계가 없다. 본래는 창구업무 중심의 일반직 채용이 주였지만, 최근의 매수자 시장의 영향으로 종합직 채용을 성사시키는 졸업생도 늘고 있는 것 같다.

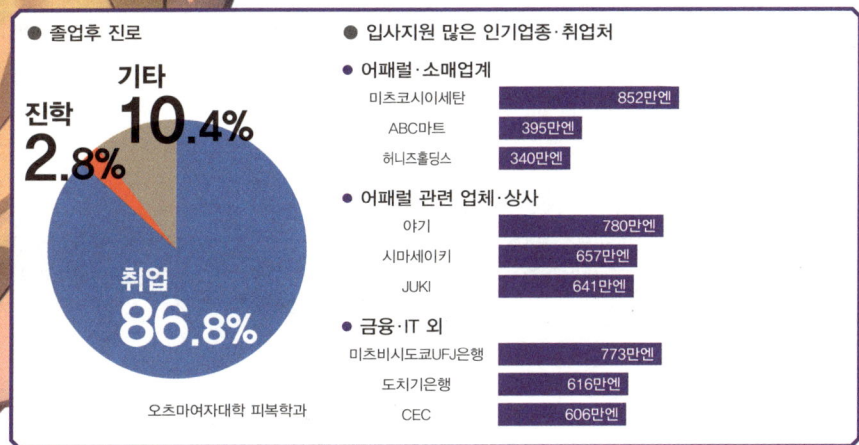

● 졸업후 진로
진학 2.8%
기타 10.4%
취업 86.8%

오츠마여자대학 피복학과

● 입사지원 많은 인기업종·취업처
● 어패럴·소매업계
미츠코시이세탄 852만엔
ABC마트 395만엔
허니즈홀딩스 340만엔
● 어패럴 관련 업체·상사
야기 780만엔
시마세이키 657만엔
JUKI 641만엔
● 금융·IT 외
미츠비시도쿄UFJ은행 773만엔
도치기은행 616만엔
CEC 606만엔

● 여대 중심의 학과이지만, 남녀공학도 있으므로 남학생도 OK

실기 중심의 코스를 선택한 학생의 경우, 졸업 문제는 논문이 아닌 제작이다. 피로연을 겸한 발표회는 미술계 대학의 졸업 제작 발표회와 똑같은 화려함이다. 교리츠여자대학 피복학과의 염직문화재 코스는 염직품의 보존·복구에 관한 전문 인재를 육성하고 있다〈보존·복구〉의 연구·식견은 세계에서도 톱클래스(대학사이트)라는 것. 피복관련 학과는 여대가 중심이었지만, 남녀공학에서도 스기노복장대학(복장학부), 문화학원대학(복장학부·현대문화학부), 교토세이카대학(포퓰러컬쳐학부) 등의 선택지가 있어 남학생이라도 공부할 기회는 주어진다. 디자인 공부가 주가 되는 곳이라면 공립인 나가오카조형대학(조형학부 프로덕트디자인학과) 등이 있다. 각 학교들도 여학생 비율은 높고, 남학생은 소수이다.

가정학계통

가정학계통 기타 학과

건강영양학과

● 학비
국립 : **81만7,800엔**
사립 : 최저 **120만엔**
　　　　　　　　(센다이시라유리여자대학)
　　　최고 **188만3,600엔**
　　　　　　　　(니이가타의료복지대학)

● 인기자격증&검정시험
관리영양사
영양사
푸드스페셜리스트
고등학교교사 1종면허 (가정과)

야마가타현립요네자와영양대학, 고마자와여자대 등 19개교가 설치한 학과. 관리영양학과와 마찬가지로 관리영양사를 양성한다. 동일한 내용의 학과명으로는 식물영양학과가 18개교 설치. 건강영양학 쪽이 많은 이유는 '식물' 보다 '건강'이 중요하다는 표시일까?

도시생활학과

● 학비
국립 : －
사립 : 최저 **137만8,000엔**
　　　　　　　　(고베쇼인여자학원대학)

● 인기자격증&검정시험
도서관 사서·학교도서관 교사사서
웹디자인실무사
중학교교사 1종면허 (가정과)
고등학교교사 1종면허 (가정과)

고베쇼인여자학원대학이 설치. '도시생활 전공'과 '식비즈니시 전공'으로 나누어지고, 전자는 가정학 전반을 도시라는 키워드로부터 배운다. 후자는 식품·영양학을 연구한다. 필드워크 및 실습이 풍부하여 지역 어패럴 업체에서의 실습 등이 있다.

식안전 매니지먼트학과

● 학비
국립 : **81만7,800엔**
사립 : **145만8,000엔** (쇼와여자대학)

● 인기자격증&검정시험
학예원
도서관사서
식품위생관리자
닛쇼부기

반도 마리코 총장 하에 활약 중인 쇼와여자대학이지만, 2017년에 신설한 학과이다. 식품업계에서 활약할 수 있는 인재 양성을 목표로 하고 있다. 대학의 웹사이트를 살펴 보면, 종합직 양성에 주안을 두고 있는 것 같다. 학과명에 '안전'을 사용하는 등의 패기가 느껴진다.

화장패션학과

● 학비
국립 : －
사립 : **150만650엔** (오사카쇼인여자대학)

● 인기자격증&검정시험
학예원
도서관 사서·학교도서관 교사사서
중학교교사 1종면허 (가정과)
고등학교교사 1종면허 (가정과)

오사카쇼인여자대학에 설치되어 있는 학과. 패션학 전공과 화장학 전공으로 나누어져 패션을 폭넓게 배운다. 오픈 캠퍼스에서는 사리체험, 오리지널 친환경 가방 만들기, 헤어메이크업, 머리땋기 등의 체험형 프로그램이 풍부하게 준비되어 있다.

심리어린이학과

● 학비
국립 : -
사립 : **140만2,000엔**
(고베카이세이여자학원대학)

● 인기자격증&검정시험
보육사
유치원교사 1종면허
초등학교교사 1종면허
정보처리사

고베카이세이여자학원대학이 설치하고 있는 학과로 심리학과 어린이학을 통해 유아교육을 배운다. 이 대학은 선전에 취약하여 장기적으로 정원 미달이 되고 있지만, 원래 교육에는 정평이 나 있다. 영어검정 2급 상당 이상의 자격증을 보유한 입학생은 수업료 면제라는 장학금 제도의 도입도 있어 최근에는 급성장 중이다.

가정경제학과

● 학비
국립 : -
사립 : 최저 **127만8,960엔**
(니혼여자대학)
최고 **140만3,500엔**
(나고야여자대학)

● 인기자격증&검정시험
학예원
도서관 사서·학교도서관 교사사서
중학교교사 1종면허 (가정과, 사회)
고등학교교사 1종면허 (가정과, 공민)

가정학과 경제학이 융합한 학과로 니혼여자대학과 나고야여자대학에 설치되어 있다. 경제는 재미있을 것 같은데 남녀공학에 가기에는 꺼려진다는 여학생들에게 안성맞춤의 코스이다. 니혼여자대학은 소수 인원제의 강의와 세미나 수업이 많으며, 히토츠바시 및 메이지 등 타 대학과의 공동합숙도 마련되어 있다.

패션사회학과

● 학비
국립 : -
사립 : **156만3,700엔** (분카학원대학)

● 인기자격증&검정시험
패션비즈니스 1종면허
중학교교사 1종면허 (가정과)
고등학교교사 1종면허 (가정과)
학예원

분카학원대학이 설치하고 있는 학과로 패션을 사회학의 키워드로부터 배운다. 패션은 좋아하지만, 디자인 공부를 하는 것은 아니고, 미래에 어패럴 관련 기업의 종합직 및 판매직을 꿈꾸는 학생에게 적합하다. 무사시대학(사회학과) 및 오사카산업대학(경영학과)에도 유사학과가 있다.

정보의류환경학과

● 학비
국립 : **81만7,800엔**
사립 : -

● 인기자격증&검정시험
섬유제품 품질관리사
컬러 코디네이터검정
중학교교사 1종면허 (가정과)
고등학교교사 1종면허 (가정과)

나라여자대학에 설치되어 있다. 의류환경학과 생활정보통신학과의 2코스제로 피복학 분야를 배우는 것은 전자이다. 이 대학은 국립으로 2개교 밖에 없는 여자대학이며 오픈 캠퍼스에서는 간사이뿐 아니라 전국에서 수험생이 모일 정도로 성황을 이룬다.

가정학계통

column

전문직 자격증의 합격실적
이러한 정보개방은 수상하다

관리영양사 및 이학요법사 등 의료직, 사회복지사 등 이른바 전문직에 관련된 학과를 선택할 때에는 대학 측이 어디까지 교육에 열정을 쏟아부어 가르쳐 주는지가 중요합니다. 그러므로 이제부터 의료 및 복지 전문직에 뜻을 품고 있는 학생이라면 대학의 실적을 제대로 확인한 후에 진로를 결정하는 것이 좋습니다.

단 대학의 실적 보고를 살펴볼 때에는 주의할 사항이 있습니다. 이러한 일이 있으면 곤란하겠지만, 그중에는 자격증 시험의 합격자 데이터를 속여 발각되기도 하기 때문입니다. 여기서 말하는 포인트는 '속인다'라는 것은 '거짓도 아니고, 진실도 아니다'라는 것입니다. 그 수법을 여기서 폭로해 보겠습니다.

■ 속이는 수법 1 : 합격률을 내지 않고, 합격자만을 내놓는다

합격률이 낮은 대학의 경우 합격자 수를 강조합니다. 더욱 낮은 대학이라면 '자격증 취득 가능' 이라는 등의 선전은 하지만, 합격자 데이터조차 내놓지 않습니다. 의료, 사회복지 계통에 많은 수법입니다. 합격률·합격자 수. 양방의 데이터를 확인하는 것이 중요합니다.

■ 속이는 수법 2 : 대폭 초과된 정원을 숨긴다

의료계통 학과에서 정원을 너무 많이 초과하면 실습할 곳이 부족해지는 등의 트러블이 예상됩니다. 신설 간호계통 학과, 이학요법학과에서 이러한 수법을 많이 이용합니다.

■ 속이는 수법 3 : 합격률은 높지만 졸업자가 적다(졸업시키지 않는다)

합격률을 높게 보이기 위해서는 성적 불량의 학생에게 자격증 시험을 보지 않게 하고, 유급 또는 미수험인 채로 졸업을 시킵니다. 관리영양사 계통의 학과에서 많이 볼 수 있습니다.

이러한 대학을 피하기 위해서는 '국공립' '전통 학교' '의료법인이 운영하는 등 기반이 있는 곳' '불리한 데이터도 전부 내놓고 있는가' 등을 보고 비교하는 것이 중요합니다. 수험 전에 반드시 확인해 보시기 바랍니다.

제11장 예술·체육계통

- 회화학과
- 조각학과
- 디자인학과
- 만화학과
- 음악학과
- 연극학과
- 체육학과
- 공예과
- 문예학과
- 영화학과
- 사진학과
- 정보디자인학과
- 스포츠과학과
- 스포츠교육학과
- 운동과학과

자신의 모든 정열을 이 한 장에 쏟아 붓는다

회화학과

Art

■ 유사학과
예술학과, 미술학과, 조형학과, 일러스트학과 등

- **학비**(초년도 납부금)
  - 국립 : 81만7,800엔
  - 사립 : 최저 190만4,500엔
    (무사시노미술대학)
  - 최고 193만5,000엔 (다마미술대학)

- **재학년수** : 4년

- **남녀비율**
  - 남자 31.2%   여자 68.8%
  - 도쿄예술대학 회화학과

- **인기자격증&검정시험**
  - 중학교교사 1종면허 (미술)
  - 고등학교교사 1종면허 (미술)
  - 학예원
  - 미술검정

● **자신을 향상시키기 위해 오로지 그림만 그린다**

오로지 그림만을 그리는 학과이다. 미술학과, 예술학과, 조형학과 등에도 회화전공·코스가 있기는 하다. 미술·예술계통 학과는 그 명분과 달리 기초 기술은 배우지 않는다(타 학과도 마찬가지). 기초는 미술 입시전문학원에서나 배워야 한다는 생각이고, 대학은 어디까지나 학생의 기량을 펼칠 수 있도록 서포트 할 뿐이다. 애초에 회화학과 미술대학은 미대 입시전문학원에 다니지 않으면 입학이 어렵다는 측면도 있다. 재학 중에는 과제가 많은 데다가 자신의 작품도 그려야 한다. 학생들은 다작주의, 과작주의로 분류된다. 후자는 과제를 제출하지 않는다는 변명과 같은 부분도 있다.

● 프로 화가를 꿈꾸는 사람과 대학원 진학자가 반반

졸업후 진로에서 '기타'가 30% 이상이나 되는 이유는 프리랜서로 독립을 꿈꾸는 졸업생이 많기 때문이다. 프로 화가로 먹고 살 수 있을지 없을지는 본인 하기 나름이다. 대학원 진학율이 높다는 것은 "대작을 만들고 싶어, 더 깊이 있는 미술을 하고 싶어"라는 긍정적인 이유와 "일단 대학원에 진학하면 취직하라고는 안 하니까"라는 2가지 이유이다. 미술교원의 취업도 많다. 건실한 길이기는 하지만 교원채용 시험대책 준비를 잘 하였는지 못했는지가 최대의 관건일까? 중·고등학교 미술교원 외에 미술 예비교 강사로 근무하는 졸업생도 많다. 민간기업 취업 상황을 살펴보면 광고 및 애니메이션, 출판업계가 많은 편이다. 최근에는 IT업계의 스마트폰 애플리케이션의 디자인 및 캐릭터 조형 등에 취업이 증가되면서 기대를 모으고 있다. 일반기업의 취업을 희망하는 학생은 적지만 제대로 취업활동을 한다면 일자리를 찾을 수 있을 것이다.

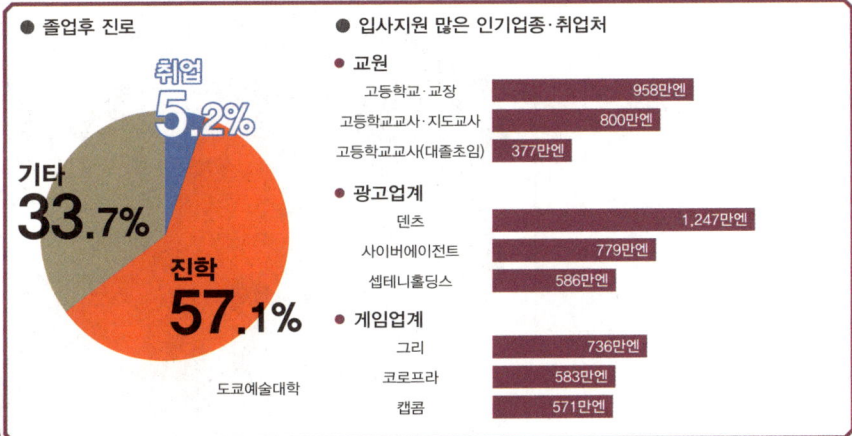

● 진정으로 회화의 길에서 승부하고 싶은지, 생각해 보자

미대 캠퍼스 생활을 소재로 한 서적이나 만화는 많지만 2016년에 히트를 친 『최후의 비경 도쿄예대: 천재들의 카오스 같은 일상』(니노미야 아츠토, 신호사)이다. 이 책의 내용은 다마미술대학 및 무사시노미술대학 등 타 대학에도 해당된다. 이 책을 읽고 "이러한 사람들과 함께 무언가 하고 싶다, 이러한 세계를 동경한다"라고 생각한다면 회화학과를 지향하는 가치가 있을지도 모른다. 반대로 따라가기 너무 어렵다고 느낀다면 교육계 대학에 들어가 미술교원을 목표로 하는 것이 무난하다. 미대 분위기를 알기에는 대학 축제나 오픈 캠퍼스도 절호의 기회이다. 오픈 캠퍼스에서 소수인원으로 진행하는 체험형 프로그램은 바로 만석이 되므로 사전 예약이 가능하다면 되도록 빨리 당일 접수라면 아침부터 줄을 설 정도의 패기가 아니라면 참가하기 어렵다.

새겨라! 두드려라! 반복만이 걸작을 낳는다

조각학과

Sculpture

■ 유사학과
예술학과, 미술학과, 조형학과 등

● 학비(초년도 납부금)
　국립 : –
　사립 : 최저　**190만4,500엔**
　　　　　　　　　(무사시노미술대학)
　　　　최고　**193만5,000엔** (다마미술대학)

● 재학년수 : **4년**

● 남녀비율
　남자 **38.8%**　여자 **61.2%**
　　　　　　　　　다마미술대학 조형학과

● 인기자격증&검정시험
중학교교사 1종면허 (미술)
고등학교교사 1종면허 (미술, 공예)
학예원
미술검정

● **수험 배율은 떨어졌지만, 입학 전의 자기 연찬은 필수**

　오로지 조각에만 몰두하는 학과이다. 무사시노미술대학, 다마미술대학, 도쿄예술대학에 전문학과가 마련되어 있다. 그 밖에 각 미대의 예술학과 및 미술학과, 조형학과 등에도 조각 코스를 두고 있다. 회화학과와 마찬가지로 조각의 기초는 미대 입시전문학원에 다니는 등 입학 전에 스스로 넓혀나갈 수밖에 없다. 조각학과를 포함하는 미술계통 학과는 수험 배율이 높아 "재수, 삼수는 당연한 거지"라고 하는 것은 과거의 이야기이다. 예를 들면 도쿄예술대학의 경우, 일반 입시지원자는 2004년이 6,538명이었으나, 2017년에는 3,829명으로 저하하는 등 인기는 하락하였다. 현역에서의 합격률은 높아졌다. 기초 기술이 없어도 들어갈 수 있지만 입학 후의 수업 및 다른 부류의 시험(공개전 등)으로 주변의 높은 수준을 알게 된다. 입학 후에 여름방학을 이용하여 일부러 미술 예비교에 다니면서 기초를 배우는 학생도 있다. 이러한 이유에서인지 유급률은 10% 전후로 약간 높은 편이다.

● 조형기술을 살려서 완구 및 자동차 업계로의 취업도

프리랜서 지향 및 대학원 진학의 지원자가 많은 것은 회화학과와 동일하다. 진학과는 조금 다르지만, 심도있는 조각을 하기 위해 해외 유학을 가기도 한다. 취업 희망자가 적다는 것은 회화학과와 마찬가지이지만, 취업활동을 제대로 하면 취업을 할 수 있다. 민간기업이라면 광고, 게임, 완구관련 업체 등으로의 취업이 가능하다. 완구업체 채용은 완구 디자인의 활약을 기대할 수 있다. 의외인 곳은 자동차업계이다. 신차 디자인을 검토할 때의 클레이모델러로 학창시절에 배양한 조형기술을 살릴 수 있다. 조각기술을 살린다는 점에서는 인체표본·마네킹 제작회사 불사의 길도 있다. 혹은 미술 관련으로 카메라맨, 도예가 등으로 직업을 바꾸기도 한다.

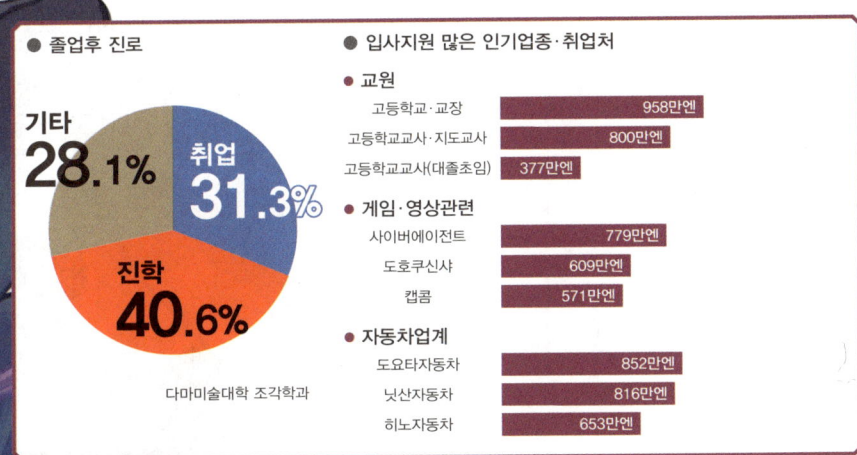

● 쓰레기는 제작 현장에서 깨끗이 치우고 귀가하도록

조각 작업 중에 미세한 파편 등이 달라붙은 채로 집으로 귀가하는 학생이라면, 자신도 모르는 사이에 방 안이 쓰레기 더미로 어지럽혀진다는 특징이 있다. 하숙생이라면 부지런히 청소하지 않으면 집 주인에게 미움을 사게 된다. 미대생끼리 싸우겠다고 하면 기계톱을 상비하고 다니는 조각학과가 최강. "최강이기는 한데, 마구잡이로 도구를 사들여서 우리는 항상 돈이 없어요"라고 말하기도 한다. 상처는 일상다반사이므로 대일밴드와 안전 구두는 필수품. 길거리에서 액세서리를 보면 "저거 내가 만들 수 있어"라든지 "판매가는 원가의 몇 배일까?"라고 생각하지만 결국 사지는 않는다. 조각학과 유명 졸업생은 데바사키 이치로. 무사시노미술대학 졸업생이면서 같은 학교 직원, 그리고 미대 애호가이다. 미대 지원자라면 일단 그의 블로그는 읽어두기 바란다.

보여주기, 보이기 그것이 나의 작품

「디자인학과」

Design

■ 유사학과

디자인정보학과, 생활디자인학과, 정보디자인학과, 시각전달디자인학과 등

● 학비(초년도 납부금)
- 국립: **81만7,800엔**
- 사립: 최저 **147만엔** (소조대학)
- 　　　최고 **195만6,300엔** (도쿄조형대학)

● 재학년수: **4년**

● 남녀비율
남자 **29.4%** | 여자 **70.6%**
삿포로시립대학 디자인학부

● 인기자격증&검정시험
1급·2급 건축사
학예원
인테리어 플래너
프로덕트디자인검정

● 한마디로 '디자인'이라고 하지만, 분야는 다양

'보여주기' '보이기'에 대해 고안하는 행위 자체가 작품이 되는 학과. 디자인학 계통으로는 6계통이 있다. 평면계(사진, 일러스트 등), 공간계(공간, 환경디자인, 건축), 프로덕트계(패션, 텍스타일), 정보계(CG, IT 등)가 있으며, 대학에 따라서 주력하는 분야는 각각 다르다. 자신이 어떤 디자인을 배우고 싶은지 깊이 생각한 후 진로를 결정하기 바란다. 입학생 중에는 "회화나 조각처럼 예술작품을 만드는 것이 아니야. 회화로 말할 것 같으면 액자와 같은 것"이라며 타 학과에 콤플렉스를 지닌 학생도 있는 듯하지만 학년이 올라갈수록 "그림을 돋보이게 하는 액자는 예술작품이야. 디자인도 그렇고"라는 생각이 든다. 필자 또한 실제로 그렇게 생각한다.

● 일반 기업에서 추구하는 기능을 지닌 졸업생들

미술계통 학과 중에서는 가장 취업에 강하다. 타 학과만큼 프리랜서 지향이 강하지 않아 취업을 하지 않아도 먹고 살 수 있을 거라고 하는 학생들의 위기 의식도 영향을 미쳤다고 생각된다. 무엇보다 디자인학과에서 배운 넓고 얕은 지식도 큰 무기가 된다. 광고업계(평면계)뿐 아니라 프로덕트 디자이너를 채용하는 자동차 및 생활용품 등의 각종 제조업(프로덕트계), 더 나아가서는 건축·인테리어 디스플레이(공간계) 업계로부터의 수요도 있으며, 많은 졸업생들이 디자인 현장에서 근무하고 있다. 그 밖에 게임 및 IT업계 등으로 진출하기도 한다. 디자인의 높은 범용성이 승리의 요인.

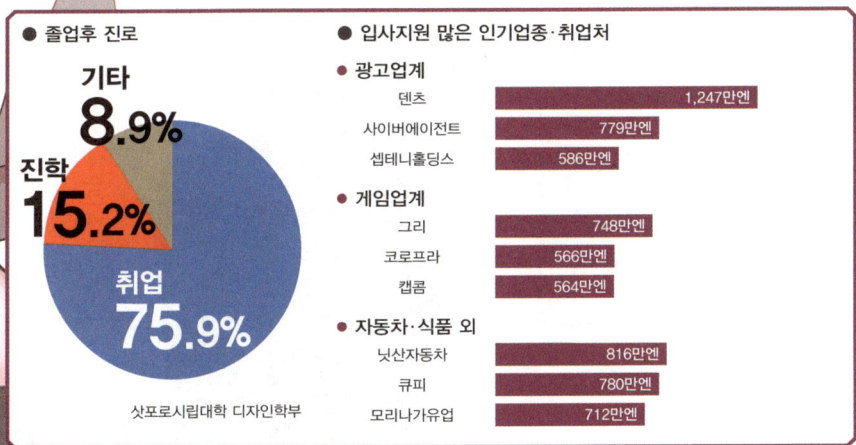

삿포로시립대학 디자인학부

● 주변의 모든 디자인에 예민한 학생들

디자인에 둔감한 사람들에게 "그렇구나, 의상 디자이너를 목표로 하는구나"라고 오해받기 십상이다. 또한 미술계통 학과라서 그림을 잘 그릴 거라는 오해를 불러 일으키기도 쉽다. 분명 회화학과처럼 그림을 잘 그리는 학생도 있지만, 한편으로 "느낌이 좋네요"라고 돌려 말할 수밖에 없는 소위 화백계의 학생도 10% 정도 있다. 편의점에 가서 "이 인스턴트 미소 스프는 명조체 디자인이 어울리네"라든지, 여행 팸플렛을 보면서 "사진 해상도가 떨어지네"라는 등 디자인에 대한 집착이 심한 학생이 많다. 서체에 너무 집착하는 학생은 20% 정도 이며, 스스로 제작, 다운로드 판매(또는 서체 회사에 매각)를 하는 것은 한 학년에 1명 정도이다.

그림과 문장의 예술, 바로 그것이 만화이다

만화학과

Cartoon

■ 유사학과
만화표현학과, 애니메이션학과,
애니메이션문화학과 등

- **학비**(초년도 납부금)
  - 국립: **81만7,800엔**
  - 사립: 최저 **182만9,000엔** (교토세이카대학)
  - 최고 **189만5,000엔** (도쿄공예대학)

- **재학년수 : 4년**

- **남녀비율**
  - 남자 **32.1%**   여자 **67.9%**
  - 교토세이카대학 만화학과

- **인기자격증&검정시험**
  - 중학교교사 1종면허 (미술)
  - 고등학교교사 1종면허 (미술)
  - 학예원
  - 색채검정

● 매일 매일 그리기에 몰두하면서 만화가를 꿈꾼다

바로 여기가 만화가의 꿈을 갖고 있는 학생들이 모인 학과이다. 입학생들의 절반 이상이 『ONE PIECE』와 『NARUTO』의 팬이다. 그 한편으로 『중쇄를 찍자!』나 『아시메시』라고 하는 만화업계를 소재로 한 것은 예상외로 관심이 없다. 2000년에 교토세이카대학이 개설(2006년에 학부승격)한 것을 시작으로 도쿄공예대학, 교토조형대학, 고베예술공과대학의 4개교가 만화를 칭하는 학과를 설치. 코스까지 포함하면 약 10개교에서 만화를 배울 수 있다. 만화가·만화 평론가·편집자 등을 교원으로 하여 수업하는 만화 제작 중심인 대학과 만화 문화 및 역사, 이론 등이 중심인 대학으로 분류된다. 만화를 칭하는 학과라면 어느 쪽이든 배울 수 있다. 앞서가는 교토세이카대학의 코스는 더욱 세분화되어 있다.

● 개설된 지 약 20년, 만화로 데뷔하는 학생도 많아졌다

개설 당시는 최전선에서 활약하는 만화가를 그다지 배출하지 못한다는 비판이 거셌지만, 개설된 지 약 20년, 배출한 만화가가 차츰 늘어나면서 일정한 교육 성과를 내고 있다고 할 수 있다. 진로에서 '기타'에 포함된 30%의 학생은 그러한 만화가를 꿈꾼다. 학생의 60% 정도가 취업을 하고 그중에 민간기업의 게임, 애니메이션, IT, 광고, 출판·인쇄 등이 인기 업종이며 취업자 또한 많다. 단 대기업부터 중소기업까지 폭넓게 취업할 수 있다. 작화 및 디자인 능력을 평가받아 기계 및 어패럴 업체에도 취업 실적이 있다. 단 일반기업에 취업하는 졸업생들 중에는 "학창시절에 데뷔는 못 했어도 포기하지 않아"라며 종합직이 아닌, 오히려 일반직(은행 창구업무 등)으로 취업한 후, 근무 외의 나머지 시간을 이용하여 만화 제작에 할애하려는 졸업생도 있다. 그 또한 인생이다.

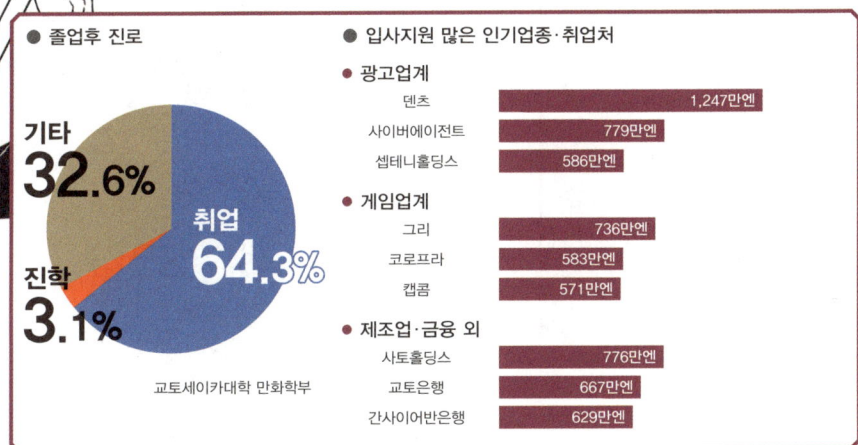

● 졸업후 진로

기타 **32.6%**
진학 **3.1%**
취업 **64.3%**

교토세이카대학 만화학부

● 입사지원 많은 인기업종·취업처
● 광고업계
 덴쓰 1,247만엔
 사이버에이전트 779만엔
 셉테니홀딩스 586만엔
● 게임업계
 그리 736만엔
 코로프라 583만엔
 캡콤 571만엔
● 제조업·금융 외
 사토홀딩스 776만엔
 교토은행 667만엔
 간사이어반은행 629만엔

● 만화가 데뷔의 문은 좁고, 미래를 생각해야 하는 경우도

만화가가 되려고 생각했을 때, 고등학생들과 부모님이 고민하는 것이 전문학교와 대학 중에 어디를 선택할 것인지라는 문제이다. 실기를 갈고닦는다는 점에서는 양쪽 모두 큰 차이는 없다. 극단적으로 말하면 적당한 문과 계통 학과에 들어가 만화 연구회에 소속해서 자기연찬을 완성시켜 나가는 방안도 있고, 실제로 그렇게 데뷔한 만화가도 많다. 그러면 전문학교나 대학에서 배우는 이점은 무엇인지 살펴보면, 교원이 대부분이 만화가 또는 편집자 출신으로 학생이 만든 네임(만화 스토리 및 구성을 정리하는 것)을 수업에서 평가받는다는 점이다. 그리고 대학이 전문학교 보다 유리한 점은 졸업하면 '대졸'이라는 타이틀이 생긴다는 점이다. 소극적인 이유로 들릴 수도 있겠지만, 가령 만화가의 길을 단념했다고 하더라도 그 후에 어떻게라도 될 가능성이 높다. 만화가 지망생이라면 현재로서는 대학 진학이 최선일까?

악기와 소리로 청중을 매료시킨다

음악학과

Music

■ 유사학과
연주학과, 응용음악학과, 음악과, 악기학과 등

- **학비**(초년도 납부금)
  국립 : **81만7,800엔**
  사립 : 최저 **152만엔**
  　　　　　(히로시마문화학원대학)
  　　　 최고 **270만6,600엔** (도호학원대학)

- **재학년수** : **4년**

- **남녀비율**
  여자 85.8%
  남자 14.2%
  　　　　도호학원대학 음악학부

- **인기자격증&검정시험**
  중학교교사 1종면허 (음악)
  고등학교교사 1종면허 (음악)
  음악요법사
  학예원

● 신동으로 불렸던 음악가의 병아리들이 집결

유치원부터 초등학교까지의 단계에서 이미 음악을 배우기 시작한 학생들의 40%가 교사에게 "이 아이는 신동이에요"라고 듣는다. 하지만 신동인 채로 졸업한 후에도 음악가의 길을 걸을 수 있는 학생은 그중에 불과 몇 %에 지나지 않는다. 학과 교육내용, 생활 등은 『노다메 칸타빌레』와 크게 다르지 않다. 학생들은 모두 매일 매일 오로지 음악에만 열중하며 수련을 쌓는다. 동기들(타 대학포함)의 높은 수준을 보고 음악가의 길을 단념하는 학생도 적지 않다. 남학생 비율이 낮기는 하지만, 인기있는 남학생이 많다. 사립대학의 학비는 비싸지만 어렸을 때부터 음악을 배워 온 가정인 만큼 유복한 집안의 자녀들이 많다. 악기든 성악이든 집에서도 연습하기 때문에 맨션·아파트의 방음설치는 기본이다. 대다수의 부모님은 일반 시세보다 수 만엔이 비싸더라도 개의치 않는다. 학생들 또한 모두 착실하게 연습에 임한다.

● 음악의 길을 추구하고자 하는 학생은 졸업 후, 해외 유학의 길로

취업은 음악교원 및 음악교실 강사 등이 많으며 모두 자신의 특기를 살린 일을 하고 있다. 공무원 중에서 조금 색다른 곳으로는 자위대의 음악대이다. 육상자위대에는 21대, 해상자위대에는 6대, 항공자위대에는 5대의 전종 음악대가 있으며 각종 자위대 행사 연주 외에 정기적인 콘서트 등을 연다. 음악대 입대를 목표로 하려면 예년 7월 무렵의 음악대 설명회(실질적인 오디션)에 지속적으로 참가하여 일반 후보시험 등에 수험·합격해야 한다. 음악교실 외의 민간기업으로는 텔레비전·영화, 음악관련 업계 등이 인기이다. 어디까지나 음악가를 지향하는 경우, 프랑스, 독일, 미국 등에 유학하여 더 나은 스킬을 연마하기도 한다.

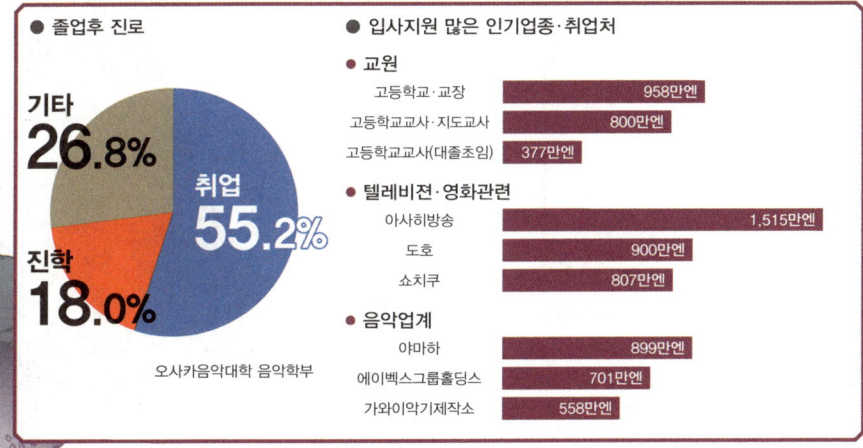

● 악기를 잘 다룬다고 해서 노래까지 잘하는 것은 아니다

관악기·타악기는 오케스트라에서의 공동작업이 많은 탓인지 상하관계가 엄격하여 '체육계통의 섹션'이라는 별명도 있다. 한편으로 피아노와 같은 악기는 그렇게 엄격하지도 않아 개인상점과 같은 모습이다. 그리고 성악 전공의 학생들은 당연히 노래를 잘하겠지만, 가라오케에 가면 마이크를 놓지 않는 데다 목소리가 엄청 크다. 한편, 악기를 전공하는 학생 중에는 음악학과인 것에 비해 음치인 사람이 30% 정도로 그들은 가라오케에 가기를 꺼려 한다. 교원들은 현역 프로가 많으며, 좋지도 나쁘지고 않은 개성파들이 모여 있다. 교사 기분의 좋고 나쁨에 따라서 때로는 학생 평가가 나누어지는 경우가 있는 듯하다. 어느 교원의 제자는 LINE으로 '날씨예보' 또는 '기분예보'를 보고하기도 한다고 한다.

이 마음을 모든 관객에게 전하자!

연극학과
Theatrical

■ 유사학과

연극무용디자인학과, 퍼포밍·아트학과, 무대예술학과 등

● 학비(초년도 납부금)
- 국립 : **81만7,800엔**
- 사립 : 최저 **168만엔** (니혼대학)
- 최고 **201만5,200엔** (다마가와대학)

※ 관련학과포함

● 재학년수 : **4년**

● 남녀비율

남자 **22.5%** / 여자 **77.5%**

다마미술대학 연극무용디자인학과

● 인기자격증&검정시험
중학교교사 1종면허 (일본어, 음악, 미술)
고등학교교사 1종면허 (일본어, 음악, 미술)
학예원
TOEIC

● 연기·연출·장치·조명 등 다채로운 코스

무대예술 표현과 기술, 더 나아가 이론 및 역사 등을 배우는 학과이다. 사람들 앞에서 노래를 부르거나, 춤을 추거나 해야 하므로, 부끄러움을 많이 타는 사람은 입학할 수 없다. 니혼대학 예술학부만이 '연극학과'라는 명칭으로 학과를 설치하였고, 다마미술대학(연극무용디자인학과), 다마가와대학(퍼포밍아트학과), 오사카예술대학(무대예술학과)에도 유사학과가 있다. 연출부터 연기, 그리고 기획 제작 및 댄스 등 각 학교 모두 폭넓은 코스가 마련되어 있다. 프로 연출가를 초대하여 체험형 강좌를 기획하기도 하며 학생들은 다양한 발표의 장을 통해 무대에서의 표현력을 연마해 나간다. 연극·무용 표현의 강의에서는 그냥 소리지르거나, 그냥 웃거나 아니면 돌이나 새가 되어 보라는 과제도 있다. 갑자기 소리를 지르는 바람에 사정을 모르는 타 학과 학생들은 무슨 일이냐며 방어 자세를 취할 정도이다.

● **프로 데뷔를 목표로 하며, 반 이상의 학생이 자유로운 몸으로**

　연극의 길을 파헤치기 위해 입학한 학생들 뿐이어서 영화나 무대의 세계에서 프로 데뷔를 꿈꾸는 졸업생들도 많다. 졸업후 진로의 '기타'가 반 이상을 차지하는 대부분의 이유이다. 니혼대학 예술학부 졸업생 중에서는 극작가인 미타니 고키, 성우인 이시다 아키라, 배우인 다카하시 히데키, 이토 란이 유명하다.

　참고로 타 대학의 미술계통 학부, 내지는 문학부의 연극관련 학과·전공으로는 일본어교원 면허를 취득할 수 있는 곳도 있다. 이러한 이유에서인지 취업의 길로 나간 졸업생 중에는 교원직도 일정 수 있다. 민간기업 취업으로는 영화·영상관련, 어뮤즈먼트파크 등을 택하기도 한다.

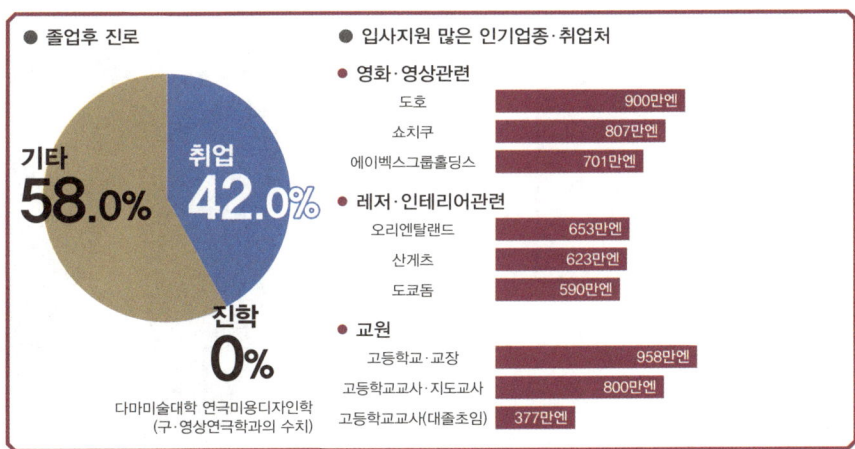

● 졸업후 진로
기타 **58.0%**
취업 **42.0%**
진학 **0%**
다마미술대학 연극미용디자인학
(구·영상연극학과의 수치)

● 입사지원 많은 인기업종·취업처
● 영화·영상관련
도호　900만엔
쇼치쿠　807만엔
에이벡스그룹홀딩스　701만엔
● 레저·인테리어관련
오리엔탈랜드　653만엔
산게초　623만엔
도쿄돔　590만엔
● 교원
고등학교·교장　958만엔
고등학교교사·지도교사　800만엔
고등학교교사(대졸초임)　377만엔

● **이론 및 역사를 배우고 싶다면 문학 계통도 시야에 두자**

　연극 이론이나 역사 공부가 중심이 되는 곳으로는 긴키대학, 와세다대학, 메이지대학, 오사카대학 등 약 10개교에서도 연극을 배울 수 있다. 노(能) 또는 교겐(狂言), 가부키라는 일본 전통예능 외에 오페라, 발레, 뮤지컬이라는 무대예술을 문화학적인 관점에서 연구한다. 국립대로는 오사카대학(문학부음악학·연극학 전공)이 이론 중심의 연극학을 전공으로 한다. 와세다대학은 학내에 연극 대본을 모아 놓은 연극 박물관(통칭 에소파크)이 있다. 아시아에서 유일하며 세계에서도 훌륭한 연극 전문 박물관으로, 소장품이 100만 점을 넘는다. 젊은 날의 무라카미 하루키가 이 연극 박물관에 자주 다니게 되면서 소설가가 되었다는 이야기는 유명하다.

심신·기술·체력을 한계치까지 끌어올린다

「체육학과」

Athlete

■ 유사학과
　스포츠 과학과, 스포츠 건강과학과, 스포츠 교육학과, 무도학과 등

● 학비(초년도 납부금)
　국립 : 81만7,800엔
　사립 : 최저 111만8,000엔 (덴리대학)
　　　　최고 159만8,000엔 (니혼체육대학)

● 재학년수 : 4년

● 남녀비율
　남자 67.2%　여자 32.8%
　　　　　　　니혼체육대학 체육학과

● 인기자격증&검정시험
　중학교교사 1종면허 (보건체육)
　고등학교교사 1종면허 (보건체육)
　제1종 위생관리자
　건강운동지도사

● 트레이닝 기구만 최신이라면, 낡은 강의실도 괜찮다

　지금까지 열심히 해 온 경기 종목에 더욱 고도한 지식과 기술 습득을 목표로 하는 학과. 각종 경기의 전문적인 지도 외에 코칭 및 체육교원이 되기 위한 전공과목이 있는 대학도 많다. 운동선수를 양성하는 학과인 만큼 역시 각 대학 모두 트레이닝 시설 및 설비가 잘 구비되어 있다. 한편 설비 투자가 우선인 덕분인지, 아니면 강의실에 마음이 없는 탓인지, 강의실은 낡은 느낌의 대학이 많다. 또한 학생 식당이나 대학 근처의 음식점 메뉴로는 누구나 '곱빼기(盛リ)'를 선호하고, 타 학과의 '곱빼기'와 개념이 기본적으로 다르다. 체육교원 지원 학생이 많아 도서관에 관련 도서가 잘 갖추어진 대학이 많지만, 그중에는 고등학교 도서실처럼 좁은 대학이 있기도 한다. 학생들은 역시 상하관계에 엄격하다.

● 체육교원, 경찰 등의 취업이 두드러진다

졸업 후 프로 스포츠 선수가 목표인 학생은 소수이다. 대부분은 대학까지의 경기를 일단락 짓고 취업을 생각한다. 취업은 체육교원, 경찰·공무원, 민간기업으로 크게 나누어진다. 민간기업은 역시 스포츠 관련 업종이 인기이며 스포츠 클럽의 트레이너 등도 많다. 단 체육교원 및 트레이너라면 정규고용의 틀이 적어 비정규직 또는 아르바이트로 채용되는 경우도 많다. 대학 입장에서는 안정된 민간기업의 정규사원 채용도 권하고 싶은 반면, 체육학과의 특성상 체육교원이나 트레이너의 취업 실적도 필요하기 때문에 이율배반적인 고민을 한다. 민간기업 취업의 경우, 적성검사 대책을 제대로 준비하는 등 취업활동에 본격적으로 뛰어들면 일자리를 쟁취할 수 있다. 오히려 체육학과 출신인 것만으로 기업 측으로부터 플러스 평가를 받는다. 부디 체육교원이라는 진로만 고집하다가 자멸하지 않기를 바란다.

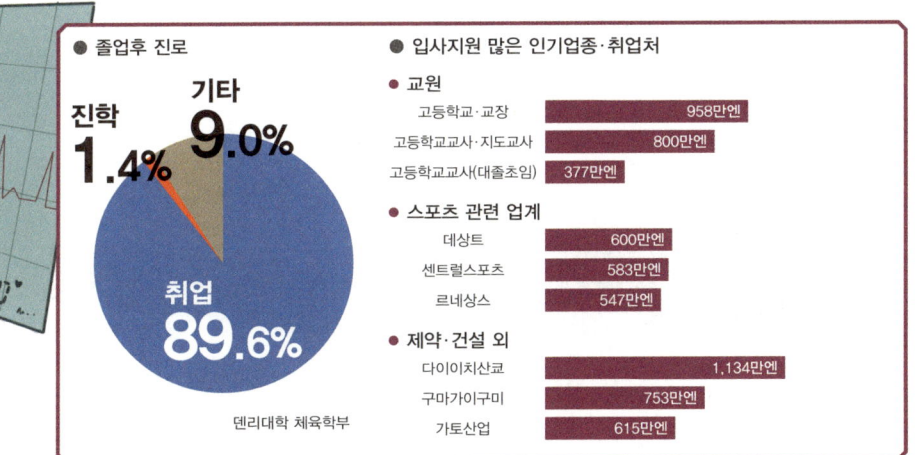

● 효율적인 면에서 운동복 차림의 등교가 최선의 선택?

체육학과의 학생들은 날마다 경기 실기와 연습을 마친 후에는 공부도 해야 한다. 때문에 운동복, 체육복을 많이 가지고 있어 운동복 차림으로 등·하교하는 학생의 모습도 적잖게 볼 수 있다. 가끔 운동복 외의 다른 옷차림으로 등교하는 날에는 "무슨 일 있어?"라며 놀라기도 한다. 그리고 대학에서 스포츠에 전념할 생각으로 체육학과에 들어간다는 선택지 외에 종합대학의 체육계통 동아리에 들어가 활동하는 방법도 있다. 종합대학의 경우, 대학 브랜드로 자신의 경력에 훈장이 붙는다는 점도 장점 중의 하나이다. 지방대학의 경우에는 특정 경기에 힘을 쏟아 학교 선전을 하고 싶어하는 대학 측의 의도가 숨어있기도 한다. 그로 인해 운동부 학생들이 우쭐해지고 일반 학생들의 의욕은 상실되어 결국에는 수험생이 감소한다는 악순환에 빠지기도 한다.

예술·체육계통 기타 학과

공예과

● 학비
국립 : **81만7,800엔**
사립 : –
● 인기자격증&검정시험
중학교교사 1종면허 (미술)
고등학교교사 1종면허 (미술, 공예)
학예원
도서관 사서·학교도서관 사서교사

도기·자기, 염직, 목공, 금공 등의 공예를 배운다. 도쿄예술대학, 가나자와미술공예대학, 교토시립예술대학에는 공예학과가 존재한다. 대학교 축제에서는 자신의 작품을 파는 프리마켓을 개최하기도 한다.

문예학과

● 학비
국립 : –
사립 :
● 인기자격증&검정시험
중학교교사 1종면허 (미술)
고등학교교사 1종면허 (미술, 공예)
도서관 사서·학교도서관 사서교사
일본한자능력검정

니혼대학 및 긴키대학 등이 설치. 긴키대학에는 진지하게 다루는 애니메이션 강의가 있는데, 강사인 마치구치 테츠오의 명저인 『교양으로서의 10년대 애니메이션』이다. 문예창작 수업 등도 마련되어 있으며, 요시모토 바나나(니혼대학출신) 등의 소설가를 배출하였다.

영화학과

● 학비
국립 : **81만7,800엔**
사립 : 최저 **168만엔** (니혼대학)
　　　최고 **188만9,660엔**
　　　　　　　　(교토조형예술대학)
● 인기자격증&검정시험
학예원
도서관 사서·학교도서관 사서교사
영화검정
일본한자능력검정

니혼대학의 영화학과는 후카사쿠 겐지, 시바사키 고조 등의 감독 외에 유명 배우진을 다수 배출하였다. 영상 표현, 감독, 촬영·녹음, 연기 등의 코스가 있으며 각 전문 스킬을 습득한다.

사진학과

● 학비
국립 : –
사립 : 최저 **172만엔** (오사카예술대학)
　　　최고 **189만5,000엔**
　　　　　　　　(도쿄공예대학)
● 인기자격증&검정시험
학예원
도서관 사서·학교도서관 사서교사
기본정보기술자
일본한자능력검정

카메라맨·사진가를 양성하는 학과. 정지 영상을 통한 표현을 추구하며, 장르는 보도에서 광고까지 다양하다. 디지털카메라 전성기의 시대임에도 인화 필름을 사용한 실습이 다수이다. 필름 실습으로 과제에 시달려도 행복해 보일지, 힘들어 보일지가 갈림길이다.

정보디자인학과

● 학비
국립 : －
사립 : 최저　**126만6,000엔**
　　　　　　　　　　　(시즈오카산업대학)
　　　　최고　**193만5,000엔**
　　　　　　　　　　　(다마미술대학)

● 인기자격증&검정시험
중학교교사 1종면허 (미술)
고등학교교사 1종면허 (미술, 정보)
학예원
기본정보기술자

정보공학과 예술을 융합시킨 학문 영역. 웹디자인, CG, 영상 등을 배워 파인 아트 및 디자인 예술을 창출해 낸다. 미술계통 학부 중에서는 민간기업 취업이 많다. 다마미술대학, 교토조형예술대학 등에 설치되어 있다.

스포츠과학과

● 학비
국립 : －
사립 : 최저　**138만6,710엔**
　　　　　　　　　　　(후쿠오카대학)
　　　　최고　**167만1,000엔**
　　　　　　　　　　　(와세다대학)

● 인기자격증&검정시험
중학교교사 1종면허 (보건체육)
고등학교교사 1종면허 (보건체육)
애슬레틱 트레이너
일본축구협회 공인 C급코치

스포츠를 비즈니스, 문화, 교육, 코칭 등의 관점에서 배운다. 육상, 역전경주, 야구 등 대학이 힘을 쏟고 있는 경기 종목의 선수가 재적하고 있는 경우가 많아 다른 경기의 학생과 함께 공부하게 된다. 와세다대학 및 후쿠오카대학 등에 설치되어 있다

스포츠교육학과

● 학비
국립 : －
사립 : 최저　**132만엔** (비와코학원대학)
　　　　최고　**150만6,000엔**
　　　　　　　　　　　(오사카체육대학)

● 인기자격증&검정시험
중학교교사 1종면허 (보건체육)
고등학교교사 1종면허 (보건체육)
스포츠 리더
초급장애인 스포츠지도

체육교원 및 코치를 지향하는 학생이 모이는 학과. 체육교원이 되려면, 물론 실기 이외에 학과 시험도 있다. 학생들의 공부량은 많지만, 오사카체육대학 및 니혼체육대학(아동스포츠 교육학과를 설치) 등은 축적된 노하우를 갖고 있는 전통 학교이다.

운동과학과

● 학비
국립 : －
사립 : **132만엔** (니혼여자체육대학)

● 인기자격증&검정시험
중학교교사 1종면허 (보건체육)
고등학교교사 1종면허 (보건체육)
댄스세러피 리더
TOEIC

니혼여자체육대학이 설치한 학과. 스포츠과학 전공과 무용학 전공으로 분류된다. 후자는 무용·댄스를 배우는 즉, 댄스학과이다. 유사학과로는 연극학과(니혼대학), 무대예술학과(오사카예술대학) 등이 있다.

INDEX

ㄱ
가정경제학과	171
가정학과	164-165
간호학과	148-149
건강영양학과	170
건축·환경디자인학고	121
건축공학과	104-105
건축학과	104-105
경영공학과	114-115
경영정보학과	066
경영학과	060-061
경제경영학과	066
경제학과	058-059
공예과	188
관광학과	040-041
관리영양학과	166-167
교양학과	028-029
교육학과	072-073
교직과정	076
구강보건학과	160
구미코미소프트웨어공학과	121
국문학과	008-009
국제경영학과	047
국제관계법학과	054
국제관계학과	042-043
국제교양학과	044-045
국제문화학과	047
국제사회학과	047
국제자원학과	094
국제정치학과	055
국제종합과학과	047
기계공학과	098-099

ㄴ
농업경제학과	126-127
농업환경공학과	138
농학과	124-125

ㄷ
데이터사이언스학과	095
도서관사서과정	076
도시생활학과	170
독일어/문학과	022-023
동물간호학과	138
디자인공학과	116-117
디자인학과	178-179

ㅁ
마케팅학과	066
만화학과	180-181
무역학과	067
문예학과	188
물리학과	082-083
미디어사회학과	038-039

ㅂ
바이오사이언스학과	094
방사선학과	150-151
법률학과	054
법학과	050-051
법학과정	054
보건의료경영학과	161
부동산학과	067
불교학과	030

ㅅ
사진학과	188
사학과	010-011
사회복지학과	036-037
사회학과	034-035
삼림과학과	136-137
상학과	062-063
생명과학과	090-091
생물학과	086-087
생활생물학과	138
서도학과	031
선진섬유·감성공학과	108-109
수산학과	132-133
수의학과	128-129
수학과	080-081
스페인어/문학과	024-025
스포츠과학과	189
스포츠교육학과	189
시기능요법학과	161
시약과학과	161
식안전매니지먼트학과	170
식품향장학과	139
신도학과	031
신문학과	046
심리어린이학과	171
심리학과	014-015

ㅇ
아동교육학과	074-075
약학과	146-147
양호교사양성과정	077
언어청각요법학과	156-157
연극학과	184-185
영어/영문학과	018-019
영화학과	188
와인과학특별코스	139
우주물리·기상학과	095
운동과학과	189
원예학과	134-135
원자력공학과	120
위험관리학과	054
유도정복학과	161
유통학과	067
음악학과	182-183
응용생명과학과정	139
응용화학과	106-107
의용공학과	120
의학과	142-143
이탈리아어학과	030
이학요법학과	152-153
인간복지학과	046
인간사회학과	046
인문학과	031
임상검사학과	158-159
임상공학과	160

ㅈ
작업요법학과	154-155
전기전자공학과	100-101
전자광공학과	120
정보공학과	118-119
정보과학과	094
정보디자인학과	189
정보의류환경학과	171
정치학과	052-053
제로면허과정	077
조각학과	176-177
종교학과	016-017
중국어/문학과	026-027
지구학류	095
지구환경법학과	055
지리학과	030
지식정보도서관학과	077
지역정책학과	055
지역협동학과	067
지적정보도서관학과	055
지학과	088-089
진료방사선학과	160

ㅊ
철학과	012-013
첨단공학기초학과	120
체육학과	186-187
초등학교교원양성프로그램	076
축산초지학과	139
축산학과	130-131
치학과	144-145
침구학과	160

ㅋ
컴퓨터이공학과	121
크리스트교학과	031

ㅌ
토목공학과	102-103
특별지원교육교원양성과정	077

ㅍ
패션사회학과	171
포르투갈어학과	030
프랑스어/문학과	020-021
피복학과	068-169

ㅎ
학교교육교원양성과정	070-071
학예원과정	076
항해공학과	110-111
해양자원학과	138
해양환경학과	095
현대비즈니스학과	066
현대사회학과	046
현상수리학과	094
홈일렉트로닉스개발학과	121
화장패션학과	170
화학과	084-085
환경학과	092-093
회계학과	064-065
회화학과	174-175

일러스트레이터 소개

■ 고키리 미키 こきり みき

일러스트레이터. 거주지는 가나가와이고, 유년기 시절부터 그림 그리기를 좋아하여, 평소에 낙서장이 수북히 쌓여있었다. 고등학교 졸업 후, 취미로 그렸던 일러스트를 본격적으로 배우기 시작하여, 독학으로 그리기를 직업으로 하였다. 현재는 프리랜서 일러스트로 활약 중이다.
제작실적 : http://kokirimiki.tumblr.com/
twitter : @_kokiri

■ 무라잇치 むらいっち

일러스트레이터. 주로 소셜 게임, 서적의 캐릭터 일러스트 등을 제작. 향후에는 게임 외의 작업이나 창작활동으로도 폭을 넓혀갈 수 있도록 도전할 계획이다.
제작실적 : http://muraicchi.tumblr.com/
twitter : @mura_icchi

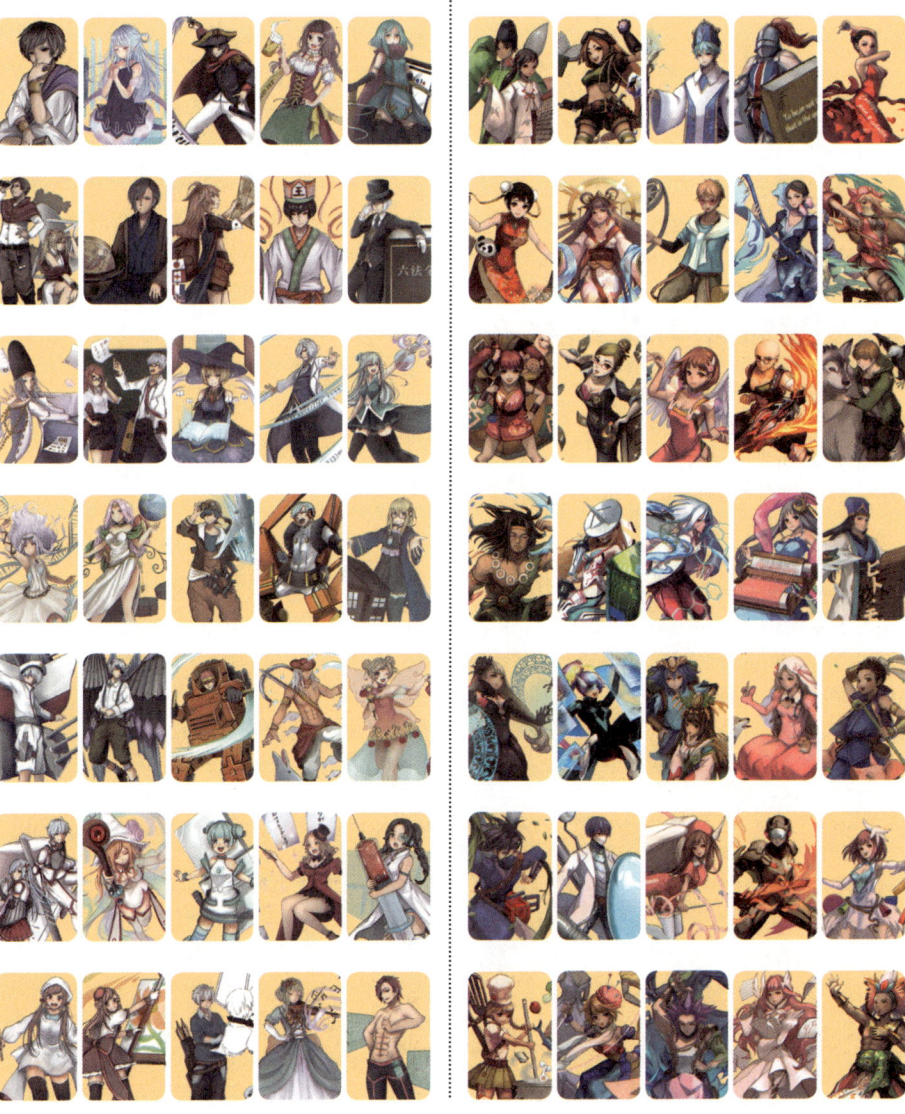

■ **저자약력**

이시와타리 레이지 (石渡嶺司)

1975년 삿포로시 출생. 도요대학 사회학부 졸업. 2003년부터 대학 저널리스트로서 활동 개시. 일본의 대학을 견학한 학교 수는 777개교 중 약 400개교. 대학 저널리스트로 활동한 당시에는 대학·교육관련의 서적·기사뿐이었지만, 출입하던 주간지 편집부장이 "취업도 좀 다루어봐"라고 한 후, 지금까지 10년 이상 해 왔으니 인생은 모르는 일이다. 저서로는 『キレイゴトぬきお就活論』(新湖新書), 『女子学生はなぜ就活で騙されるのか』(朝日新書), 『教員採用のカラクリ』(共著, 中公ラクレ) 등 다수. 강연 또는 취재, 견학 등으로 전국의 대학, 고등학교에 출몰. 트위터의 응원 댓글도 부정적인 댓글도 일단은 리트윗하는 자세다.

일본대학 학과도감

초판발행	: 2018년 9월1일
저　　자	: 이시와타리 레이지
옮 긴 이	: 송부영
일러스트	: 고키리 미키, 무라잇치
펴 낸 이	: 송부영
펴 낸 곳	: (주)해외교육사업단
등록일자	: 1997년4월14일
등록번호	: 제16-1456
주　　소	: 서울특별시 서초구 강남대로 381
전　　화	: 02-736-1010
팩　　스	: 02-552-1062
이 메 일	: song@hed.co.kr

▶ 이 도서의 국립중앙도서관 출판예정도서목록(CIP)은 서지정보유통지원시스템 홈페이지(http://seoji.nl.go.kr)와 국가자료공동목록시스템(http://www.nl.go.kr/kolisnet)에서 이용하실 수 있습니다.(CIP제어번호: CIP2018026700)
▶ 이 책은 저작권법에 의해 보호를 받는 저작물이므로 무단 전제와 복제를 금합니다.
▶ 잘못된 책은 구입처에서 교환해 드립니다.

DAIGAKU NO GAKKA ZUKAN
Copyright© Reiji Ishiwatari, Miki Kokiri, muraicchi 2017
Korean translation rights arranged with SB Creative Corp.
through Japan UNI Agency, Inc., Tokyo